广视角·全方位·多品种

权威·前沿·原创

皮书系列为

“十二五”国家重点图书出版规划项目

国际人才蓝皮书
BLUE BOOK OF GLOBAL TALENT

中国留学发展报告（2014）

No.3

ANNUAL REPORT ON THE DEVELOPMENT OF CHINESE STUDENTS STUDYING ABROAD (2014) No.3

编　著／王辉耀　苗　绿

社会科学文献出版社
SOCIAL SCIENCES ACADEMIC PRESS (CHINA)

图书在版编目（CIP）数据

中国留学发展报告. 2014. NO. 3/王辉耀，苗绿编著.
—北京：社会科学文献出版社，2014. 12
（国际人才蓝皮书）
ISBN 978 - 7 - 5097 - 6845 - 7

Ⅰ. ①中… Ⅱ. ①王… ②苗… Ⅲ. ①留学教育 - 研究报告 - 中国 - 2014 Ⅳ. ①G648. 9

中国版本图书馆 CIP 数据核字（2014）第 279885 号

国际人才蓝皮书
中国留学发展报告（2014）No. 3

编　　著／王辉耀　苗　绿

出 版 人／谢寿光
项目统筹／邓泳红　陈　帅
责任编辑／陈　帅

出　　版／社会科学文献出版社·皮书出版分社（010）59367127
　　　　　地址：北京市北三环中路甲29号院华龙大厦　邮编：100029
　　　　　网址：www. ssap. com. cn
发　　行／市场营销中心（010）59367081　59367090
　　　　　读者服务中心（010）59367028
印　　装／北京季蜂印刷有限公司

规　　格／开　本：787mm × 1092mm　1/16
　　　　　印　张：20. 75　字　数：267 千字
版　　次／2014 年 12 月第 1 版　2014 年 12 月第 1 次印刷
书　　号／ISBN 978 - 7 - 5097 - 6845 - 7
定　　价／69. 00 元

皮书序列号／B - 2012 - 216

CCG 智库蓝皮书丛书编委会

CCG 智库蓝皮书系列

《中国企业国际化报告（2014）》，社会科学文献出版社，2014

《海外华侨华人专业人士报告（2014）》，社会科学文献出版社，2014

《中国国际移民报告（2014）》，社会科学文献出版社，2014

《中国海归发展报告（2013）No. 2》，社会科学文献出版社，2013

《中国留学发展报告（2013）No. 2》，社会科学文献出版社，2013

《中国区域人才竞争力报告 No. 1》，社会科学文献出版社，2013

《中国国际移民报告（2012）No. 1》，社会科学文献出版社，2012

《中国海归发展报告（2012）No. 1》，社会科学文献出版社，2012

《中国留学发展报告（2012）No. 1》，社会科学文献出版社，2012

主要编撰者简介

王辉耀　博士，教授，博士生导师，中国与全球化智库（CCG）创始人，南方国际人才研究院院长，中国国际人才专业委员会会长，中国人才研究会副会长，欧美同学会/中国留学人员联谊会副会长，商务部中国国际经济合作学会副会长，九三学社中央经济委员会副主任，中国华侨历史学会副会长，中华海外联谊会常务理事，中央统战部咨询专家，国务院侨办海外专家咨询委员会专家。担任过中央人才工作协调小组国际人才战略专题研究组组长，主持过国家多个部委的课题研究。目前还担任北京市政协顾问委员，北京市政府专家咨询委员会专家以及多家地方政府顾问，向中央和国家有关部委以及地方政府提交多项专题研究和政策性报告。此外，目前还担任加拿大亚太基金会高级研究员、德国劳动力研究所（IZA）研究员、国际猎头协会（AESC）顾问委员会成员、国际大都会组织（Metropolis）国际执行委员会委员和加拿大西安大略大学毅伟商学院亚洲董事会董事等。

留学欧美，在加拿大温莎大学、西安大略大学和英国曼彻斯特大学攻读研究生，获得工商管理硕士（MBA）学位和国际管理博士（Ph. D）学位，也曾在美国哈佛大学担任高级研究员，在布鲁金斯学会担任访问研究员。曾先后任北京大学、中国政法大学、中国农业大学、西安交通大学、广东外语外贸大学、哈尔滨工业大学、首都经济贸易大学、中国人事科学研究院和加拿大西安大略大学等多所大学及研究机构的兼职教授或博士生导师。

在国际人才、海归与留学生、华侨华人、国际移民和企业国际化以及智库发展等领域有大量著作和学术研究，在国内外出版相关中英文著作40多部，包括《中国海归发展报告》《中国留学发展报告》《中国国际移民报告》《海外华侨华人专业人士报告》《中国区域人才竞争力报告》和《中国企业国际化报告》等蓝皮书系列，以及《国际人才竞争战略》《国家战略》《海归时代》《当代中国海归》《人才战争》《移民潮》《哈佛肯尼迪政府学院的精英课》《海归百年　创新中国》《那三届》和《大国智库》等一批有影响力的著作。

苗　绿　博士，研究员，中国与全球化智库（CCG）副秘书长，北京师范大学国际写作中心副总干事，中国国际人才专业委员会副秘书长，南方国际人才研究院副院长。获得北京师范大学文学院当代中国研究博士学位，曾在美国纽约大学和哈佛大学做访问研究学者，欧美同学会会员。参与多项国家部委和国家社科基金研究课题，发表学术论文和专业文章多篇，出版多部学术研究著作。

研究机构简介

中国与全球化智库（CCG）

中国与全球化智库（Center for China & Globalization，www.ccg.org.cn），简称CCG，是由中国国际人才专业委员会、中国与全球化研究中心、南方国际人才研究院和北方国际人才研究院共同组成的国际化研究智库，并与中国人才研究会、欧美同学会建言献策委员会、中国国际经济合作学会、国务院侨办海外专家咨询委员会、中国侨联特聘专家委员会、清华大学公共管理学院、哈佛大学肯尼迪政府学院艾什中心、新加坡国立大学东亚研究所等单位结成战略合作伙伴的国际化智库研究机构。CCG会聚传播中国及国际精英的优秀思想和理念，致力于国际化、影响力和建设性，为中国在全球化时代提供战略性、独立性和可行性的研究，用全球视野为中国建言，以世界眼光为中国献策。CCG通过研究、出版刊物、开办论坛和讲座等一系列方式，研究中国人才和中国企业在全球化进程中所面临的机遇和挑战，提出相应的研究和政策对策，为政府、企业和公共机构等有关部门决策提供参考，成为中国与全球化发展进程中高层次的智囊团和思想库。CCG重点研究领域包括国际人才、企业国际化、经济全球化、留学与发展、海归创业、华侨华人、国际智库和有关国际问题等。CCG成立于2008年，目前拥有全职研究和工作人员60余人，总部在北京，并在广州、青岛、东莞设有研究院，在香港、纽约、华盛顿、温哥华、巴黎、法兰克福设有海外代表处，是国内领先的国际化智库。

CCG 与中国社会科学院知名出版社社会科学文献出版社合作，已经连续多年出版了多部具有广泛国内外政策和社会影响力的权威性蓝皮书，包括《中国海归发展报告》《中国留学发展报告》《中国国际移民报告》《海外华侨华人专业人士报告》《中国区域人才竞争力报告》《中国企业国际化报告》，受到数百家国内外媒体的关注和报道，在国内外产生了广泛的社会和政策影响力。

摘　要

为反映我国留学发展的最新情况和特点，分析我国留学发展过程中的热点问题，我们组织编写了《中国留学发展报告（2014）No. 3》。全书由总报告、调查篇、区域篇、专题篇和附录五大部分组成。

总报告从宏观角度分析了全球留学现状，展望了其发展趋势，并研究了中国2013年留学发展现状，归纳总结了新时期中国留学的特征：大众化、多元化、个性化。此外，本报告还重点关注了中国留学的未来发展，提出挖掘“留学红利”，使之转化为“人才红利”，以服务于我国经济社会发展的总目标。

调查篇共分三部分：一是通过问卷调查，对中国2013年的本科毕业生留学现状进行了摸底性调研；二是在全球范围内对21个国家和地区37所学校的20876名劳瑞德大学联盟学生发起民意调查，了解其对未来大学的憧憬；三是通过对美国公立大学中国留学生的问卷调查，了解赴美中国留学生的求学经历及在校体验。

区域篇介绍了中国赴北美洲、欧洲、大洋洲和亚洲其他地区四大热门区域的留学生现状，包括留学人数、专业选择、留学理由及相关国家的教育情况与最新留学政策等，为留学人员提供参考。

专题篇对2013～2014年度泰晤士高等教育世界大学排名进行了解读，对来华留学生学费定价与资助政策改革方向进行了探析，对中国赴新加坡留学的SM 1、SM 2、SM 3奖学金获得者的留学经历进行了观察，对留日学生的创业模式进行了考察，并梳理了国内“国际学校”的发展历程。此外，本部分深入思考了当今中国留学背后存在的问题，并就中国留学中介机构的现状、问题与挑战进行了分析研究。

附录重点介绍了部分世界名校及其热门专业，供广大留学人员和相关人员、机构参考。

序

经济全球化是一股历史性大潮流，是人才国际化的根本推动力。过去三十多年，我国主要靠投资驱动；未来三十年，我国要靠人才驱动建设创新型国家，因而迫切需要国际化人才。留学正是培养国际化人才的“加速器”。

“游学，明时势，长志气，扩见闻，增才智，非游历外国不为功也。”① 今天的留学正发挥着古人所谓“游学”的功能。据教育部统计数据，2013 年，我国出国留学总人数为 41.39 万人，比 2012 年增长了 3.58%。2000 年以后，我国年度出国留学总人数除了在 2004 年有小幅度下滑外，一直呈上升趋势，尤其是 2007 ~ 2012 年，连续数年以两位数的增长速度急剧攀升，直至 2013 年增速出现显著回调。这说明留学已从昔日少数精英的选择变为大众化的选择，而且留学选择也将趋于理性。

从人才培养角度讲，国际上的教育资源更为丰富，我国应善用其优质资源培养优秀的中国国际化人才。在宏观层面上，留学可以支撑我国的发展战略。2014 年初，商务部预测我国对外投资快则今年，慢则明年或后年，就可超过利用外资的规模。这意味着大量中国企业要登上国际竞争舞台。在此过程中，我国急需大批具备国际视野、通晓国际规则、能够处理国际事务和参与国际竞争的国际化人才。留学，正是培养该类人才的重要途径。在微观层面上，告别盲目跟风，注重理性留学，将有助于留学生最大限度地挖掘留学

---

① （清）张之洞：《劝学篇》。

生涯的价值：获取专业能力、拥有国际视野、增强创新能力、提升心理素质和增进跨文化沟通能力等，从而助力自己未来的事业发展。

目前，中国是世界上最大的留学生输出国，美国则是全球头号留学生接收国。有种观点认为，美国为全球培养了人才，但事实上，美国也从全球攫取了“养分”：2014 年美国移民改革法案推出新规——对于在合乎资质要求的美国大学取得科学、技术、工程、数学硕士或博士学位的外国人才，只要找到工作，美国政府可以加快其绿卡办理的进程，以挽留外国留学生中的高精尖人才为本国所用。

2013～2014 年，各国留学新政频出：加拿大出台《国际教育战略》，在资金、签证方面为国际留学生提供便利，并建立创业区鼓励学生创业；英国扩大了毕业生创业计划覆盖范围，调整了移民政策，放松了对留学生签证的签发；法国放宽了对攻读硕士、博士学位外国留学生的签证政策，并推出了“人才护照”，为优秀外国大学毕业生、创业者、投资者、企业代表等高端人才办理 4 年期居留签证；德国下调了赴德留学的自保金数额，并在中国北京、上海、青岛三地实施针对外国留学生的学习能力考试，方便中国留学生就近参考；俄罗斯政府简化了在俄留学生的工作手续，并增加了公费留学生的名额；等等。

1985 年，我国提出“支持留学，鼓励回国，来去自由”的出国留学方针；2013 年，习近平总书记在欧美同学会成立 100 周年庆祝大会上发表讲话时，又增加了“发挥作用”四字，同时提出：“把做好留学人员工作作为实施科教兴国战略和人才强国战略的重要任务，以更大力度推进‘千人计划’‘万人计划’，千方百计创造条件，使留学人员回到祖国有用武之地，留在国外有报国之门。”

近年来，我国出国留学人数与留学归国人数呈双向增长态势。据《中国海归发展报告（2013）No. 2》预计，未来5年内中国或将迎来留学回国人数大于出国留学人数的历史性拐点，甚至吸引一批在国外工作生活多年、具备丰富经验的专业人士回国，这可以逐步减少我国的留学赤字和人才流失。该现象背后的深层次原因是，中国的发展进步产生了越来越强的吸引力，广大留学人员回国创新创业正当其时，圆梦正当其势。

千秋基业，人才为先。三十多年前，邓小平同志高瞻远瞩地提出："教育要面向现代化，面向世界，面向未来。"国际化人才的培养并不见得人人都去海外留学，我国教育改革应着力提升高校的国际化水平。改革开放三十多年来，我国在经济领域引入外资竞争，倒逼本土企业发展；在教育领域引入外资，也将助力中国高校走向世界，与世界教育机构展开竞争。目前，中外合作办学方兴未艾，这些学校引进了一些国际优质教育资源、部分我国紧缺的专业和先进的管理与教学理念，值得我国公办高等教育借鉴。

从长远来看，我国的"人口红利"将枯竭，"人才红利"才可推动我国可持续发展。面对每年数十万留学人员涌向海外，而接收留学生的发达国家和地区又出台各种政策挽留其中的优秀人才，我们应该自问：我们能做什么？笔者认为留学是培养人才的重要途径，要让"走出去"的留学生愿意回来，并大力吸引国外人才为我所用；要博采国际教育体系之长，"本土化"培养我国最需要的人才。只有这样，才能实现从"留学赤字"向"留学红利"，从"人才赤字"向"人才红利"的转变，促进中国经济社会的长期可持续发展。

王辉耀

2014年10月

目录

ⅠB Ⅰ 总报告

B Ⅱ 调查篇

B Ⅲ 区域篇

BⅣ 专题篇

BⅤ 附录

皮书数据库阅读使用指南

总 报 告

General Report

B.1

新时期的留学特征：大众化、多元化、个性化

摘　要：

全球学生跨国流动的日益频繁是多种因素综合作用的结果。一方面，新兴经济体中产阶层人数的增加以及政府奖学金项目的增多，为全球留学领域持续繁荣提供了重要动力，留学已从先前的精英化转向大众化；另一方面，随着留学产业化的深入推进，以及国际金融危机导致发达经济体教育经费大幅削减，发达经济体更加看重留学生的学费收入，尤其加大了对新兴经济体生源的开发。与此同时，随着科技的发展和全球化的推进，留学变得更加广义，留学类型、方式和渠道日益多元化和个性化。中国作为世界上最大的留学生输出国，本科和高中层次留学生数量增长最为显

著，并呈现以自费生为主、“尖子生”居多等特征。

关键词：

留学发展趋势　留学人才　留学红利

一　全球留学发展现状与趋势

（一）全球学生跨国流动速度加快，人数不断攀高

随着全球化的深化，特别在进入21世纪以后，全球学生跨国流动速度明显加快，尤其是接受高等教育的留学生人数增长迅猛，从2000年的2087702人增加到2012年的4528044人，[①] 增长超过1倍（见图1）。有数据表明，这一增长速度明显高于全球总体的

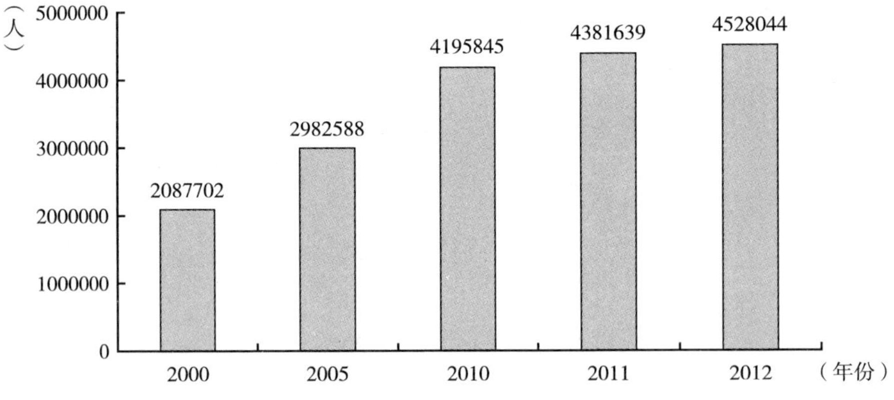

图1　2000～2012年全世界接受高等教育的留学生人数变化

资料来源：OECD，*Education at a Glance 2013*：*OECD Indicators*，OECD Publishing，Jun.，2013。

① OECD，*Education Indicators in Focus*，Jul.，2014.

高等教育在校生人数增长速度。[①] 从全世界范围看，国际留学生总量占全球高等教育总在校生人数的近2%，而许多国家这一比重要高得多，例如，澳大利亚为18%，英国为17%，经济合作与发展组织（OECD）[②] 国家平均为8%（见表1）。

表1　部分国家国际留学生占该国高等教育总在校生人数的比重（2012年）

单位：%

国家	比重	国家	比重
澳大利亚	18	爱尔兰	6
英　国	17	荷　兰	6
瑞　士	16	瑞　典	6
新西兰	16	匈牙利	5
奥地利	15	芬　兰	5
法　国	12	葡萄牙	5
捷　克	9	意大利	4
比利时	9	日　本	4
沙特阿拉伯	8	美　国	4
南　非	8	韩　国	2
加拿大	8	中　国	0.3
丹　麦	8	OECD国家平均	8

资料来源：OECD, *Education at a Glance 2013: OECD Indicators*, OECD Publishing, Jun., 2013。

越来越多的学生选择到国外接受高等教育，这不仅使留学生接收国引入了大批优质生源，而且有助于提高留学生接收国高等

① OECD, *Education Indicators in Focus*, Jul., 2014.

② 现共有34个成员国，分别是：澳大利亚、奥地利、比利时、加拿大、智利、捷克、丹麦、爱沙尼亚、芬兰、法国、德国、希腊、匈牙利、冰岛、爱尔兰、以色列、意大利、日本、韩国、卢森堡、墨西哥、荷兰、新西兰、挪威、波兰、葡萄牙、斯洛伐克、斯洛文尼亚、西班牙、瑞典、瑞士、土耳其、英国、美国。

教育的国际化水平。另外，国际留学生也为接收国带来了可观的经济收益，很多国家已明确提出将留学产业纳入经济社会发展战略规划。作为不同国家和地区之间科技文化交流与知识成果传播的重要桥梁，留学生对其母国的知识创新、技术进步等也做出了重要贡献。尽管国际金融危机使很多国家教育财政紧缩、个人教育支出削减，但仍有调查表明，国际留学生数量的增长并没有像很多人预测的那样受到国际金融危机的影响，依然保持较为强劲的增长势头。①

（二）传统留学大国地位稳固，新兴留学国家和地区开始崛起

传统热门留学目的地凭借其优质的教育资源、良好的教学声誉和较高的国际地位，对国际留学生依然保持强劲吸引力。与此同时，新兴留学国家和热门留学区域中心正在成为越来越受欢迎的留学目的地，尤其受到本区域内其他国家留学生的青睐。

根据2014年9月OECD发布的数据，2012年，接收国际留学生数量排名前十的国家分别是：美国、英国、法国、澳大利亚、德国、加拿大、俄罗斯、日本、西班牙和中国（见表2）。其中，排名前五的国家接收了全球将近一半的留学生。这表明，传统的留学热门国家，尤其是美、英两国，依然保持对国际留学生的巨大吸引力。美国依然是吸引国际留学生最多的国家，根据美国国际教育协会（Institute of International Education，IIE）公布的数据，2013年，就读美国高校的国际留学生人数为81.96万人，比2012年增长了7.2%。

① OECD，*Education Indicators in Focus*，Sep.，2014.

表 2　2012 年接收国际留学生数量排名前十的国家及其接收比例

单位：%

排　名	国　家	接收比例	排　名	国　家	接收比例
1	美　国	16	6	加拿大	5
2	英　国	13	7	俄罗斯	4
3	法　国	6	8	日　本	3
4	澳大利亚	6	9	西班牙	2
5	德　国	6	10	中　国	2

资料来源：OECD, *Education at a Glance 2013: OECD Indicators*, OECD Publishing, Jun., 2013。

但是，随着国际留学生数量的增加及其选择的多元化，前五大留学目的国接收的留学生人数占全世界国际留学生总量的比重呈下降趋势，从 2000 年的 55% 下滑到了 2012 年的 47%。[①] 其中，美国虽然接收留学生数量有所增加，但其接收的国际留学生数量占全世界国际留学生总量的比例从 2000 年的 23% 下降到了 2012 年的 16%。

与此同时，很多新兴留学热门国家和地区的留学生数量正在逐年增加，留学目的地的选择更加分散和多样化。以亚洲为例，作为亚太地区传统留学目的国，澳大利亚和日本正面临来自新兴留学国家和地区的挑战：2012 年，中国、马来西亚、韩国、新加坡和新西兰共接收了全球 6% 的国际留学生。在阿拉伯国家，埃及、沙特阿拉伯和阿联酋也在加大吸引国际留学生的力度，这三个国家所接收的国际留学生数量占全球国际留学生总数的 4%。[②] 在阿拉伯国家，阿联酋已经超过英国，成为阿拉伯地区留学生的第三大留学目

① OECD, *Education Indicators in Focus*, Sep., 2014.

② 联合国教科文组织，http://www.uis.unesco.org/Education/Pages/international-student-flow-viz.aspx。

的地，仅次于法国和美国。在撒哈拉以南非洲地区，选择在阿联酋留学的学生人数比例从 1999 年的 18% 增长到了 2012 年的 28% 。2012 年，南非吸引了 22% 撒哈拉以南其他非洲国家的留学生，成为这一地区新兴的热门留学中心。[①] 据统计，2013 年，马来西亚接收的国际留学生约有 12. 3 万人，比 2010 年的 8. 7 万人[②]增加了近 4 万人，其中，赴马中国留学生人数从 2012 年的 3800 人增加到了 2013 年的 7000 人。

另外，来自新兴经济体政府的资助项目迅速增加，在推动全球学生跨国流动方面扮演了重要角色。以沙特阿拉伯为例，2005 年设立政府奖学金——“阿卜杜拉国王奖学金”（King Abdullah Scholarship Program，KASP）以来，其在美国的留学生人数连续多年保持两位数的增长，并已成为美国第四大留学生来源国。作为世界上石油储量最大的国家，沙特阿拉伯在过去的二十多年中经济发展迅速，积累了大量财富，也因此加大了教育投入，高等教育普及率显著提高。仅 2000 ~ 2010 年，沙特阿拉伯输送的留学生人数就增长了 3 倍，目前已成为中东地区遥遥领先的留学生输出大国。截至 2012 年，有 2/3 出国接受高等教育的沙特阿拉伯留学生得到政府资助。其中，美国是沙特阿拉伯最大的留学目的国，高达 40% 的沙特阿拉伯留学生选择留学美国。

作为世界第六大经济体的巴西，近年来由于受到政府奖学金的激励和私人财富的增加等因素的影响，留学生数量增长迅速。尽管巴西高等教育普及率与其他新兴经济体相比仍较低（35%），但在过去十年间高等教育在校生人数增长超过 3 倍，而出国留学的人数也有较快增长。美国也是巴西的主要留学目的国，有 1/3 的巴西留

---

① OECD, *Education Indicators in Focus*, Jul. , 2013.

② 马来西亚高等教育部，2010。

学生选择留学美国。2013 年，有约 1.1 万名巴西留学生赴美留学，比 2012 年增长了 20.4%，巴西逐渐成为美国主要生源国之一。

（三）本科留学生数量增长迅速

本科留学生人数增长迅速是 2000 年以来全球学生流动的最显著趋势。本科留学生人数的增长成为带动全球留学生数量增长的重要力量。这一方面得益于主要生源国（如中国）的经济发展和财富积累；另一方面得益于一些国家（如沙特阿拉伯）奖学金项目的增加，使得这些国家出国接受高等教育的留学生人数激增。此外，由于受到国际金融危机的影响，一些国家对高校财政大规模削减，使得很多高校（尤其是公立大学）开始采取积极的招生政策，扩大对国际留学生的招生规模，而来自新兴经济体的资金充足的本科生最受青睐。2013 年，美国国际教育协会的调查数据显示，在参与调查的美国高校中，有 99% 将学校更多的可用资源投到从东亚及南亚招收国际留学生，主要目标是中国和印度。另据美国一家教育咨询公司的报告，除中国和印度外，其他一些新兴经济体，如巴西、越南、沙特阿拉伯和墨西哥等，也是美国高校招生的重要目标国和潜在生源市场。

据美国国际教育协会的调查，2011～2012 学年，在美国就读本科的留学生人数为 309342 人，已超过当年研究生留学人数（300430 人）。而 2012～2013 学年，美国本科留学生人数为 339993 人，接近美国留学生总量（724725 人）的一半，比 2012 年增长了近 10%。可见，在美国，本科留学生已成为拉动留学增长的重要动力。然而，相比于其他热门留学国家，美国的本科留学生人数占本科总在校生人数的比重还相当小，2012 年仅为 2%，而同期英国为 13%，澳大利亚为 24%，加拿大为 7%。英国和澳大利亚两国比重高，与其一直以来实行积极的招生政策和实践是分不开的。有调查表明，2004～2012 年，英国和澳大利亚两国的本科留学生人数增长超过或接近 60%，英国从 2004 年 11.48 万人增加到了 2012 年的 19.87 万人，澳大利亚则从 2004 年的 12.05 万人增加到了 2012 年的 19.26 万人。澳大利亚的本科留学生人数占其吸纳国际留学生总量的比例最高：2012 年，该国吸纳的 60% 的留学生就读本科，占该国本科在校生总人数的 24%（见表 3）。

表 3　2004 年和 2012 年四个主要留学目的国的本科留学生招生情况

单位：万人，%

国　家	本科留学生人数		本科留学生人数占其吸纳国际留学生总量的比例		本科留学生人数占其在校生总人数的比例	
	2004 年	2012 年	2004 年	2012 年	2004 年	2012 年
美　国	17.87	24.48	34	40	2	2
英　国	11.48	19.87	38	46	9	13
澳大利亚	12.05	19.26	60	60	19	24
加拿大	4.05	6.11*	46	38	5	7

注：加拿大 2012 年本科留学生人数为 2010～2011 学年数据。

资料来源：美国国际教育协会（IIE）、英国高等教育统计局（HESA）、澳大利亚教育就业与劳动关系部（DEEWR），以及加拿大统计局（SC）。

（四）留学专业选择、留学方式日趋多元化

一直以来，商科是最受国际留学生欢迎的专业。中国、印度、韩国和沙特阿拉伯每年会输送大批商科留学生赴美学习。正是商科的繁荣，给留学目的国带来了源源不断的本科留学生。2004～2012 年，英国和澳大利亚接收的商科本科留学生人数翻了近一番。2012 年，澳大利亚有超过一半的本科留学生选择了商科（见表 4）。2003～2011 年，美国接收的商科本科留学生人数增长了约 60%，

大约3/10的本科留学生选择商科。其中，在专业选择上首选商科的中国留学生人数占总数的近1/3。

表4　2004年和2012年部分留学目的国商科本科留学生情况

单位：人，%

国　家	商科本科留学生人数		商科本科留学生人数占本国吸纳国际留学生总数的比例	
	2004年	2012年	2004年	2012年
美　国	49600	78300	25	29
英　国	27900	57000	24	29
澳大利亚	54800	102900	45	53
加拿大	11000	19800	27	32

注：美国商科本科留学生人数分别为2003年和2011年数据，加拿大2012年商科本科留学生人数为2011年数据。

资料来源：美国教育部教育数据系统（IPEDS）、英国高等教育统计局（HESA）、澳大利亚教育就业与劳动关系部（DEEWR），以及加拿大统计局（SC）。

科学、技术、工程和数学（统称“STEM”）专业也是广受留学生欢迎的热门专业。一方面，这些专业的毕业生就业前景广阔、薪酬优厚；另一方面，这些领域的创新是一国经济发展的重要推动力，各国都在加大吸收和培养这些领域的专业人才的力度。以美国为例，根据美国国际教育协会的统计数据，2013年留学美国的学生有约1/3选择了STEM专业，也就是说，有超过30万名留学生选择了STEM专业，相比于五年前的23.7万人增长了约27%。其中，研究生留学生选择STEM专业的人数是本科留学生的近两倍。2010年，近2/3（65%）选择STEM专业的本科国际留学生继续攻读研究生。此外，在美就读STEM专业的留学生有85%来自亚洲。2013年，在来自印度的留美研究生中，有超过3/4（77%）的人选择了STEM专业。近年来，随着低龄留学生数量的增加，选择强化语言课程的国际留学生的数量也持续增加。此外，学科选择也愈发多元化，以美国为例，美国国际教育协会的数据显示，2013 年选择就读社会科学专业的留学生人数占全美留学生总数的近 10%，而选择艺术和应用艺术专业的占 6%。

近年来，参加短期留学、游学等非学位项目的留学生数量有所增加，譬如，一些高校或教育机构设置的某些留学项目和课程主要针对留学生尤其是职场人士的短期“充电”。以美国为例，根据美国国际教育协会《2013 年门户开放报告》的统计数据，2012～2013 学年，参加非学位项目及选择性实习等其他类别的留学生人数在全体留学生中所占比例上升到 16.3%。尽管攻读学位的留学生人数比重依然保持明显优势，但其他类别留学生人数比重的上升，反映了教育模式和留学类型正在变得多元化。

在信息时代，利用先进的通信技术使教育资源向大众普及的速度加快，人们受教育的门槛比以前要低得多，人们甚至可以随时随地在互联网上购买教育产品和服务，不再受时空的约束，教育也因此变得更加个性化，人们可以从自身需求和兴趣出发，选择不同的教育培训项目。这也使得人们对教育的理解开始发生变化，教育不再局限于学位制教育，终身教育的理念开始深入人心。另外，教育的内容和形式也日益多元化，这可以满足和适应不同群体的需求，使留学变得更加广义化。

随着科技的不断发展，人们可以通过远程教育、在线教育等方式跨时空获得所需的教育资源。尽管对留学生来说，海外留学依然是其首选的留学方式，但是互联网课程可以让越来越多没有条件出国留学的人足不出户就享受国际化的教育资源，并与其他地区的学生和老师互动，这加快了知识和技术的传播，扩大了高等教育的受益群体。

（五）政府资助留学成为各国争夺国际化人才的重要战略

随着各国经济交流与合作程度的加深，劳动力市场越来越重视国际化人才。在以知识经济为主导的全球化时代，高技能国际化人才成为各国发展越来越重要的资源。留学作为人才国际化培养与发展的重要途径，愈发受到来自政府、社会、家庭及个人的重视。在这一背景下，很多国家（尤其是发展中国家）通过设立奖学金项目，大力资助本国学生出国留学，学习更为先进的知识和技能。例如，近年来巴西政府大力推行"巴西科学流动项目"（Brazil Scientific Mobility Program，BSMP），旨在为 STEM 领域的本国优秀本科生和研究生提供赴美交流与深造的机会。而作为世界石油储量最大并因此拥有巨额财富的沙特阿拉伯，2005 年以来，设立的"阿卜杜拉国王奖学金"项目资助了成千上万名沙特阿拉伯青年学子到美国等发达国家留学。仅 2013 年，留学美国的沙特阿拉伯学生总数约为 4.5 万人，比 2012 年增长了近 31%，而其中的 40% 是政府奖学金获得者。[①]

二　2013 年中国留学发展现状与趋势

（一）留学潮、归国潮同向迅速增长

改革开放以来，中国出国留学生数量增长迅猛。尤其自 2000 年始，出国留学人员总量呈现强劲的上升趋势，从当年的 3.9 万人增长至 2013 年的 41.39 万人。[②] 1978～2013 年，中国出国留学生

① 美国国际教育协会：《2013 年门户开放报告》。

② 2014 年中国教育部公布的数据。

累计总量已达305.86万人（见表5）。但其间由于受到各种因素的影响，历年的增长率经历了微妙的变化。例如，2002年，受主要留学国家如美国的移民政策等影响，中国出国留学生增长率曾一度放缓，而从2008年起又以两位数持续高速增长。2013年的增长率为3.58%，增速再次放缓。

表5　1996~2013年中国出国留学生数量增长情况

单位：万人

年份	累计出国人数	年份	累计出国人数
1996	27.0	2005	93.3
1997	29.6	2006	106.7
1998	30.2	2007	121.2
1999	32.0	2008	139.0
2000	34.0	2009	162.0
2001	46.0	2010	190.5
2002	58.5	2011	224.5
2003	70.0	2012	264.47
2004	81.4	2013	305.86

资料来源：《中国统计年鉴（2013）》。

相较于出国留学人数的高速增长，学成归国的留学生人数也在持续大幅增加。2013年，学成回国人数达35.35万人，比2012年增加了8.06万人，增长了29.5%。这与同年出国留学的41.39万人相比，仅有约6万人的人口逆差。据统计，从1978年至2013年底，中国留学归国累计人数已达144.48万人，是同期出国留学累计人数的47.2%，相当于接近一半的出国留学人员学成后选择回国发展。此外，2013年归国留学人数的增长速度已超过出国留学人数的增长速度，而且预计今后几年回国人数还将持续增加。

表 6　1996～2013 年中国留学归国人数增长情况

单位：万人

年份	累计回国人数	年份	累计回国人数
1996	8.9	2005	23.3
1997	9.6	2006	27.5
1998	9.9	2007	32.0
1999	11.2	2008	39.0
2000	13.0	2009	49.7
2001	13.5	2010	63.22
2002	15.3	2011	81.84
2003	17.8	2012	109.13
2004	19.8	2013	144.48

资料来源：《中国统计年鉴（2013）》。

（二）世界第一留学大国地位进一步巩固

截至 2013 年，中国是美国、英国、澳大利亚、加拿大、日本、韩国、新加坡、德国、瑞典和新西兰等国家的最大留学生来源国（见表 7）。传统的留学目的国，比如美国和加拿大，依然是中国留学生最主要的留学目的国。根据美国国际教育协会《2013 年门户开放报告》的统计，2013 年，中国赴美留学生人数为 235597 人，中国留学生在美国吸纳的国际留学生中所占比重从 2006 年的 11.1% 上升到了 2013 年的 28.7%，远超过位居第二的印度（11.8%）和第三的韩国（8.6%），创历史新高（见表 8）。加拿大的中国留学生人数也有显著增加，从 2011 年的 6.7 万人增加到了 2013 年的 8.8 万人，占比则由 22% 迅速提高到 33%。此外，中国已连续五年成为加拿大的最大留学生来源国。

表7　2013年中国在各主要留学目的国的留学生人数及其占该国国际留学生人数的比重

单位：万人，%

国　　家	中国留学生人数	占该国国际留学生比重	排名
美　　国	23.5	28.7	1
澳大利亚	1.0	28.5	1
加 拿 大	8.8	33.3	1
日　　本	8.2	48.7	1
英　　国	7.2	24.3	1
韩　　国	5.4	66.2	1
德　　国	2.56	29.0	1
新 西 兰	1.75	27.3	1
瑞　　典	0.407	11.1	1
法　　国	3.0	10.5	2
荷　　兰	0.3068	8.0	2
比 利 时	0.1051	2.8	3
瑞　　士	0.0957	2.3	5

注：德国、瑞士、比利时、瑞典和荷兰的相关数据收集于2011年；英国的中国留学生人数根据2013年英国移民局对中国发放的学生签证及短期学习访问签证数量估算。

表8　赴美中国留学生人数增长率及占美国国际留学生的比重

单位：人，%

年份	赴美中国留学生人数	增长率	占全美国际留学生比重
2006	62582	0.1	11.1
2007	67723	8.2	11.6
2008	81127	19.8	13.0
2009	98235	21.1	14.6
2010	127628	29.9	18.5
2011	157558	23.5	21.8
2012	194029	23.1	25.4
2013	235597	21.4	28.7

资料来源：美国国际教育协会《2013年门户开放报告》。

在 CCG 与麦可思对 2013 届本科毕业生留学意向的联合调查中，我们发现，选择留学北美洲、欧洲和亚洲的学生将“该国整体研究生教育质量好”作为留学该国的最重要理由。其中，北美洲的比例最高，达到了 88.1%。选择留学大洋洲的学生则将“留学环境开放，容易申请”作为最重要理由。关于留学费用，在选择留学亚洲和欧洲的学生中，分别有 15.6% 和 6.9% 将“费用少”作为主要原因，而留学北美洲学生的这一比重只有 0.5%（见表9）。

表 9　赴北美洲、欧洲、大洋洲、亚洲留学本科毕业生选择该地区留学的理由

单位：%

留学理由	北美洲	欧洲	大洋洲	亚洲
该国整体研究生教育质量好	88.1	59.1	31.5	40.9
移民便利	3.5	0.1	20.7	1.8
留学环境开放，容易申请	3.3	21.2	37.2	21.1
容易拿到资助	2.1	1.6	0.2	4.7
费用少	0.5	6.9	1.4	15.6
其他	2.5	11.1	9.0	15.9

资料来源：CCG、麦可思，中国 2013 届大学毕业生社会需求与培养质量调查。

尽管拥有教育质量高和教学声誉好等优势，但受留学费用、移民政策等多种因素的影响，美、英、澳、加等几个传统留学目的国开始受到更多新兴留学目的地的挑战。近年来，随着中国的教育市场越来越开放，来华宣传的外国留学机构越来越多，使中国的学生和家长有更多渠道接触、了解更多元化的留学市场。尤其是一些欧洲大陆国家和亚洲其他国家，以较高的“留学性价比”赢得了越来越多中国留学生生源。

以德、法两国为例，除了优质的教育资源，其公立大学不收取学费，且允许留学生在校期间打工，这些都成为吸引留学生的重要因素。近年来，德、法两国的中国留学生人数增长迅速。目前，中国已是德国最大的留学生来源国。2013 年赴德中国留学生人数达到了 25564 人，与 2012 年相比增长了 7.0%。[①] 中国是法国第二大留学生来源国，2013 年法国接收的中国留学生达 30349 人，占法国国际留学生总数的 10.5%，与排名第一的摩洛哥仅差 0.6 个百分点。[②] 可以预测，在此趋势之下，中国将很快超越摩洛哥，成为法国最大的留学生来源国。

亚洲一些新兴热门留学国家和地区也受到越来越多中国留学生的关注。近年来，亚洲国家在泰晤士高等教育世界大学排名中表现不俗，有越来越多的著名高等学府跻身前 100 名。[③] 而对本区域内的学生来说，留学亚洲的优势还在于语言文化差异较小、学费和生活成本较低等，尤其是在区域一体化发展的推动下，政府奖学金项目和双边教育交流等越来越多，使得更多中国学生开始考虑并选择"就近留学"。

（三）本科留学人数增长迅速

一直以来，出国读研究生的学生数量在中国留学生总量中占最大比重，而且一直保持强劲增长势头。然而，近年来，中国出国留学生的年龄层次和学位层次均有明显变化，研究生在中国出国留学生总量中所占比重明显下降，本科和高中阶段的留学生人数则增长迅速，留学低龄化趋势愈加明显。

以美国为例，2013 年，中国赴美读本科的留学生人数为

① *Wissenschaft Weltoffen 2014*.

② 中国驻法国大使馆教育处，http：//www. education - ambchine. org/publish/portal116/tab5722/info107885. htm。

③ 据 2013 年泰晤士高等教育世界大学排名，跻身前 100 名的亚洲高校数量为 12 所。

93768 人，占当年赴美中国留学生总数的近 40%，比 2012 年上升了 1.4 个百分点；而读研究生的留学生人数为 103427 人，占当年赴美中国留学生总数的约 44%，比 2012 年下降了几个百分点（见图 2）。后者虽然仍处于主体地位，但两者之间的差距正在进一步缩小。①

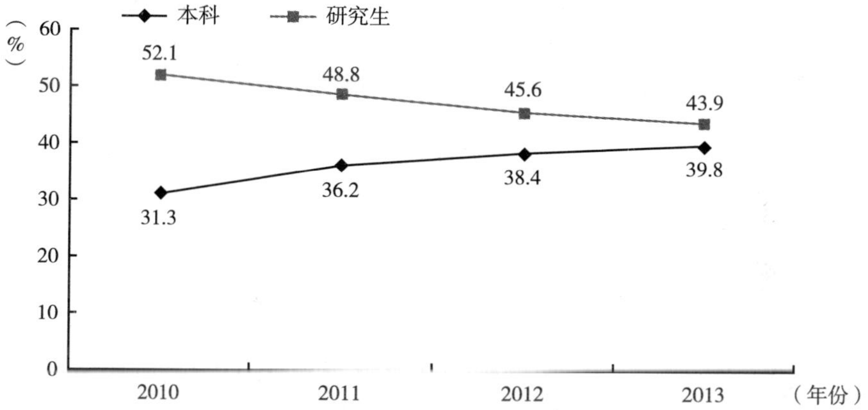

图 2　2010～2013 年中国赴美就读本科、研究生的留学生人数所占比重

资料来源：CCG 根据美国国际教育协会历年《门户开放报告》整理。

2000 年左右，攻读研究生的中国留学生人数在中国赴美留学生中占有绝对优势。但在接下来的十几年中，本科层次的留学生占比越来越高，逐渐接近研究生人数占比，并呈现即将超越后者的势头。美国研究生委员会（The Council of Graduate Schools，CGS）的统计报告也同样显示了这一趋势：在保持连续三年两位数的增长后，2013 年中国大陆申请赴美读研究生的人数出现了负增长，增长率从 2010 年的 20%、2011 年的 21% 和 2012 年的 19% 下降到了 -5%（见表 10）。

① 美国国际教育协会：《2013 年门户开放报告》。

表 10　2010～2013 年申请赴美读研究生的留学生人数增长变化

单位：%

国家和地区	2010 年	2011 年	2012 年	2013 年
世　　界	9	11	9	1
中国大陆	20	21	19	-5
印　　度	1	8	3	20
韩　　国	0	2	-1	-13
中国台湾	—	—	-2	-13
加 拿 大	—	—	7	-4
墨 西 哥	—	—	10	-11
巴　　西	—	—	9	24

资料来源：美国研究生委员会，2013 年赴美攻读研究生层次的国际留学生入学调查。

本科留学生人数的增加，不仅反映了中国广大学生和家长对国外高等教育的认可和崇尚，而且反映了近年来中国家庭收入增加，同时也反映了在国际金融危机之后，很多发达国家高校财政紧缩，导致其在招生政策和方向上做出的调整。本科及本科以下层次的留学生以自费留学生为主，他们的学费和日常消费对所在高校以及当地经济发挥了巨大的促进作用。美国国际教育协会的研究报告显示，2013 年，国际留学生及其家庭对美国经济的贡献额高达 247 亿美元（增幅为 10%），为美国劳动力市场直接或间接提供了 31.3 万个工作岗位（增幅为 6%）。①

（四）高中留学人数增长显著

尽管有各种统计数据显示，全球接受高等教育的留学生数量增长较快，增速明显高于接受高等教育的学生增速，但随着教育产业的全球化速度加快，就读高中的留学生人数也经历了快速增长的历

① 美国国际教育协会：《2013 年门户开放报告》。

程。对中国来说，出国读高中的留学生人数增长是近年来中国留学发展的另一显著趋势。

有教育研究机构数据显示，2013 年，中国有约 100 万名考生放弃高考。[①] 在这约 100 万名考生中，选择出国留学的人数接近 20 万人，而且人数正以每年 20% ~30% 的速度增长。近年来，中国中学生参加 SAT 考试[②]的人数呈现了爆发式增长，仅在 2013 年，中国内地赴香港参加 SAT 考试的考生人数已接近 5 万人。

从 2009 年起，在美就读高中的中国留学生人数直线上升，2011 年，中国超过韩国，成为美国高中留学生第一大来源国。2011 年，有将近 24000 名中国留学生就读美国高中，占当年赴美中国留学生总数的 15% 。另据美国国际教育协会数据，2013 年在美就读高中的中国留学生人数已超过 3 万人，占 2013 年美国高中留学生总数的将近一半（46%）。从中学类型上看，近九成去美国读高中的中国留学生选择私立中学，2013 年在美就读私立高中的中国留学生上升到 23793 人，而 2006 年仅为 65 人。[③]

从高中留学生的留学目的地看，2007 ~2014 年，超过九成出国读高中的中国留学生集中在加拿大、美国、澳大利亚和英国。其中，加拿大是最受中国高中留学生欢迎的留学目的国，有近 1/3 的中国留学生选择在加拿大读高中。美国、澳大利亚和英国则分别居第二、第三和第四位。近年来，一些欧洲大陆国家也越来越受到中国高中留学生的青睐（见图 3）。

---

① 教育部发言人续梅透露，近五年来，高中毕业生弃考率基本稳定，约为 10%。中国教育科学研究院研究员储朝晖表示，2010 年，他在对比各地高三学籍人数与高考报名人数之后测算，当年全国大约有 80 万名学生弃考。近年来，弃考人数以每年接近 10 万人的速度增加。

② SAT，全称为“Scholastic Assessment Test”，由美国大学委员会（The College Board）主办。SAT 成绩是世界各国高中生申请美国名校及奖学金的重要参考。

③ 资料来自美国国土安全局。

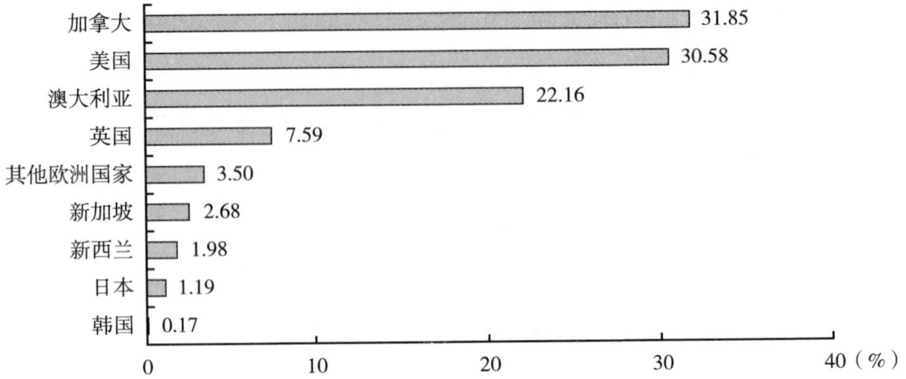

图 3　中国高中生留学生分布

资料来源：启德教育集团《中国低龄留学生研究报告》，2014。

选择出国读高中的原因多种多样。首先，从教育和考试制度看，国外相对自由宽松：一方面，高中生不是凭借高考升学，很多国家的高中生可以凭借高中阶段的成绩申请理想的大学，考核指标相对多元，不仅包括考试成绩，而且包括平时作业、课堂参与度等；另一方面，很多国家的高中生可以根据个人兴趣爱好和发展方向自由选课，教学也更注重培养社会实践能力和社会参与能力等。这对很多希望逃避国内严酷的高考竞争和应试教育，尤其希望发展自身特长的学生来说具有很大的吸引力。其次，国外很多高中是世界知名高校的摇篮，比如，美国东北部的 10 所高中①被中国人誉为“小常青藤”，就是因为这 10 所学校每年为美国著名高等学府输送了大量学生。很多家长将孩子提早送出国也是希望其在未来入读国外名牌大学方面可以具有更大的竞争优势。此外，迅速提高语言能力、培养独立生活的能力等，也是很多家长提早将孩子送到国

① 十校联盟（The Ten School Admission Organization，TSAO）成立于 1966 年，由美国东北部的 10 所私立高中组成，具体为 Choate Rosemary Hall，Deerfield Academy，The Hill School，The Hotchkiss School，The Lawrenceville School，Loomis Chaffee，St. Paul's School，Philips Exeter Academy，Philips Academy Andover，The Taft School。

外读高中的原因之一。

据腾讯、麦可思针对出国读高中的留学生及其家长的调查，教育质量和职业发展是学生及其家长看重留学的主要因素。此外，国外升学压力小、国外就业或移民便利也是其考虑的重要因素（见图4）。

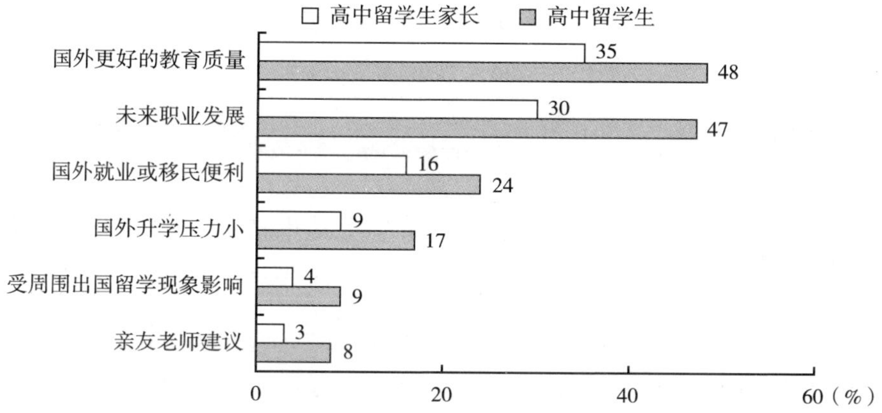

图4　被调查的高中留学生及其家长的留学理由（多选）

资料来源：腾讯、麦可思，高中生出国留学意向跟踪调查。

（五）专业选择的多元化日益明显

一直以来，吸引中国留学生的热门专业主要集中在工商管理、经济金融和科技工程等，这也是普遍被认为就业率高、薪酬水平高、人才短缺的专业。根据美国国际教育协会的统计，2013 年中国赴美留学生选择人数较多的前三大专业依次是工商管理（29%）、工程学（19.2%）、数学和计算机科学（11.2%），选择这三个专业的中国留学生人数超过总量的一半（59.4%），与2011年和2012 年基本持平（见表 11）。另据法国高等教育署的数据，经济、金融和管理是中国留法学生选择较多的专业，2013 年选择这些专业的中国留法学生占总量的43%。

表 11　2011～2013 年中国赴美留学生的专业选择分布

单位：%

学年	工商管理	工程学	数学和计算机科学	物理/生命科学	社会科学	美术及应用艺术	医疗卫生	教育	人文科学
2011	28	19	11	12	7	3	2	2	1
2012	28.7	19.6	11.2	9.9	7.7	3.8	1.5	1.7	1.3
2013	29	19.2	11.2	8.8	8.2	4.9	1.3	1.7	1.0

资料来源：CCG 根据美国国际教育协会历年《门户开放报告》数据整理。

但也有调查显示，近年来出国留学生扎堆选择热门专业，导致毕业后就业压力增大，留学优势减弱，就业竞争力下降。尤其是归国就业的留学生，很多人认为留学回报不高，难以找到满意的工作以获得期望的薪酬。因此，越来越多的留学生在专业选择上逐渐趋于理性，或以就业为目标，或以兴趣为导向，不再盲目扎堆选择热门专业。首先，实用学科越来越受到青睐。在很多国家，实用性的学科、课程受到越来越多中国留学生的青睐。这些学科往往注重培养实用型人才，在教学过程中注重实践，与社会各行业衔接紧密。在这种教育模式下，学生在掌握知识的同时，锻炼了实际技能，毕业后可以直接胜任工作。其次，越来越多的留学生开始按照自己的兴趣而非市场需求选择专业，这一点可以从近几年选择人文科学与艺术专业的留学生数量增加看出。以美国为例，2013 年中国留学生选择社会科学专业的人数占总数的 8.2%，比 2012 年的 7.7% 有所上升；而艺术专业的留学生人数则占了总数的 4.9%，比 2012 年的 3.8% 上升了 1.1 个百分点。不仅在美国，在其他国家的中国留学生的专业选择也呈现了多元化发展趋势。在法国，除工商管理和理工类专业外，近年来选择文化艺术、服装设计等专业的中国留法学生人数持续增加。

（六）高学历、高职位和高收入家庭支撑留学生源

2013 年，在41.39 万名中国留学生中，有38.43 万人是自费留学的，自费留学生占中国出国留学生总量的93%。随着中国中产阶层的崛起，越来越多的中国家庭有条件、有实力、有意愿将子女送到国外留学。尤其是对低龄留学生来说，家庭的决策往往起到至关重要的作用，家长的受教育程度、社会地位、收入水平以及对教育投资的理解等对留学决策影响重大。

据2014 年启德教育集团发布的《中国低龄留学生研究报告》，出国读高中和本科的学生家庭普遍呈现“三高”的特点，即父母至少有一方拥有高学历、高职位和高收入。在近千名受访家长中，有七成拥有本科及以上学历，有近七成在工作单位中拥有较高的决策权，有六成家庭年收入在 30 万元以上。据腾讯、麦可思对高中毕业生的调查数据，32% 的家长每年为孩子支付的学费为 20 万 ~ 30 万元，23% 在 30 万元以上（见图 5）。

本科毕业生出国留学也以自费生为主体。据 CCG、麦可思针

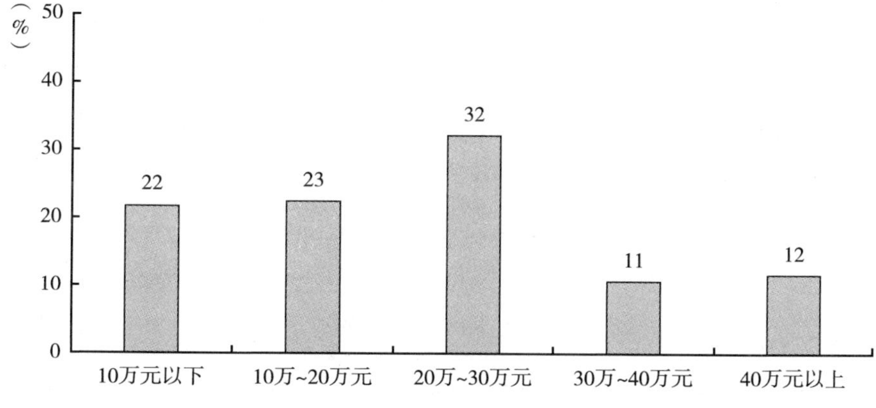

图 5　受访的高中生家长每年为孩子支付的留学费用

资料来源：腾讯、麦可思，高中生出国留学意向跟踪调查。

对本科毕业生的联合调查数据，2013 届本科毕业生留学的最主要的经济来源是“父母亲友资助”（89%），来自大学或相关机构资助的比例较小（见图 6）。在受访的本科留学生家长中，有 69% 是本科及以上学历，49% 属于管理层（见图 7～8）。

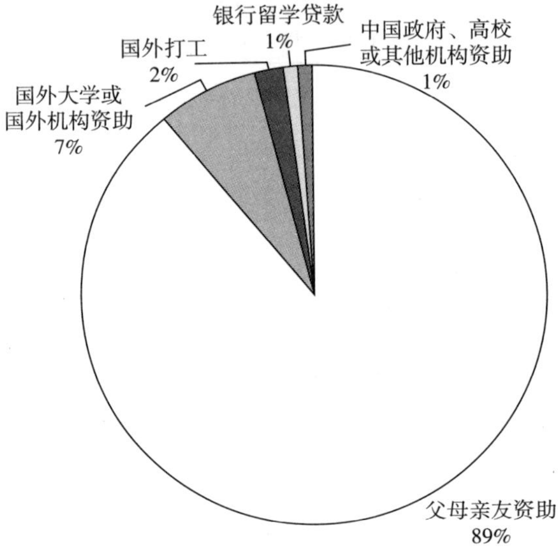

图 6　2013 届本科毕业生留学的首要经济来源分布

资料来源：CCG、麦可思，中国 2013 届大学毕业生社会需求与培养质量调查。

随着我国经济的飞速发展，国家财政收入和国民收入都显著提高，中产阶层开始加大在教育上的投入，一项来自胡润百富对中国高净值人士[①]的调查报告[②]显示，高净值人士中有 85% 的人考虑将子女送往国外读书，其中 35% 的人希望子女出国就读高中，在各学历层次中比重最高。得到全面发展和接受更好的教育是他们送孩子出国的重要原因，分别占 46% 和 41%，此外，创造性培养、思

① “高净值人士”是指个人资产在 100 万美元以上的人士。

② Hurun, *The Chinese Luxury Consumer White Paper*, 2012.

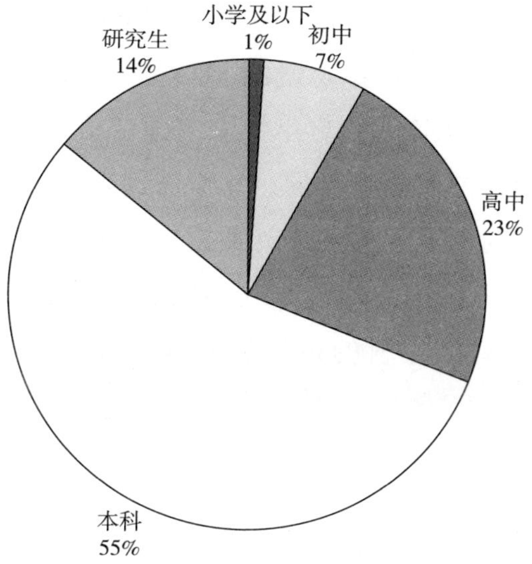

图 7　2013 届本科留学人员的父母教育背景分布

资料来源：CCG、麦可思，中国 2013 届大学毕业生社会需求与培养质量调查。

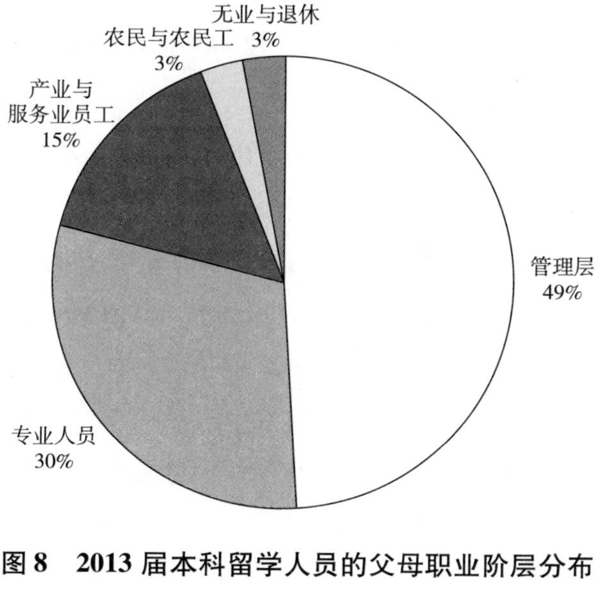

图 8　2013 届本科留学人员的父母职业阶层分布

资料来源：CCG、麦可思，中国 2013 届大学毕业生社会需求与培养质量调查。

维开放以及个性发展也是他们考虑的重要因素。目前，中国的留学生人数占全世界国际留学生总量的17%，[①] 且绝大多数是自费生。根据教育部的统计数据，2013年中国出国留学人数达41.39万人，其中有38.43万人是自费留学的，比重占到当年出国留学生总量的93%。从美国国际教育协会的统计数据中，也可以看出这一明显趋势：在2013年赴美留学的将近82万名留学生中，有64%是由家庭资助的，而赴美就读本科的留学生的这一比例高达81%。[②] 2013年，中国有23.6万名学生赴美留学，占全美留学生人数的近29%，其中大部分是自费留学生。

（七）留学生整体素质高，“尖子生”占半壁江山

CCG于2013年对北京5所中学学生的出国留学情况进行了抽样调查，结果显示，在出国留学的学生中，2/3以上是班里的“尖子生”——68.2%的学生出国前成绩是班里的前25%，89.8%的学生出国前成绩是班里的前50%，仅有10.3%的学生成绩在班级里排50%以后（见图9）。

根据腾讯、麦可思对高中毕业生出国留学的调查，在选择出国的学生中，有51%的人是班级排名前25%的学生，班级排名中等（前25%～50%）的学生占1/4，排名在中等以下的学生仅占24%（见图10）。《中国低龄留学生研究报告》也反映了这样一种趋势：在受访的千余名准备出国读高中和本科的学生中，平均成绩在85分以上的学生占50%，其中90分以上的占16%，85～90分的占34%。这与以往人们持有的“学习不好才出国”的观念有很大差异。[③]

① 联合国教科文组织，http://www.uis.unesco.org/Education/Pages/international-student-flow-viz.aspx。

② 美国国际教育协会：《2013年门户开放报告》。

③ 启德教育集团：《中国低龄留学生研究报告》，2014。

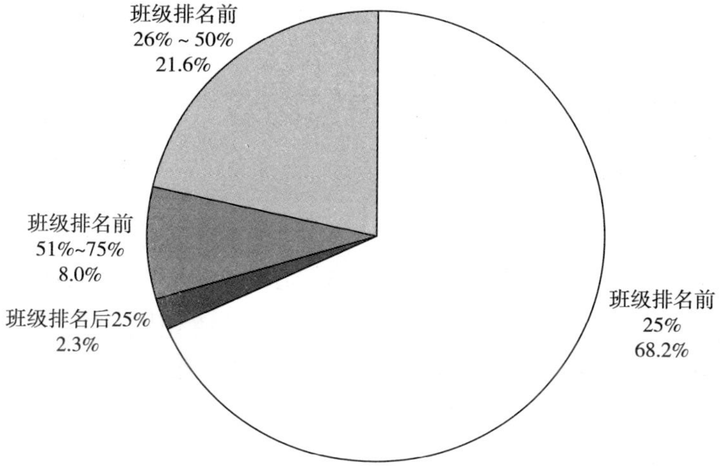

图9　青少年留学生出国前班级成绩分布

资料来源：2013 年 2～6 月 CCG 对低龄留学生的调研数据。

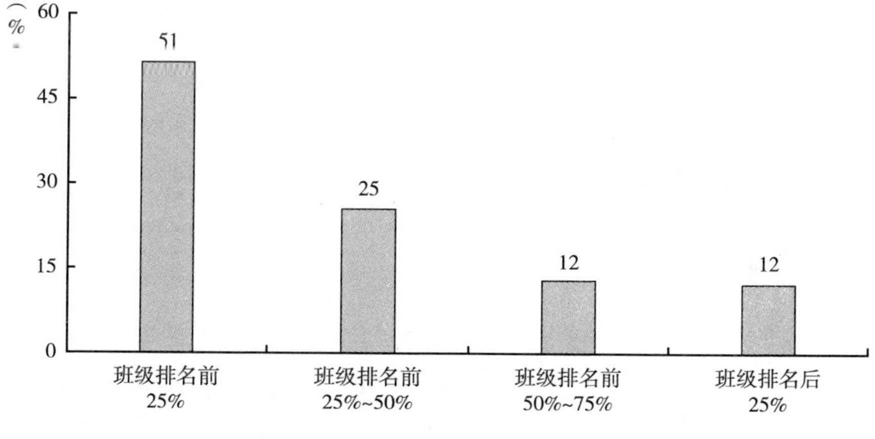

图10　选择出国留学的高中毕业生学习成绩分布

资料来源：腾讯、麦可思，高中生出国留学意向跟踪调查。

除了学习成绩较好之外，出国留学生的综合素质也较高。《中国低龄留学生研究报告》显示，在受访的千余名学生中，超过七成获得过各类奖项，其中获得过国家级奖项的占近 5%，获得过省级和市级奖项的占 25.8%，获得过区级和校级奖项的占 63.3%。

此外，拥有专长、才艺的学生人数也不在少数。

在出国就读研究生的学生中，“尖子生”比重更大。据麦可思对大学毕业生出国留学的调查，2007～2013年，来自“211”院校的本科毕业生留学比例呈上升趋势，明显高于非“211”院校。2013年，“211”院校毕业生的留学比例为3.43%，比非“211”院校（0.97%）高出2.46个百分点（见图11）。一项对高考状元在完成本科学业后去向的调查显示，在选择留在国内完成本科学业的高考状元中，有高达60%的人选择出国读研究生，而选择在国内直接就业或创业的人数较少。

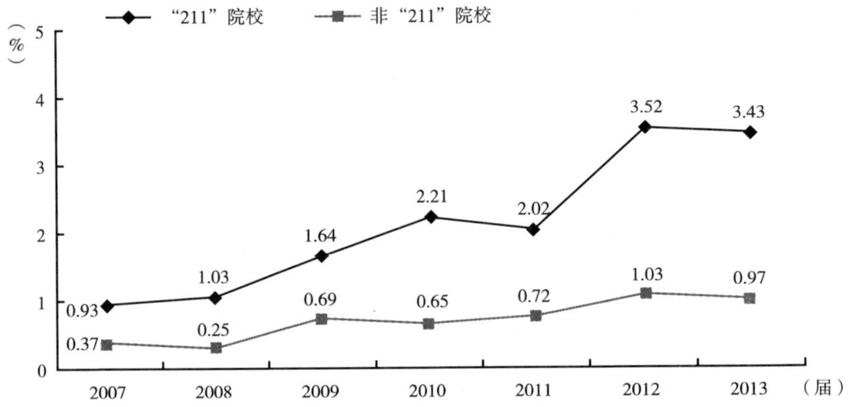

图11　2007～2013届不同类型本科院校毕业生的留学比例

资料来源：麦可思，中国2007～2013届大学毕业生社会需求与培养质量调查。

（八）就业和移民成为影响出国留学的重要因素

获得优质教育、得到全面发展、增长见识和提高语言能力等依然是人们选择出国留学的主要动因。但与之前不同的是，留学生会更多地考虑就业、移民等与未来工作和生活紧密相关的实际因素。

一项针对留学生专业选择的调查发现，专业就业前景已超过专业兴趣和专业排名等，成为留学生最重要的考虑因素。麦可思对本科毕业生留学理由的调查也发现，相较于“增加见识，了解他国文化”和“接受先进的教育方式”等，“增强职业综合竞争力”排在2013届学生的第一位，留学生的留学动机已经转向对回报力度的关注，最希望能够通过留学增强未来的职业综合竞争力，以期在劳动力市场获得更大优势（见表12）。目前，国内对高端服务业、奢侈品和艺术市场人才的大量需求，导致了越来越多的留学生选择到一些可以提供这类课程以及这类市场较为发达的地区求学。此外，也有更多的留学生或以自身兴趣为导向，或以职业发展为目标来选择专业，以期获得最大的教育回报。

表12　2007～2013届本科毕业生的留学理由排名变化

单位：名次

留学理由	2013届	2012届	2011届	2010届	2009届	2008届	2007届
增强职业综合竞争力	1	1	1	1	3	2	2
学习先进的知识和技能	2	4	2	2	2	3	3
增加见识，了解他国文化	3	3	3	3	4	1	1
接受先进的教育方式	4	2	4	4	1	4	4
去国外就业和长期居住	5	5	5	5	5	5	5

资料来源：麦可思，中国2007～2013届大学毕业生社会需求与培养质量调查。

此外，环境因素也正在成为留学生出国留学的动因之一。一项针对留学生留学动因的调查发现，受访学生选择留学国家时主要考虑的因素除了教育质量、留学费用和学校专业排名等重要指标外，还包括文化氛围和气候环境。在调查中，有超过30%的受访者考虑到环境因素，而2012年这一比例约为20%。[①] 这也可以从侧面看出，留学生的留学选择更加务实和理性。

① 启德教育集团：《2014年中国学生留学意向调查》。

（九）留学渠道日益多元化

随着通信技术的发展，获取留学资讯的途径变得更加开放和多元，尤其是互联网的应用，使很多学生可以不通过留学中介直接联系国外大学，完成申请。此外，国与国之间双边交流的增多，也为留学生提供了很多直接接触留学目的国和高校的机会。这些对留学服务机构来说都是新的挑战，需要不断开拓新的服务领域和服务项目，提供更具个性化的服务，来满足留学发展的新需求。

腾讯、麦可思对高中毕业生和本科毕业生出国留学的调查发现，学生获取留学信息的渠道更加多元化，有32%的高中毕业生通过国内留学中介机构获取留学信息，而32%的本科生主要通过国外大学网站获取留学信息。此外，亲友和老师推荐、国内留学网站等也是主要渠道。为扩大在华招生、抢占优质生源，很多国外大学会在华定期举办留学咨询会，而选择通过此类咨询会获取信息的高中毕业生比例远远高于本科毕业生比例（见图12）。

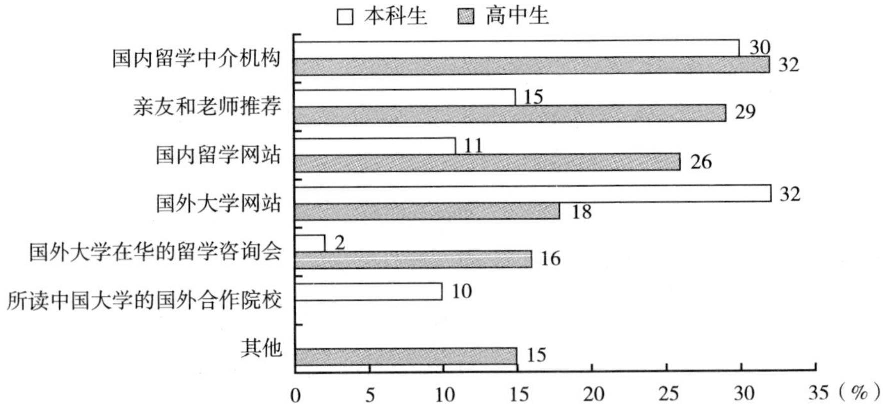

图12　受访高中毕业生和本科毕业生出国留学的信息渠道分布（多选）

资料来源：腾讯、麦可思，高中生出国留学意向跟踪调查。

（十）留学服务领域上下游延伸

近年来，随着中国出国留学生人数和学成归国人数的迅速增长，留学服务机构数量不断增加，留学服务行业的从业人员规模也迅速扩大。由北京留学服务行业协会公布的对北京地区自费出国留学服务机构的评估结果显示，仅北京市合法注册和经营的留学服务机构就有 71 家，从业人员达 6800 人，每年所服务的出国人员数量超过 10 万人次。该报告显示，2013 年仅由北京市的留学服务机构输送的自费出国留学生就达 125198 人次，比 2012 年增长 8.5%，约占全国自费出国留学人数的 1/4。

留学服务机构的服务领域拓展是近年来中国留学行业发展的特点。留学渠道的多元化以及中国留学发展出现新特点，需要留学服务机构增加新的职能以满足新的要求。因此，留学服务机构不再局限于提供留学咨询、院校申请、文书写作辅导、签证辅导等传统服务，而是向留学的后续服务领域延伸拓展，其中包括对留学生在留学目的国的学业指导、生活指导、法律支持乃至职业规划等，也包括留学生归国的就业和创业指导等。

三　中国留学的未来发展：关注留学红利

留学红利分为两部分：一是经济红利，主要是指由留学带来的直接财政和经济收入以及带动其他相关产业所产生的经济效益；二是指人才红利，主要是指通过留学而拥有国际视野的国际化人才。对留学生输出国来说，留学人才成为本国未来国际化人才的重要组成部分，是未来政治、经济、外交以及科教文卫等领域人才的重要来源之一；对留学生输入国来说，外国留学生是弥补本国高端人才不足的重要资源库。

目前，我国是世界上最大的留学人员输出国，随着“归国潮”的出现，留学人员在我国经济和社会发展中所起的作用已经明显显现出来。但是我国在吸引国外人才、发挥外国留学生对我国现代化建设的推动作用方面，与世界许多国家相比，差距还很大，留学红利还未引起人们的足够重视，我国不仅面临严重的“留学赤字”问题，而且应有的留学红利也没有得到充分释放。因此，在未来的一段时期内，如何最大限度地发挥留学红利在我国经济社会发展中的战略作用，将是我国留学工作面临的重要课题之一。

（一）我国应该吸引更多的外国留学生来华

众所周知，美国是世界上最大的高等教育输出国，从“留学经济”中受益匪浅，这是因为美国的教育体系与世界其他许多国家相比具有先进性和优越性，而且美国政府与高等院校对留学生采取开放、支持的政策。

与美国相比，中国是世界上最大的留学生输出国，但吸引的来华留学生数量很少。据教育部统计，2013 年在华的各类外国留学生共计 356499 人，来华留学生的总数较上一年增加了 28169 人。而在出国留学方面，我国出国留学人员仅 2013 年一年就多达 41 万多人。留学规模在“输入”和“输出”两方面严重不平衡。

目前，中国已进入并将长期处于人口老龄化社会，生育率降低，[①] 长此以往，必将导致我国高校生源紧张。再加上留学低龄化、大众化趋势明显，我国高等教育的生源流失将更为严重。截至 2013 年 6 月 21 日，全国普通高等学校（不含独立学院）共计 2198

① 《官方称中国已进入并将长期处于人口老龄化社会》，http：//finance. qq. com/a/20100713/006860. htm。

所，其中独立设置民办普通高等学校424所；全国成人高等学校共计298所，其中民办成人高等学校1所。[①] 综观世界，许多国家把吸引国际留学生作为高校运营的重要工作，其在校国际留学生的比例远远大于中国（见表13）。我国众多高校面临全球性的生源竞争，若不增强实力，开放市场，主动参与竞争，很可能导致未来大批高校倒闭。

表13　部分国家接收高等教育国际留学生的比例（2011年）

单位：%

国家	比例	国家	比例
澳大利亚	19.8	加拿大	7.4
英　国	16.8	OECD国家	6.9
瑞　士	16.2	意大利	3.7
新西兰	15.6	日　本	3.6
奥地利	14.7	美　国	3.4
法　国	11.9	韩　国	1.9
德　国	11.4	中　国	0.3
瑞　典	7.9		

资料来源：OECD，*Education at a Glance 2013*：*OECD Indicators*，OECD Publishing，Jun.，2013。

根据OECD的统计，在中国0.3%的国际留学生比例中，许多还是来华进行短期语言培训的学生。另外，从来华留学生来源的国际分布来看，目前在华留学的学生主要来自东盟、中亚、非洲，而且他们中大部分人以非学历人员为主。根据教育部公布的数据，东盟在华的留学生总数已突破6万人，中亚在华留学生数量已逾16万人，仅这两个地区的留学生数量就几乎占据了在华留

① 《教育部批准的高等学校名单、新批准的学校名单》，http：//www.moe.gov.cn/publicfiles/business/htmlfiles/moe/moe_ 229/201306/153565.html。

学生的2/3。

在2013～2014年度泰晤士高等教育世界大学排名中，北京大学列第45位，清华大学列第50位，这说明我国的高等教育水平与世界领先水平还有一定差距。另外，CCG根据近些年的研究发现，我国高等教育国际化水平较低，在全球教育市场上缺乏竞争力，目前的留学环境无论是硬件设备还是软件资源，与国际水平都还有一定差距，有很大的提升空间。

首先，要大力提升我国高校教师的国际化程度。在泰晤士高等教育世界大学排名指标体系[①]的一级指标中，有“国际视野”一项，权重为7.5%，其二级指标有3项，分别是“国际学生与本国学生数量比”（2.5%）、“国际教学人员与本国教学人员数量比”（2.5%）、“跨国科研”（2.5%）。从工作开展顺序来讲，只有先有国际化的教师队伍，才能吸引更多的国际留学生，并开展更多的跨国科研。试想，如果国内高校教师的英语授课水平有限，如何吸引国际留学生来华留学？在发达国家，高校教师多实行全球招聘。美国一些名校，如斯坦福大学，其外籍教师比例高达65%。在新加坡，高校外籍教师比例过高甚至引发辩论，[②] 但有观点认为，正是得益于其带来的雄厚科研实力和国际化视野，新加坡高校近年来才在世界高校排名中上升，随之又吸引了更多留学生和海外优秀师资。中国香港高校的外籍教师比例普遍在40%以上，且99%的教师拥有在国外学习的经历。相比之下，截至2011年，在我国排名前十的多所高校中，外籍教师的比例都不到5%，其他院校仅为2%左右，且聘请的多是语言类教师。[③] 提升高校教师国际化程度，

① 见本书《2013～2014年度泰晤士高等教育世界大学排名解读》一文。

② 《新加坡高校外籍教师比例过高》，http：//www.shedunews.com/zixun/guoji/tashanzhishi/2014/09/10/788112.html。

③ 《对高校国际化评价指标的一些思考》，《云南大学报》2011年12月16日。

一方面要提升外籍教师队伍的比例；另一方面要提升有海外背景的本国教师比例。具体途径包括海外招聘或选派优秀教师赴外国大学进修、攻读学位、开展合作研究、做博士后研究等。

其次，要提升我国高校课程设置和教学内容的国际化水平。这就要求高校具备开设中英文双语课程的能力，优化课程设置，并展开跨国科研合作和学术交流活动，使课堂教授内容能达到专业领先水平。在高校内能打造世界性的学术科研中心及国际人才中心，并培养出多层次、多领域的国际化人才。只有这样，才能对外国留学生产生真正的吸引力。

再次，我国针对来华留学生的学费定价亟待改革。目前，我国各大院校均沿用1998年下发的《关于调整自费来华留学生收费标准的通知》（以下简称《通知》）及其附件《自费来华留学生收费标准》。《通知》对学费调整幅度予以限制，在实际操作中，中国的高等院校无法通过向留学生提供高等教育服务获利，因此，高校缺乏动力去吸引海外留学生和改善我国的整体留学环境。[①] 这也是鲜见中国高校赶赴海外做宣传推广、招揽留学生的深层次原因。建议国家发改委和教育部等相关部门将来华留学生学费定价自主权下放给高校，使高校在培养外国留学生时有经济收益，从而有动力开拓海外市场和提升教育水平。这将从根本上缓解我国留学规模在“输入”和“输出”两方面的严重不平衡，也有利于国内高校提供更多、更丰富的课程供外国留学生选择，从而逐步营造具有国际竞争力的留学环境。

最后，还要加大对海外留学生的吸引力度。2010年，教育部颁布了《留学中国计划》，提出到2020年在内地高校及中小学校就读的外国留学人员达到50万人，其中接受高等教育的留学生达

① 在本书《来华留学生学费定价与资助政策改革方向探析》一文中有详细解读。

到15万人。该计划反映了我国对来华留学生的重视，应尽快制定相关实施细则，切实推进。建议借鉴国际相关经验，在该计划框架下，挑选若干重点大学实施高等教育国际化示范工程，支持所选大学增加吸引留学生的教学和生活设施，加大外籍教师的引进力度，加强相关领域教师的国际化培训，增设全英语教学课程等，由此带动全国效仿实施，提高海外学生来华留学的积极性。

以上几点是具体实施办法，最重要的是推进我国教育改革，在高校中建立教授治校的现代化管理体制。《国家中长期教育改革和发展规划纲要（2010～2020年）》提出“推进政校分开管办分离”，这确立了教育去行政化的目标，既能减少行政对教育的干预，又会淡化校园内的“官本位”思想，创造自由、开放的学术氛围，有利于培养优秀人才。另外，宜适时引入校长职业化制度。国际许多大学在全球范围内招聘校长和教师，2013年，仅纽约地区就有3所高校任命了出生于美国国外的校长：库柏联盟的负责人来自印度，西顿霍尔大学任命了一名菲律宾人为校长，史蒂文斯理工学院则聘请了一名伊朗人为校长。[①] 中国高校的领导者也应在全球招募，以获得具备国际竞争力的领导力量，从而加快提升我国高校的国际化水平。

（二）“留学红利”应该成为我国“人才红利”的重要组成部分

2014年8月21日，国务院总理李克强在听取国家杰出青年科学基金设立20周年人才培养和科研成果的汇报时指出：“说到底，要保持中国经济持续健康发展，越过中等收入陷阱，还是要最大限度释放‘人才’的‘红利’。”可见，从“人口红利”转向“人才

① CCG根据公开资料整理。

红利”，已经成为我国未来经济社会发展的重要议题。近年来，我国留学生从“出国潮”发展到“归国潮”，从“留学赤字”到“出国潮”和“归国潮”的双向快速增长，“留学红利”在我国科教文化、企业创新等领域的重要作用日益显现。

在国际社会，“留学红利”早已成为发达国家国家发展战略的重要组成部分。尤其在近些年，国际经济环境的恶化导致很多发达国家政府大规模削减教育经费，对高校财政影响巨大，资金负担加重。教育财政紧缩，促使更多高校积极开发海外生源，大力吸引海外留学生，尤其是来自新兴经济体的留学生。无论从短期还是长期来看，留学生都给其所在学校以及当地带来了巨额的经济收入。以加拿大为例，仅在2010年，国际留学生在学费、住宿费和生活费上的支出就超过了80亿加元，这一数字比加拿大在飞机、航天器等大型设备出口方面所获得的经济收益总和还要高。①

另外，争夺留学生也成为发达国家争夺世界人才红利的重要组成部分。作为潜在的高技能国际化人才，留学生是目前世界各国政府力争吸引和挽留的移民群体，因此，很多国家尽管收紧移民政策，但依然实行较为宽松的留学政策，为留学生毕业后能够留在本国工作提供各种便利。一旦留学生毕业后选择留在本国就业或创业，对当地经济的影响会更加持久和深远。② 以美国为例，留学生一直被视为重要的人才储备，尤其是STEM领域的留学生，通常是政府青睐的潜在高技术移民群体。在硅谷，创业的高科技企业有四成以上来自外国，而其中很大一部分是曾经在美留学的学生。他们不仅为美国带来了源源不断的人力资源和科技创新动力，而且为其带来了巨额的经济收益。

① OECD，*Education Indicators in Focus*，Jul.，2013.

② OECD，*Education Indicators in Focus*，Jul.，2013.

有关统计显示，目前我国虽然出现出国留学人数与留学归国人数双向增长的局面，但在海外获得博士学位并拥有研究或工作经验的高层次留学人才的回流率仍然较低。[①] 这直接导致我国的人才资源无法获得“质”的飞跃。从小学、初中、高中到大学阶段，我国付出了巨大的教育成本，培养出的人才却在海外深造后留在当地，为他国的发展做贡献。从更深层面讲，人才的流失实际上是我国教育、科研等资源的变相流失，长此以往，会影响中国科技和社会创新发展的速度与效率。因此，我国有项工作亟待展开：鼓励留学生学成后归国创新创业。

李克强总理在2014年夏季达沃斯论坛上说：“保护知识产权就是保护创新火种。中国政府要推动创新，就必须加大对知识产权保护力度，绝不允许创新成果被非法窃取。”他倡导“掀起大众创业、万众创新的新浪潮”。在随后主持召开国务院常务会议时，他又部署进一步扶持小微企业发展、推动大众创业与万众创新的工作。这体现了国家正在从政策层面推动形成创新创业的良好氛围。

红杉资本中国基金创始人及执行合伙人沈南鹏在“2014第九届中国留学人员创新创业论坛”上称，在过去三年自己所投资的创业企业中，有1/4的企业家是留学归国人员，这个比例相当高，体现了留学归国人员在创新创业中扮演了重要角色。我国要加大力度吸引留学生回国创新创业，尤其是掌握高科技和专业知识的硕士、博士人才，以扭转人才流失局面，积攒“人才红利”。

另外，我国要树立“全球人才为我所用”的人才观。善用全球人才是美国发展成功的重要因素，目前在美国市值排前50名的

① 教育部留学服务中心：《2012万名留学人员回国就业报告》，2013。

上市公司中，有近一半是移民创建或参与创建的；1960～2013 年，美国有 72 名移民科学家获得诺贝尔奖。[①] 党的十八大报告提出建立“具有国际竞争力的人才制度优势”，这要求我国在全球化时代树立“全球人才为我所用”的人才观。

就留学生群体而言，我国应积极完善相关政策，留住来华留学生中的优秀人才为我所用。美国、日本、新加坡等国均允许留学生毕业后居留一段时间找工作，以吸引优秀外国留学生留在本国发展。我国宜尽早放开留学生毕业后在华工作的限制，修订《高等学校接受外国留学生管理规定》[②]，允许外国留学生在华读书期间勤工俭学或在校外实习，给予在中国完成 2 年以上学业、具有本科以上学历的外国毕业生为期半年的寻找工作的时间；如果具备博士学历，或具备硕士学历但符合我国紧缺专业人才清单，给予其一年寻找工作的时间。

美国等发达国家为吸引海外人才，会对攻读硕士、博士学位的外国留学生提供一些奖学金项目，我国也宜积极借鉴，用政府奖学金、高校奖学金项目来吸引我国急需的专业人才，并结合毕业后给予找工作时间的政策，实现引进、培养并留用外国人才的目的，切实为我国创造“人才红利”。

（三）“国内留学”应该成为我国教育体制改革的重要议题之一

在本书“专题篇”中，北京留学服务行业协会会长桑澎撰文《当今留学背后的思考》分析了当今留学形势的变化，思考了“留学潮”背后出现的问题，希望帮助广大家长和留学生厘清留学的

① CCG 根据公开资料整理。

② 2000 年 1 月 31 日实施。

实质，不盲目地为留学而留学。尽管对留学生来说，海外留学依然是其首选的留学方式，然而，科技的发展使得越来越多没有条件出国留学的人能够在国内享受国际化的教育资源，并与其他地区的学生、老师互动，加快了知识和技术的传播，扩大了高等教育的受益群体。这应该成为我国未来教育改革关注的议题之一。2014 年 8 月 29 日，中共中央政治局召开会议，会议通过了《关于深化考试招生制度改革的实施意见》，这标志着我国教育体制全面深化改革全面启动。近年来，教育体制改革一直是我国社会关注的焦点，“国内留学”便是其中之一。

“国内留学”包括但不限于以下几种形式：一是在国内学习国外高中课程，读完后出国留学，无须再读大学预科；二是在国内学习国外预科课程，读完后出国留学可直接读大学一年级，即 1 +3 模式；三是在国内学习两年国外大学课程，最后 1 ~2 年去国外学习，即 2 +1、2 +2 模式，最后获得国外大学文凭或学位；四是在国内学习国外大学的研究生课程，全部在国内读完，或一年在国内、一年去国外，即 1 +1 模式。①

从更广泛的意义上说，“国内留学”并不局限于高中及以上阶段，事实上，在幼儿园、小学和初中阶段接受国际教育的学生，也可算为“小留学生”。这种留学方式是伴随着我国教育领域的对外开放而兴起的。本书“专题篇”系统地讲述了大学阶段以前的国际学校在我国的发展历程，这种国际化的教育体系是我国现有基础教育体系的有益补充。

与此同时，我国与国际院校之间在高等教育和职业教育领域的交流增加，合作办学的项目（课程）、学位越来越多。按照《中外

---

① 百度百科，“国内留学”词条，http：//baike. baidu. com/view/11586600. htm？fr = aladdin。

合作办学条例》的规定：中外合作办学是指外国教育机构同中国教育机构在中国境内合作举办以中国公民为主要招生对象的教育机构的活动。我国鼓励引进外国优质教育资源进行中外合作办学，鼓励在高等教育、职业教育领域开展中外合作办学，鼓励中国高等教育机构与外国知名的高等教育机构合作办学。在这一政策方针引导下，中外高校在本科阶段、硕士阶段教育层次上推出了学历教育项目和非学历教育项目，设立了中外合作办学机构，如宁波诺丁汉大学、西交利物浦大学、上海纽约大学、昆山杜克大学、温州肯恩大学等。在教育部中外合作办学监管工作信息平台上，可以查询到由教育部审批和复核的中外合作办学机构及项目名单，以及由地方审批报教育部备案的中外合作办学机构及项目名单。①

相比于中外合作办学项目，中外合作办学机构的层次更高，具有独立法人资格，以上海纽约大学为例，它于2011年3月28日创办，是第一所中美合作创办的国际化大学，由美国的纽约大学和中国的华东师范大学联合创办。随后，温州肯恩大学于2011年11月16日获得教育部批准，由温州大学与美国肯恩大学联合创办。这种趋势顺应了当前国际著名学府积极在全球设立分校、发展国际化教学体系的大势，设立在上海的校园便是纽约大学全球系统中最年轻的门户校园。

《中外合作办学条例》明确规定：中外合作办学属于公益性事业，是中国教育事业的组成部分；国家对中外合作办学实行扩大开放、规范办学、依法管理、促进发展的方针。我国改革开放三十多年来，在经济领域引入外资竞争，倒逼本土企业发展，取得了良好成效，在教育领域引入外资，也将助力中国高校走向世界，与世界

① 教育部教育涉外监管信息网，http：//www.crs.jsj.edu.cn/index.php/default/index/sort/1006，http：//www.crs.jsj.edu.cn/index.php/default/index/sort/1008。

教育机构展开竞争。中外合作办学机构在引入国外优质教育资源、引入我国紧缺专业和先进管理模式与教学理念等方面，对我国公办高等教育改革起到了借鉴作用。近年来，宁波诺丁汉大学、西交利物浦大学、上海纽约大学等都进行了有益的尝试，受到了各方好评。这也使得我国高等教育阶段的学生可以实现“国内留学”，不出国门便可以享受国际化的教育资源，接触多元文化，开阔国际视野。另外，高等教育阶段的“国内留学”可以大幅度地降低花费，更多的中国家庭可以承担教育支出。

未来，我国高等教育可以继续尝试通过进一步扩大中外合作办学规模、提升中外合作办学水平来提高高等教育的质量和可持续发展程度。只有完善人才机制、改革教育体制，才能形成人才的良性循环和可持续发展，为建设创新型国家、实现中华民族的伟大复兴提供强有力的人才支撑。进入新时期，中国在市场、产业等方面蕴含着巨大潜力，是世界投资者关注的重要区域。如果中国能在人才结构等方面持续改善，把中国打造成高端人才集聚的中心，必将能加快中国和平崛起的步伐。

2014 年，CCG 与劳瑞德教育集团合作，以“未来大学”为主题展开了对全球大学生的调查，① 结果显示，在对未来大学的憧憬中，学生更注重高等教育的便利性、灵活性、创新性和就业取向。学生们普遍认为技术的优势应体现在教育中，包括提供网络课程、电子图书馆、社交媒体应用等；约一半受调查的学生认为未来大学应提供24 小时授课，便于自由选择，并认为不应强制学生在 2～4 年完成学业；另外，建议学校提供更加针对个人的指导或网络辅导，弱化传统的教室教学。这些观点瓦解着传统的教育观念，值得引起高等教育部门、机构的关注。调查结果还显示，学生们支持未

① 见本书《2014 年劳瑞德全球学生调查：未来大学憧憬》一文。

来进行跨时空、跨地域学习，这也为进一步探寻“国内留学”的更多方式提供了思路。

2012 年，党的十八大做出了“积极应对人口老龄化”的战略部署，这意味着“人口红利”不可持续，中国的长期可持续发展需要依托“人才红利”。面对每年数十万留学人员涌向海外，而接收留学生的发达国家又出台各种政策挽留其中的优秀人才，我们应该自问：我们能做什么？CCG 认为留学是培养人才的重要途径，要让“走出去”的留学生愿意回来，还要下大力吸引国外人才为我国所用，要博采国际教育体系之长，培养我国最需要的人才。

调 查 篇

Investigative Reports

B.2

2013届本科毕业生留学现状调查

摘　要：

CCG与麦可思的联合调查结果显示，2013年，我国本科毕业生出国留学的比例虽略有下降，但基本保持了上升的趋势。本科毕业生多为增强综合职业竞争力而选择留学，学历目标仍以硕士为主。本科毕业生留学以自费为主，其主要经济来源为父母亲友资助。国外大学的网站再次成为本科毕业生选择最多的留学首要信息渠道。中国赴北美洲、欧洲、大洋洲和亚洲其他地区留学的本科毕业生在留学目标、专业选择、留学理由、首要信息渠道、家庭职业阶层及教育背景等方面也表现出了较大的差异。

关键词：

本科毕业生　留学

一　2007～2013 届本科毕业生留学现状

（一）各类本科院校留学比例基本呈上升趋势，“211”院校尤其明显

在 2007～2013 届本科院校毕业生中，留学比例虽偶有下降，但基本呈上升趋势。非“211”本科院校的留学比例从 2007 年的 0.37% 上升到了 0.97%，提高了 0.60 个百分点。“211”院校的留学比例上升更快，2007～2013 年从 0.93% 增长到了 3.43%，提高了 2.50 个百分点。而且，2013 年“211”院校的留学比例比非“211”院校的留学比例高出了 2.46 个百分点（见总报告图 11）。

本科毕业生留学比例的上升，一方面说明了中国经济发展取得了很大成效，民众的生活水平得到了普遍提高，这为中国学生出国留学奠定了坚实的物质基础，在出国留学的本科毕业生中，有 89% 的学生留学的主要经济来源为父母亲友资助（见总报告图 6）；另一方面说明了在全球化的背景下，中国与世界接轨已成趋势，中国经济、社会发展对具有国际化背景和视野的人才的需求，是推动本科毕业生出国留学的重要动力。

（二）本科毕业生留学的学历目标越来越理性，理由也越来越实际

在 2007～2013 届本科毕业生中，以硕士为留学学历目标的比例一直占据压倒性优势，而且这一优势还在逐渐扩大。2013 年，以硕士为留学学历目标的本科毕业生比例高达 84.0%。以 MBA、法学博士、医学博士为留学学历目标的本科毕业生比例在这几年间

虽然呈现起伏不定的趋势，但总体来看出现了不同程度的下降。而以博士为留学学历目标的本科毕业生比例自2009届开始便出现下降趋势，2013年这一比例降到了12.4%，比2007年下降了近5个百分点（见表1）。本科毕业生在留学学历目标方面的变化，反映了留学生在留学目的方面表现得更加明确和理性，而不再盲目地追求高学历目标。

表1 2007~2013届本科毕业生留学学历目标分布

单位：%

学历目标	2013届	2012届	2011届	2010届	2009届	2008届	2007届
硕士	84.0	82.1	81.1	77.5	74.6	66.5	73.7
博士	12.4	14.1	16.2	17.1	18.5	25.5	17.2
MBA	1.5	2.2	2.0	3.9	3.9	6.7	5.6
学士	0.6	—	—	—	—	—	—
法学博士	0.4	0.6	0.2	0.4	0.7	0.9	0.9
医学博士	0.1	0.6	0.2	0.6	0.5	0.4	0.3
其他	1.0	0.4	0.3	0.5	1.8	—	2.3

注：“学士”为2013届毕业生调查新增选项。

资料来源：麦可思，中国2007~2013届大学毕业生社会需求与培养质量调查。

本科毕业生在留学学历目标方面的变化与其在留学理由方面的变化是相呼应的。自2010届起，“增强职业综合竞争力”一直高居本科毕业生留学理由的第一位，而此前的受访本科毕业生多以“增加见识，了解他国文化”和“接受先进的教育方式”为首要留学理由。“去国外就业和长期居住”始终是本科毕业生选择出国留学的重要考量因素之一，但一直处于次要地位（见总报告表12）。

“增强职业综合竞争力”地位的提升与稳固，与我国就业形势越来越严峻、高校毕业生的就业竞争力减弱相关。高校扩招提高了高考的录取率，实现了很多人上大学的梦想，但同时也增加了学生毕业后的就业压力。因此，很多高校毕业生选择出国深造以“增强职业综合竞争力”，为自己未来的职业发展获得更大的筹码。这也表明，本科毕业生在选择留学时的出发点越来越实际，更加注重留学经历在自己未来职业发展中的回报率，而不再仅以出国“增加见识，了解他国文化”或“接受先进的教育方式”为首要考虑因素。

“去国外就业和长期居住”连续多年居于留学理由的第五位，显示了通过留学途径移民或到国外就业是本科毕业生选择留学的理由之一，但意愿并不强烈，有很大观望色彩。由于近年来国内的经济社会发展对人才需求加大，更多的留学生有意愿在学成后回国发展，而且对留学生回国意愿的调查也显示，六成以上的留学生毕业后会立即回国或在国外短期工作后回国（见表2）。另外，值得注意的是，近年来，虽然选择毕业后回国或在国外短期工作后回国的留学生占大多数，但具体数据出现了略微的下降。2013 届本科毕业生中选择“回中国工作”的留学生比 2012 届下降了 2 个百分点，为34%。另外，选择“不确定”和“留在国外长期工作”的比例有所增加，2013 届本科毕业生中选择“不确定”（21%）和“留在国外长期工作”（12%）的比例合计占了三成以上。

表 2　2007～2013 届本科毕业生留学后的回国意愿

单位：%

留学后的计划	2013 届	2012 届	2011 届	2010 届	2009 届	2008 届	2007 届
回中国工作	34	36	34	34	31	30	22
在国外短期工作后回国	33	33	40	39	36	31	37
不确定	21	17	20	17	26	30	29
留在国外长期工作	12	14	6	10	7	9	12

资料来源：麦可思，中国 2007～2013 届大学毕业生社会需求与培养质量调查。

留学生在回国意愿方面表现出来的倾向，使他们必须正视国内的就业形势，必须考虑留学给他们未来职业发展带来的回报，并尽可能将这一回报最大化。从2013届本科毕业生选择的留学专业看，工商管理（28.3%）和工程科学（19.2%）是比较受欢迎的两个专业，且与其他专业之间的差距相当明显，优势地位非常突出（见表3）。本科毕业生在留学的学历目标、留学理由和专业选择方面表现出来的变化都与其毕业后的去向有一定相关性。

表3　2013届本科毕业生留学的专业选择分布

单位：%

专业	比例	专业	比例
工商管理	28.3	建筑学	4.0
工程科学	19.2	教育学	4.0
工程技术	7.1	外国语言文学	3.1
计算机与信息科学	6.4	法学与法律职业	3.0
社会科学	4.7	数学与统计学	2.2
传播与新闻学	4.3	英语语言文学	1.7

注：个别专业因为样本不足，没有包括在内。

资料来源：CCG、麦可思，中国2013届大学毕业生社会需求与培养质量调查。

（三）父母的教育背景、职业层次对子女留学产生较大影响

2007～2013届本科毕业生留学首要经济来源的调查显示，父母亲友资助始终是留学生的重要经济来源（见表4），在2013届本科毕业生留学的首要经济来源中占89%。这说明家庭的经济情况是本科毕业生留学的重要因素，有经济能力的家庭选择让孩子本科毕业后留学的可能性更大。

表 4　2007 ~2013 届本科毕业生留学的经济来源排名变化

单位：名次

留学的经济来源	2013 届	2012 届	2011 届	2010 届	2009 届	2008 届	2007 届
父母亲友资助	1	1	1	1	1	1	1
国外大学或国外机构资助	2	2	2	2	2	3	3
国外打工	3	4	3	3	3	2	2
银行留学贷款	4	—	5	5	4	4	4
中国政府、高校或其他机构资助	4	3	4	4	5	—	—

注：在麦可思开展的“中国 2007 届、2008 届大学毕业生社会需求与培养质量调查”中，留学的经济来源问题无“中国政府、高校或其他机构资助”选项。

资料来源：麦可思，中国 2007 ~2013 届大学毕业生社会需求与培养质量调查。

关于 2008 ~2013 届本科毕业后留学人员的父母职业阶层的调查数据显示：2013 届本科毕业后留学人员的父母为管理层的占比最大，高达 49%；其次是专业人员，占比为 30%。这两部分总共占比近 4/5，而且 2011 ~2013 届的变化幅度不大。而父母是无业与退休或农民与农民工的比例总体出现了下滑（见表 5）。

表 5　2008 ~2013 届本科毕业后留学人员的父母职业阶层

单位：%

父母职业阶层	2013 届	2012 届	2011 届	2010 届	2009 届	2008 届
管理层	49	46	47	54	51	45
专业人员	30	32	33	25	24	24
产业与服务业员工	15	17	11	14	15	17
无业与退休	3	3	4	3	5	6
农民与农民工	3	2	5	4	5	8

注：在麦可思开展的“中国 2007 届大学毕业生社会需求与培养质量调查”中，没有“父母职业阶层”问题。

资料来源：麦可思，中国 2008 ~2013 届大学毕业生社会需求与培养质量调查。

2008 ~2013 届本科毕业生留学人员的家长教育背景调查显示，来自高学历家庭（大学本科、研究生）的留学生比例始终最高，特别是家长教育背景为大学本科的留学生比例自2009届开始，一直保持在50%以上。家长教育背景为高中的留学生比例也不容忽视，其比例甚至超过了家长教育背景为研究生的留学生比例（见表6）。分析其中的原因可以看出，2008～2013届本科毕业留学生的父母多为60后或70后，当时大学的录取率较低，能考上大学的人实在不多，进一步深造的人更是少之又少。因此，2008～2013届本科毕业留学生家长教育背景以大学本科为主，家长教育背景为高中的留学生比例高过家长教育背景为研究生的留学生比例，也就不足为奇了。

表6　2008～2013届本科留学人员的父母教育背景

单位：%

家长教育背景	2013届	2012届	2011届	2010届	2009届	2008届
小学及以下	1	1	1	1	1	3
初　中	7	6	5	6	7	8
高　中	23	21	24	26	31	32
大学本科	55	54	58	54	50	48
研究生	14	18	12	13	11	9

注：在麦可思开展的“中国2007届大学毕业生社会需求与培养质量调查”中，没有“父母教育背景”问题。

资料来源：麦可思，中国2008～2013届大学毕业生社会需求与培养质量调查。

（四）留学生获得留学信息的渠道多样化，国外大学网站是首选

留学不管是对留学生个人还是对留学生家庭来说，都是一件大事，尽可能多地获取留学信息作为参考是必不可少的环节。国外大学网站是2013届本科毕业生获取留学信息的第一渠道，其次是国内留学中介机构，占比分别为32%和30%；此外，亲友和老师推荐（15%）、国内留学网站（11%）、所读中国大学的国外合作院校（10%），以及国外大学在华的留学咨询会（2%），都是重要的

留学信息渠道（见总报告图 12）。

国外大学网站是留学生获取留学信息最可靠和最直接的途径，因此，也一直是留学生选择较多（2012 届除外）的获取留学信息的渠道。国内留学中介机构则是获取留学信息最快捷的途径，但由于通常要缴纳不菲的中介费用，对信息获取能力较强的本科毕业生来说，并不主要依赖这一途径。亲友和老师推荐、国内留学网站和所读中国大学的国外合作院校在信息选择范围上相对有限，因此也不是本科毕业生最重要的获取信息的途径。虽然国外大学在举办在华留学咨询会方面做出了很多的努力，但相对于高中毕业生来说，其对本科毕业生的影响并不是非常明显（见表 7）。

表 7　2007 ~ 2013 届本科毕业生留学的信息渠道排名变化

单位：名次

留学的信息渠道	2013 届	2012 届	2011 届	2010 届	2009 届	2008 届	2007 届
国外大学网站	1	2	1	1	1	1	1
国内留学中介机构	2	1	2	2	2	3	2
亲友和老师推荐	3	3	3	4	3	2	3
国内留学网站	4	4	4	3	5	4	4
所读中国大学的国外合作院校	5	5	5	5	4	4	6
国外大学在华的留学咨询会	6	6	6	6	6	6	5

资料来源：麦可思，中国 2007 ~ 2013 届大学毕业生社会需求与培养质量调查。

二　2010 ~ 2013 届本科毕业生赴北美洲、欧洲、大洋洲、亚洲的留学现状

（一）留学的学历目标与专业选择

2010 ~ 2013 届赴北美洲、欧洲、大洋洲、亚洲留学的本科毕

业生在学历目标与专业选择方面显示了一定程度上的一致性。首先，大部分留学生以硕士为主要学历目标；其次，工商管理与工程科学为留学生选择较多的两个专业。

在学历目标方面，除北美洲（73.3%）之外，赴其他三大洲的本科毕业生以硕士为学历目标的比例均在80%以上，大洋洲最高，为89.1%；其次是欧洲，为88.4%；再次是亚洲，为80.6%。虽然赴北美洲和亚洲的留学生以硕士为学历目标的比例较赴欧洲、大洋洲的低，但其以博士为学历目标的比例较高，分别为19.1%和15.7%，而欧洲和大洋洲则不足10%。还有一个值得注意的地方，就是赴北美洲读MBA的留学生比例在四大洲中是最高的，为5.9%，比其他三大洲高（见表8）。

表8 赴北美洲、欧洲、大洋洲、亚洲留学的本科毕业生的学历目标分布

单位：%

学历目标	北美洲	欧洲	大洋洲	亚洲
硕士	73.3	88.4	89.1	80.6
博士	19.1	9.3	8.8	15.7
MBA	5.9	1.2	1.1	1.7
学士	0.6	0.3	0.2	0.5
法学博士	0.5	0.3	0.6	0.4
医学博士	0.2	0.1	—	0.3
其他	0.4	0.4	0.2	0.8

注：表中数据根据2010～2013届本科毕业生调查的总样本量分析得出，下同。
资料来源：麦可思，中国2010～2013届大学毕业生社会需求与培养质量调查。

在专业选择方面，工商管理是赴四大洲的本科毕业留学生选择最多的专业，在大洋洲，选择该专业的本科毕业留学生比例高达62.5%，欧洲为46.0%，北美洲为38.7%，亚洲为21.4%。排第二位的专业为工程科学，赴北美洲的本科毕业留学生选择该专业的比例最高，为 21.1%，其他三大洲的本科毕业留学生选择该专业的比例差距较小，大洋洲为 11.2%，亚洲为 11.0%，欧洲为 8.8%（见表 9）。另外，值得注意的是，赴亚洲留学的本科毕业生在专业选择上的差距并不大，表现得比较分散。这与亚洲整体的教育水平在世界范围内并不突出有很大关系，没有特别突出的专业优势，是留学生在专业选择方面表现分散的重要原因之一。

表 9　赴北美洲、欧洲、大洋洲、亚洲留学的本科毕业留学生选择最多的 5 个专业

单位：%

北美洲		欧洲		大洋洲		亚洲	
专业	比例	专业	比例	专业	比例	专业	比例
工商管理	38.7	工商管理	46.0	工商管理	62.5	工商管理	21.4
工程科学	21.1	工程科学	8.8	工程科学	11.2	工程科学	11.0
计算机与信息科学	7.2	工程技术	6.0	计算机与信息科学	4.3	社会科学	8.9
数学与统计学	5.1	社会科学	5.9	教育学	3.6	新闻与传播学	8.6
教育学	3.5	新闻与传播学	4.2	工程技术	3.6	工程技术	5.6

资料来源：麦可思，中国 2010～2013 届大学毕业生社会需求与培养质量调查。

（二）留学理由与回国意愿

2010～2013 届本科毕业生选择留学的理由大同小异，但在首要理由方面表现出了不小的差异。赴欧洲、大洋洲、亚洲留学的本科毕业生的首要理由是“增强职业综合竞争力”，分别占比 33.0%、32.9%和 36.9%。赴北美洲留学的本科毕业生的首要理由是“学习先进的知识和技能”，占比 27.8%。“增强职业综合竞争力”“接受先进的教育方式”“学习先进的知识和技能”这三项理由总体表现的差距并不是很大，因为这三者是可以相互促进的，属于异曲同工的范畴（见表10）。在赴欧洲和大洋洲留学的本科毕业生的留学理由中，比较值得注意的还有一点，那就是“增加见识，了解他国文化”，分别占比26.3%、18.7%。这是因为中国大众对欧洲和大洋洲的文化并不是特别熟悉，赴这两个大洲留学的本科毕业生中有相当大比重以“增加见识，了解他国文化”为首要留学理由，也就在情理之中了。

表10　赴北美洲、欧洲、大洋洲、亚洲留学的本科毕业生留学的首要理由分布

单位：%

理　由	北美洲	欧洲	大洋洲	亚洲
增强职业综合竞争力	25.1	33.0	32.9	36.9
接受先进的教育方式	23.4	18.0	17.0	20.0
学习先进的知识和技能	27.8	19.3	17.2	20.5
增加见识，了解他国文化	14.3	26.3	18.7	15.0
去国外就业和长期居住	8.4	1.7	13.1	5.5
其他	1.0	1.7	1.1	2.1

资料来源：麦可思，中国2010~2013届大学毕业生社会需求与培养质量调查。

本科毕业生在选择留学目的地的时候，衡量的标准有很多。赴北美洲、欧洲、亚洲的本科毕业留学生选择最多的是“该国整体研究生教育质量好”，其中，北美洲的比例最高，达到了88.1%，欧洲为59.1%，亚洲为40.9%。赴大洋洲的本科毕业留学生选择最多的是“留学环境开放，容易申请”，比例为37.2%，该项在欧洲和亚洲也占有相当大的比例，分别为21.2%和21.1%，在北美洲的占比较小，仅为3.3%。在移民风潮渐起的背景下，“移民便利”也成为本科毕业留学生的重要考虑因素，相较于欧洲，留学大洋洲、北美洲和亚洲的本科毕业生选择该项的比较较高，分别为20.7%、3.5%和1.8%（见表11）。

表 11　赴北美洲、欧洲、大洋洲、亚洲留学本科毕业生选择该地区的理由分布

单位：%

选择理由	北美洲	欧洲	大洋洲	亚洲
该国整体研究生教育质量好	88.1	59.1	31.5	40.9
移民便利	3.5	0.1	20.7	1.8
留学环境开放,容易申请	3.3	21.2	37.2	21.1
容易拿到资助	2.1	1.6	0.2	4.7
费用便宜	0.5	6.9	1.4	15.6
其他	2.5	11.1	9.0	15.9

资料来源：麦可思，中国 2010 ~ 2013 届大学毕业生社会需求与培养质量调查。

在不同大洲留学的本科毕业生对移民便利程度的关注与其回国意愿是存在一定程度的重合的。赴大洋洲、北美洲、亚洲留学的本科毕业生打算“留在国外长期工作”的比例明显高于欧洲，分别为 14.9%、12.0% 和 11.3%。但是，有回国意愿的比例仍占主导地位，毕业后“回中国工作”和“在国外短期工作后回国”的比例在四大洲均在 55% 以上（见表 12）。

表 12　赴北美洲、欧洲、大洋洲、亚洲留学的本科毕业生留学后的回国意愿分布

单位：%

意愿	北美洲	欧洲	大洋洲	亚洲
回中国工作	17.4	50.4	20.9	31.0
在国外短期工作后回国	48.8	27.9	34.8	33.6
留在国外长期工作	12.0	4.1	14.9	11.3
不确定	21.8	17.6	29.4	24.1

资料来源：麦可思，中国 2010 ~ 2013 届大学毕业生社会需求与培养质量调查。

（三）留学的主要经济来源与父母教育背景及职业阶层

2010～2013届赴北美洲、欧洲、大洋洲、亚洲留学的本科毕业生的首要经济来源均是“父母亲友资助”，但相对来说，赴欧洲、大洋洲留学的本科毕业生受父母亲友资助的比例更高，分别为95.2%和96.8%，而北美洲和亚洲分别为87.7%和84.2%。另外，赴北美洲和亚洲留学的本科毕业生受“国外大学或国外机构资助”的比例较高，分别为10.6%和11.5%，而欧洲和大洋洲的比例仅为3.0%和0.2%（见表13）。

表13 赴北美洲、欧洲、大洋洲、亚洲留学的本科毕业生留学的首要经济来源分布

单位：%

经济来源	北美洲	欧洲	大洋洲	亚洲
父母亲友资助	87.7	95.2	96.8	84.2
国外大学或国外机构资助	10.6	3.0	0.2	11.5
国外打工	0.7	0.7	2.2	3.2
银行留学贷款	0.2	—	0.4	0.4
中国政府、高校或其他机构资助	0.8	1.1	0.4	0.7

资料来源：麦可思，中国2010～2013届大学毕业生社会需求与培养质量调查。

既然父母亲友资助是本科毕业生留学的第一经济来源，这就对其家庭的经济收入提出了一定的要求。对2010～2013届赴北美洲、欧洲、大洋洲、亚洲留学的本科毕业生的父母职业阶层的调查显示：其父母为管理层的本科毕业留学生最多，在大洋洲、北美洲、欧洲和亚洲的比例分别为61.4%、55.5%、55.1%和44.2%；其次是专业人员，在北美洲、大洋洲、亚洲和欧洲的比例分别为 31.0%、28.9%、27.2% 和 27.1%。赴大洋洲留学本科毕业生的父母职业阶层的分布差距最大，占比最大的管理层（61.4%）与占比最小的农民与农民工（0.7%）相差 60.7 个百分点（见表 14）。赴亚洲留学本科毕业生的父母职业阶层的分布差距最小，父母为产业与服务业员工、无业与退休和农民与农民工的本科毕业生的比例比其他三大洲都要高，这可能与地缘接近以及近年来亚洲其他国家为吸引留学生人才而设立多种奖学金有很大关系。

表 14　赴北美洲、欧洲、大洋洲、亚洲留学的本科毕业生的父母职业阶层分布

单位：%

家庭职业阶层	北美洲	欧洲	大洋洲	亚洲
管理层	55.5	55.1	61.4	44.2
专业人员	31.0	27.1	28.9	27.2
产业与服务业员工	9.0	12.9	6.7	18.6
无业与退休	3.0	3.1	2.3	5.2
农民与农民工	1.5	1.8	0.7	4.8

资料来源：麦可思，中国 2010～2013 届大学毕业生社会需求与培养质量调查。

对 2010～2013 届赴北美洲、欧洲、大洋洲、亚洲留学本科毕业生的家长教育背景的调查显示：家长教育背景为大学本科的本科毕业生的比例最高，小学及以下的比例最低，北美洲的比例分别为 58.5% 和 0.5%，欧洲分别为 57.8% 和 0.9%，大洋洲分别为 61.1% 和 0.7%，亚洲分别为 52.1% 和 1.3%。在留学亚洲、欧洲、大洋洲的本科毕业生中，家长教育背景为高中的占第二位，分别为 30.6%、24.0% 和 20.1%（见表 15）。

表 15　赴北美洲、欧洲、大洋洲、亚洲留学的本科毕业生的家长教育背景分布

单位：%

家庭教育背景	北美洲	欧洲	大洋洲	亚洲
研究生	20.5	11.8	13.9	8.0
大学本科	58.5	57.8	61.1	52.1
高　中	16.3	24.0	20.1	30.6
初　中	4.2	5.5	4.2	8.0
小学及以下	0.5	0.9	0.7	1.3

资料来源：麦可思，中国 2010～2013 届大学毕业生社会需求与培养质量调查。

（四）留学的主要信息渠道

在互联网发达的现代社会，网络已经成为青年一代获取信息的重要手段。对 2010～2013 届赴北美洲、欧洲、大洋洲、亚洲留学本科毕业生的首要信息渠道的调查显示：留学北美洲和亚洲的本科毕业生，以国外大学网站为首要信息渠道的比例最高，分别为 38.3% 和 34.8%；留学大洋洲和欧洲的本科毕业生，以国内留学中介机构为首要信息渠道的比例最高，分别为 50.4% 和 33.8%。在四大洲中，除大洋洲外，以国外大学网站和国内留学中介机构为首要信息渠道的比例差距并不大（见表 16）。国外大学在华的留学咨询会作为国外大学宣传自身的手段，运作得并不是很成功，一直难以成为跻身本科毕业生留学信息渠道的前三。相对来说，在这方面做得最好的是欧洲，其比例最高，为 3.2%。在留学亚洲本科毕业生的首要信息渠道中，亲友和老师推荐的比例明显高于其他三个大洲，这可能与亚洲的文化有关——相对于国内留学网站、国外大学在华的留学咨询会等，熟人社会中的信息传播更加便利和可信。

表 16 赴北美洲、欧洲、大洋洲、亚洲留学本科毕业生留学的首要信息渠道分布

单位：%

信息渠道	北美洲	欧洲	大洋洲	亚洲
国外大学网站	38.3	28.5	21.5	34.8
国内留学中介机构	29.5	33.8	50.4	22.4
亲友和老师推荐	9.8	10.0	11.5	19.0
国内留学网站	16.7	10.0	4.7	11.5
所读中国大学的国外合作院校	4.8	14.5	10.0	9.5
国外大学在华的留学咨询会	0.9	3.2	1.9	2.8

资料来源：麦可思，中国 2010～2013 届大学毕业生社会需求与培养质量调查。

B.3

2014年劳瑞德全球学生调查：未来大学憧憬

摘　要：

近年来，关于高等教育变革的讨论此起彼伏，但少有研究能从学生的视角出发去了解学生想要的教育是什么样的，他们对未来的教育模式有什么样的期待。本调查从学生的视角出发，尝试了解学生希望未来大学发生怎样的转变，或是朝着哪方面转变，以此分析学生眼中的教育现状、趋势及教育发展的主要矛盾，并提出应对策略。

关键词：

学生　未来大学　劳瑞德

CCG的全球教育调查合作伙伴劳瑞德教育集团总部位于美国，其倡导“无国界学习”和“学以致用”，充分利用劳瑞德丰富的国际资源，让学生们“看世界，学世界，行世界”，让师生共享国际学习平台与优质教育资源。该集团旗下有全世界最大的私立大学联盟——劳瑞德国际大学联盟，由全世界21个国家和地区的50多所院校（分别位于北美洲、拉丁美洲、欧洲和亚洲）和网上大学组成，为全球近85万名学生提供学士、硕士和博士课程。2014年，CCG和劳瑞德教育集团联合发起主题为“未来大学”的讨论，并委托佐格比数据公司（Zobgy Analytics）向全球学生发起民意调查。

一　受访对象与调查方法

“全球学生对未来大学的憧憬”这一调查的受访者包括 21 个国家和地区 37 所学校的 20876 名劳瑞德大学联盟学生（以下“学生”均指劳瑞德国际大学联盟的学生），其中中国学生比例为 29%，共 6056 人；年龄在 18 ~24 岁的占 99.8%；男女性别比例分别为 31% 和 69%。

本调查设计了 36 个问题，主要包括课程设置（提高行业专家和企业家对课程设计的影响）、课程进度、教课方式、教课技巧（如社交媒体平台及其他科技工具应用）、行业专家教授课程、就业准备及人员配置、实习、听课获取学位证书时间与地点不受限、21 世纪创新教育模式（终身教育模式）等，以调查学生对未来大学的预期与设想。本次调查的主要目的是了解学生对高等教育模式的相关观点，以及学生对 15 年后大学的预期和畅想。

二　全球学生民意调查的背景

在过去的 20 年中，中产阶层，尤其是发展中国家的中产阶层发展迅速，人数急剧增加。为了满足这些急速发展起来的中产阶层人士及其子女对高等教育的需求，未来的大学也应紧跟形势进行变革，而这也正是劳瑞德教育集团的发展方向。数据统计，在参与调查的学生中，约 1/3 是家族中接受高等教育的第一人（见图 1），而在参与调查的中国学生中，近一半是家族中第一个上大学的人。值得注意的是，80% 的学生是自费生，学费主要是家庭支付、自己支付（见图 2），这一比重在发展中国家中占比高达 90%，中国尤为显著，占比为 92%。对自己或由家庭支付学费的学生而言，教育并非一种权利，而是一种个人投资。而且，因为参与调查的学生中1/3是家族中接受高等教育的第一人，家庭对教育也就更加重视。

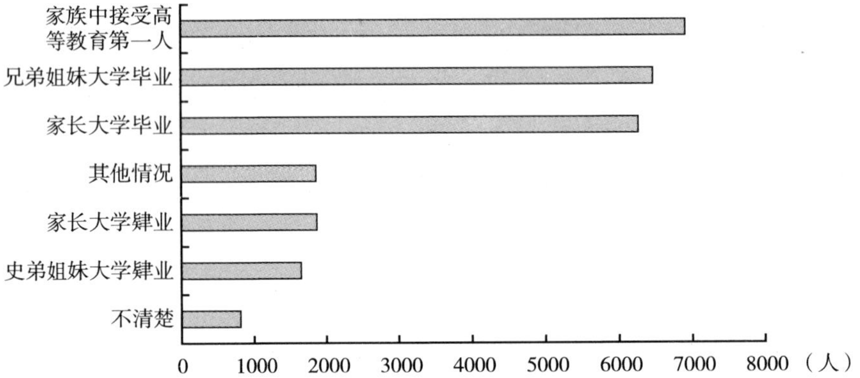

图1　家庭受教育情况调查统计

资料来源：劳瑞德教育集团，全球学生对未来大学的憧憬调查。

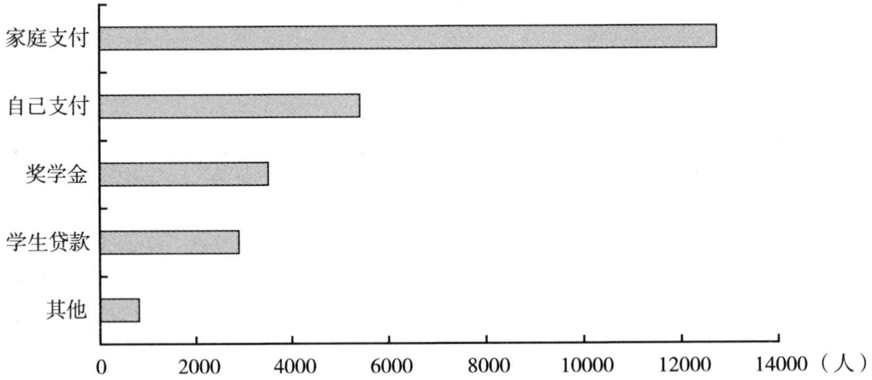

图2　学费支付情况调查统计

资料来源：劳瑞德教育集团，全球学生对未来大学的憧憬调查。

参与调查的学生来自不同的国家，但大多数属于千禧世代（1981年后出生的人）。这一代人的特点是：精通技术，具有国际化视野，对未来抱有很高期望。这些人，尤其是发展中国家的学生，是高等教育广泛普及的受益者，他们希望通过接受高等教育成为未来经济发展的领航人。

虽然高等教育普及率的提高为更多的人提供了接受高等教育的机会，但人们接受的高等教育只能在特定就业市场中发挥作用的现象，引发了人们对高等教育投资价值的担忧。普林斯顿大学经济学家艾伦·布林德指出，西方国家的大学生已经进入了“跳槽经济”时代，毕业的年轻人（以及面临解雇的老员工）倾向于从一份工作跳到另一份工作，而不是在一个工作岗位扎根。布林德还表示，当今二十几岁的年轻人在30岁前多已换了4个工作岗位，到40岁将做过10份工作。教育也因此衍生出了新的含义：相对于获取学位，人们开始注重学习初级入门、专业证书课程，参加网上辅导，以及学习新的技能等，终身教育的理念将普遍被人们接受和认可。因此，高等教育应该适时改革，出台相应的计划，以满足学生的这些需求。而作为就业岗位的创造者，企业和企业家需要更多地承担起推动者的作用。

在时代背景发生变化、大学录取率（特别是发展中国家的大学录取率）大幅上升、大学生对教育改革呼声越来越高的情况下，了解学生对高等教育模式的想法以及对未来大学的设想，让学生享受优质教育，是非常有必要的。而CCG、劳瑞德教育集团与佐格比数据公司合作进行的全球学生民意调查，将会对理解学生对未来大学的预期起到重要的帮助作用。

三　全球学生民意调查分析

（一）技术变革引领教育变革

千禧世代的学生精通网络，因此他们希望在学习中享受最新、最高端的技术成果，如免费的学习资料、大型开放式的网络课程、灵活的授课时间、线上的教师辅导等。1/3 到一半的参与调查学生希望未来（15 年）教育朝着技术友好型模式发展。学生对未来大学的这种憧憬反映了一种普遍观念，即技术对高等教育具有革命性作用。

1. 授课与交流方式

在接受调查的学生中，43% 的学生希望他们的大部分课程能够在网上免费对外开放，并且不限听课人数。其中，年龄在 18～24 岁的学生对这种方式的支持率为 45%，高于其他年龄段的学生；发展中国家的学生对此的支持率为 44%。在授课方式方面，1/3 的学生倾向于选择网络授课，持此看法的中国学生比例为 43%，近 1/3 的拉丁美洲学生也持此观点，其中比例最低的为巴西（26%），最高的为洪都拉斯（36%）。

此外，59% 的学生希望利用社交媒体平台进行学习和与同学互动。支持这一看法的 18～24 岁的学生比例与发展中国家的学生比例相同，均为 60%，持此观点的中国学生比例为 66%（见图 3）。

2. 资料获取方式

这一代人不仅大多数是“技术通”，而且习惯于“能免费得到就绝不（不应该）花钱买”。在参与调查的学生中，有超过 2/3（68%）的学生（中国学生为 67%）希望享受免费的书籍和课程资料。74% 的学生表示免费获得学习资料对他们个人来说会更好（见图 4）。

3. 授课时间

这些学生不希望受朝九晚五的时间限制，更愿意接受完全自由的课程安排。52% 的学生（48% 中国学生）表示希望大多数课程可以 24 小时提供，而 44% 的学生希望学校能够提高 24 小时开课的课程上课频率，中国学生支持此观点的比例为 45%，与总体水平相近。

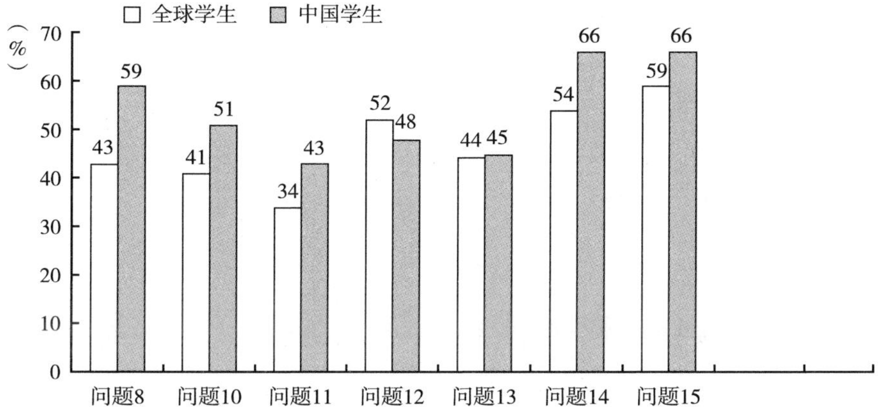

图 3　全球与中国学生调查结果对比（一）

注：问题 8，将课程放到网上免费对外开放；问题 10，学生在整个职业生涯中学习获取证书，而非在传统学期内获取学位；问题 11，网络授课取代传统教师授课；问题 12，学生可根据自身情况不限时上课；问题 13，学生可根据自身课程进度上课；问题 14，课程更注重团队协作；问题 15，利用社交媒体平台学习和互动。在 0～100% 选择认为合适的比例，以上结果选取的是 60%～100% 的比例总和。

资料来源：劳瑞德教育集团，全球学生对未来大学的憧憬调查。

4. 技术对学习方式的影响

在技术对学习方式的影响问题上，46% 参与调查的学生（47% 的 18～24 岁学生，47% 的发展中国家学生，58% 的中国学生和 40% 的拉丁美洲学生）表示技术进步会给学习带来方便，而另一些学生（21% 的 18～24 岁学生，22% 的发展中国家学生，5% 的中国学生和 31% 的拉丁美洲学生）则认为技术进步只会让情况更糟。

支持网络课程主导学习内容这一观点最多的是亚洲学生，他们对此抱有最积极的看法。55% 的亚洲学生认为授课方式的改变会使学生受益，只有 8% 的学生持相反观点，相差 47 个百分点。相比之下，拉丁美洲学生对这一看法的比例差仅有 9 个百分点。而在这个问题上，中国学生的表现相对保守，支持网络授课主导学习内容的比例低于亚洲学生的总体水平，为 43%。

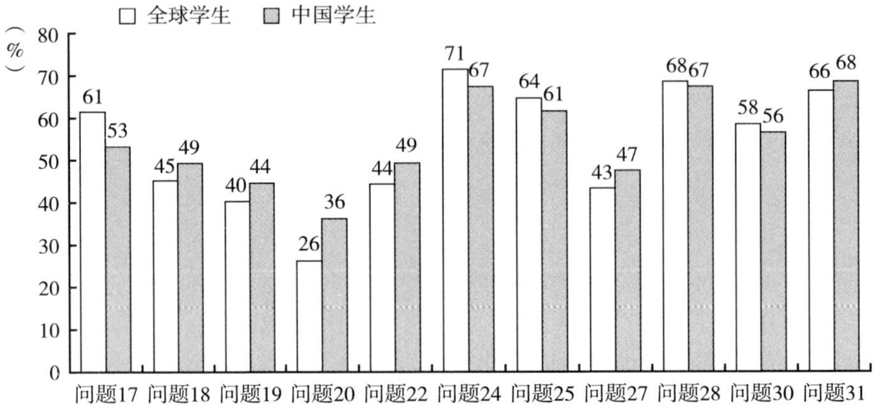

图4　全球与中国学生调查结果对比（二）

注：问题17，相关行业专家设置课程，为学生就业做准备；问题18，根据学生的参与及评分自费请企业家设置课程；问题19，学者或政府事务专家设置课程；问题20，学生设置课程；问题22，行业专家兼职授课取代全职讲师授课；问题24，开设职业技能相关课程；问题25，多语言授课以增加就业机会；问题27，线上个性化指导取代面对面辅导；问题28，网络图书馆提供免费书籍及课程资料；问题30，公司提供职业培训、工作机会、指导；问题31，公司提供兼职实习。在0～100%选择认为合适的比例，以上结果选取的是60%～100%的比例总和。

资料来源：劳瑞德教育集团，全球学生对未来大学的憧憬调查。

（二）教育投资回报

学生希望教育投资能获得更实用、更直接的回报，并希望能借教育这座桥梁使他们获得最佳的职业选择。这种理念与劳瑞德的教育理念是一致的，劳瑞德给了企业家和公司代表很大的发挥空间，让他们在课程设计和辅助学生，并最终将学生送上工作岗位的过程中发挥更大的作用。

1. 教育理念

在就业竞争激烈、跳槽频率提高的现代，学生对教育的理解发生了很大的变化，他们认为获得学位是暂时的、停滞的，而为了适应“跳槽经济”的时代要求，教育需要涉及更多的技能证书和证书再认证内容。不同于当今教育强调在有限学期内完成学位课程，41% 参与调查的学生认为，他们更希望在整个职业生涯中学习获得专业证书，51% 的中国学生支持此观点（见图 3）。

2. 课程设置

劳瑞德的学生对教育价值有非常清晰的认识。71% 的参与调查学生（67% 的中国学生）认为未来大部分课程应以就业为导向，教授学生职业技能。64% 的学生认为多语言授课有助于提高就业机会，61% 的中国学生支持相同观点。

而在具体的课程设置方面，支持相关行业专家、企业家、学者或政府事务专家作为课程设置人的比例分别为 61%、45% 和 40%，中国学生对此问题的反馈结果为 53%、49% 和 44%。支持学生自主设置课程的比例较小，为 26%，中国学生对此观点的支持比例较高，为 36%。

对于课程教授者，44% 的学生希望未来大学不再是全职讲师授课，而是由行业专家兼职授课，18 ~ 24 岁学生和发展中国家学生支持此观念的人数占比相同，均为 44%。总体上，43% 的参与调查学生（47% 的中国学生）希望未来享受线上个性化指导，取代面对面辅导（见图 4）。

除了希望由行业专家兼职授课之外，58% 参与调查的学生（56% 的中国学生）希望能获得公司提供的职业培训、工作机会以及指导。69% 参与调查的学生认为将会从这种方式中获益，只有 6% 的学生认为其没有益处。当然，参与调查的学生也没有一概否定学者或政府事务专家的地位和作用。实际上，他们既希望从掌握最前沿知识的学者那里得到指导，也希望从具有最多相关信息、与就业有最直接联系的人那里得到指点。学者富有经验，学生也需要在集体中提高团队协作能力。

（三）合作成就未来

与以往的陈旧观念不同，认为企业应该为私人课程学习提供奖金的亚洲学生的比例是最小的，为28%，拉丁美洲学生持这一观点的比例是48%，而中国学生持该观点的比例只有23%。与此同时，认为未来课程将以合作和小组项目为主的拉丁美洲学生比例是最小的，为48%，而亚洲学生的这一比例为62%。

参与调查的学生意识到综合个人表现及其对团队的贡献（64%的学生持该观点）将取代学业表现（21%的学生持该观点），成为未来成绩评定的基础（见图5）。54%的学生认为将来大部分的课程需要将重点放在小组学生之间的互动与写作上，更重要的是，学生认为企业应该将个人实习情况（55%）、团队精神（53%）、技能证书（48%）放在更重要的位置，而不是单纯地看学习成绩（39%）（见图6）。

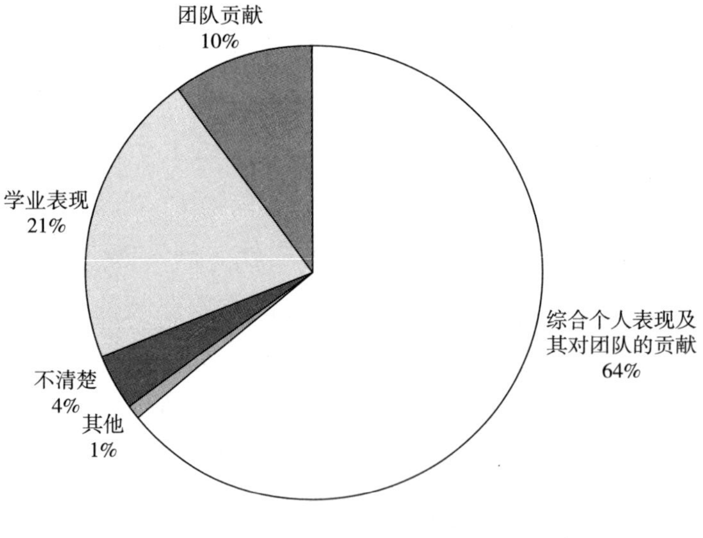

图5　学生成绩评判标准调查

资料来源：劳瑞德教育集团，全球学生对未来大学的憧憬调查。

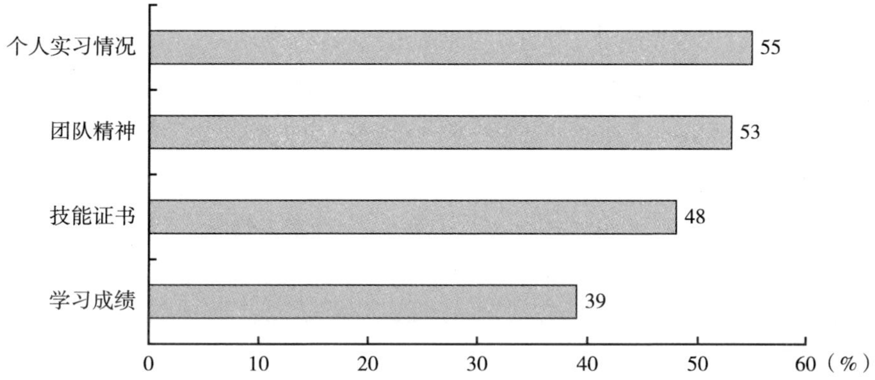

图 6　未来企业最看重员工的素质调查

资料来源：劳瑞德教育集团，全球学生对未来大学的憧憬调查。

（四）国际化视野

调查结果无疑会在一些问题上反映一些地区性差异和国家间的差异，但也会在一些问题上显示地区间与国家间惊人的一致性，这在发展中国家间表现得尤为明显。72% 的发展中国家学生认为未来他们将从可能的课程调整中获益，这种乐观的情绪在所有参与调查的 12 个发展中国家的学生中保持了相近的比例。持相反观点的学生仅占 5%（见图 7）。

同样，学生对未来高等教育可能的变化对其获得学习资料和辅助方面产生的影响也普遍持积极态度。69% 的发展中国家学生相信他们将会从中受益，而持相反观点的学生只有 6%；这一比例在参与调查的 12 个发展中国家的学生中同样表现出了相近性。特别是在考虑到各个国家的学生构成具有相当大的差异时，这种调查结果的相近性就显得更加突出（见图 8）。

在未来上课方式改变的问题上，亚洲学生对其表现出了相当大的热情，其中，中国学生表现最明显，有 58% 的中国学生对此

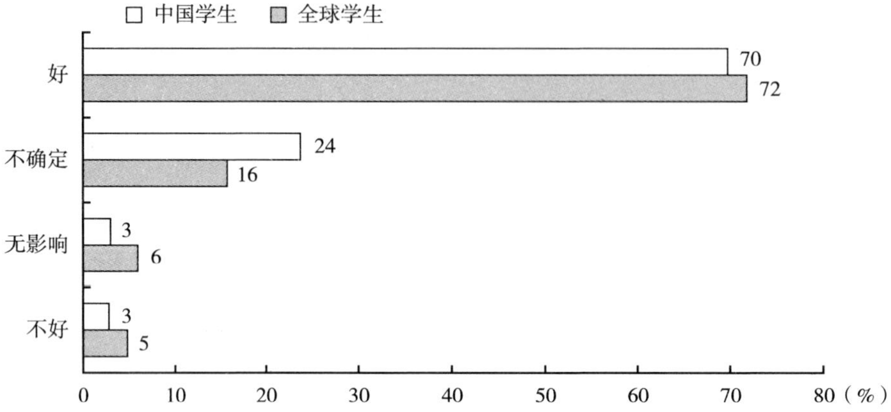

图 7　问题 24 ~ 25 涉及课程内容变化的调查

资料来源：劳瑞德教育集团，全球学生对未来大学的憧憬调查。

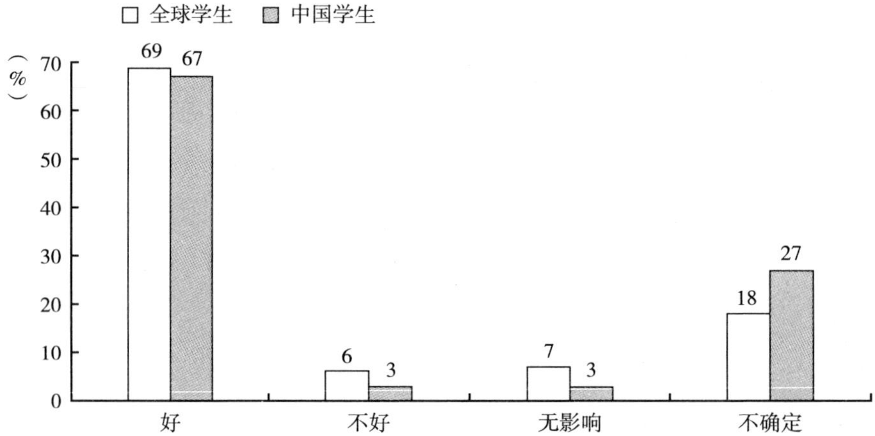

图 8　问题 27 ~ 31 涉及获取学习资料和辅助变化的调查

资料来源：劳瑞德教育集团，全球学生对未来大学的憧憬调查。

持积极态度（见图 9），而拉丁美洲学生则对此持怀疑态度，其中，巴西和墨西哥的学生表现尤为明显（持相对观点学生的比例差很小，分别为 5 个百分点和 3 个百分点），巴拿马和秘鲁较低

（持相对观点学生的比例差较大，分别为 19 个百分点和 24 个百分点）。

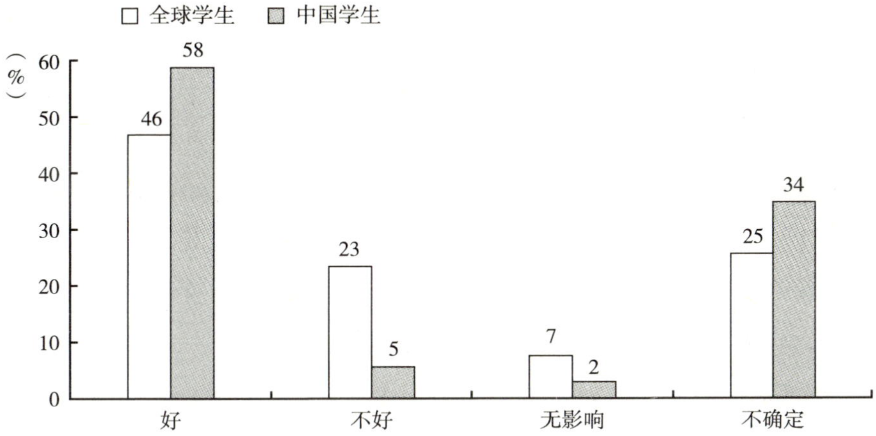

图 9　问题 8～15 涉及上课方式变化的调查

资料来源：劳瑞德教育集团，全球学生对未来大学的憧憬调查。

四　全球学生民意调查的结论

分析全球学生民意调查的资料可以发现，劳瑞德大学联盟的学生对未来的大学普遍抱有积极的预期，更注重未来大学的便利性、灵活性、创新性和就业取向性。

（一）便利性

技术带来的便利性改变了我们的生活方式，学生认为技术的优势也应体现在教育中，包括网络课程、电子图书馆、社交媒体应用等。在接受调查的学生中，43% 认为未来的大学应提供免费网络课程；59% 的全球学生认为社交媒体应成为学习和交流的平台，中国学生持此观点的比例则高达 66%。此外，68% 的学生希望未来的大学继续推进电子图书馆服务，为学生们提供课程资料和其他参考工具书，中国学生在此问题上比例相近，为67%。

（二）灵活性

高等教育应当更加灵活，为个性化的学生制定个性化的学习体验。52%的全球学生和48%的中国学生认为未来大学应提供24小时授课，学生可以自由选择。44%的全球学生和45%的中国学生则认为未来大学应提供灵活的授课时间。41%的全球学生认为未来大学应允许学生根据自身学习能力及修课进度，在其学习期内取得相关证书，中国学生支持此观点的比例为51%。

（三）创新性

传统的教育观念正在瓦解，当代的学生认为学生素质评价应综合考核学习成绩和团队协作能力。在接受调查的学生中，有54%的全球学生希望未来的课程应更注重团队协作，中国学生中2/3亦支持课程应突出团队协作。此外，43%的学生认为未来大学应提供更针对个人的指导或网络辅导，弱化传统的教室授课观念，中国学生这一比例为47%。

（四）就业取向性

在就业竞争日趋激烈的情况下，参与调查的学生普遍认为学校应注重职业技能培训，以就业为先导，真正实现就业无忧。接受调查的学生表示，未来大学应为社会急需的行业培养高素质的专业人才。61%的全球学生认为课程应由相关行业专家来设置，64%的全球学生和61%的中国学生认为大学应提供多语言授课以增加就业机会。71%的全球学生和67%的中国学生认为未来大学应开设职业技能相关课程技能。

劳瑞德教育集团董事长兼首席执行官，同时也是此调查的发起人道格拉斯·贝克尔称："在一家公司走完个人职业发展全程的时代一去不复返了，未来属于勇于创新并且在不断变化的市场中不断收获成功的人。"这项调查向我们显示了当前教育最紧要的就是为学生就业做准备，这种情况在发展中国家尤甚。

B.4

中国赴美留学生的在校体验调查

李晓洁　李 唯　于 琬*

摘　要：

在当前世界各国人才竞争的背景下，海外留学已成为一种时尚。近年来，全球范围内留学生人数快速上升，留学目的地也日益多样化。这种趋势一方面是人才输出国经济增长和财富积累，允许人们自筹资金或由政府及单位资助相关人员赴海外留学，另一方面是留学目的国越来越积极主动地加快其高等教育国际化的进程，并借此增加教育产业的收入。“供给”和“需求”的结合，引起了最近二十多年海外留学模式及学生留学和学者对外交流体验的不断变化。本报告主要基于对美国公立大学中国留学生问卷调查的个案研究，集中讨论赴美中国留学生的求学经历及在校体验，并总结主要研究结果，在为政府提供政策建议的同时，也为有留学意愿的学生和家长提供实际建议。

关键词：

赴美留学　期望　体验

* 李晓洁，美国亚利桑那州立大学教育学院2014届硕士毕业生；李唯，美国南加利福尼亚州大学博士，亚利桑那州立大学教授，博士生导师，研究方向为环太平洋移民分布与居住形式，高科技移民与跨国联系及回流，其专著获美国亚裔研究学会2009年度社会科学类最佳著作奖；于琬，美国亚利桑那州立大学地理科学与城市规划学院博士候选人，研究方向为高技术移民及赴美中国留学生相关问题。

一　背景资料

美国高等教育至今在国际上仍然享有较高的学术声誉。近年来，随着美国高校对国际留学生的不断扩招，越来越多来自发展中国家的学生选择赴美留学。美国政府对职业类别移民（employment-based immigration）政策的不断放松，以及移民输出国经济的快速发展，也加速了赴美留学人数的增加。

赴美中国留学生人数的增长主要集中在2000年以后。2002～2005年，由于“9·11事件”后美国政府收紧移民政策，签证审查过程更为严格，中国赴美留学生人数增长放缓，甚至停滞，许多中国留学生最终选择其他国家作为留学目的地。但是2006年以来，中国赴美留学生，尤其是本科留学生人数飞速增长（见图1），其年增长率在2008年国际金融危机爆发后一直保持在20%以上。2009～2010年，中国超过印度，成为赴美留学生最大输出国。2012～2013学年，在美中国留学生人数已经达235597人，占全美留学生人数的28.7%，远超过排第二位的印度（11.8%）及第三位的韩国（8.6%）。[①] 不同于近期中国留学生人数的快速增长趋势，中国赴美学者数量在2001～2013年一直保持相对平稳的增长，不过其所占全部在美交流学者的比例也从2001年的18%逐步上升至2013年的28%。

赴美中国留学生不仅在总体数量上有所增长，其结构特征也在发生变化。如图2所示，在21世纪初，中国留学生主要由接受研究生教育的学生组成，其比例为80.1%，接受本科教育的留学生只占13.8%，参加非学位项目及选择性实习（optional practical

① Institute of International Education, *Open Doors Report on International Students: Leading Places of Origin*, http://www.iie.org/Research－and－Publications/Open－Doors/Data/International－Students/Leading－Places－of－Origin/2011－13.

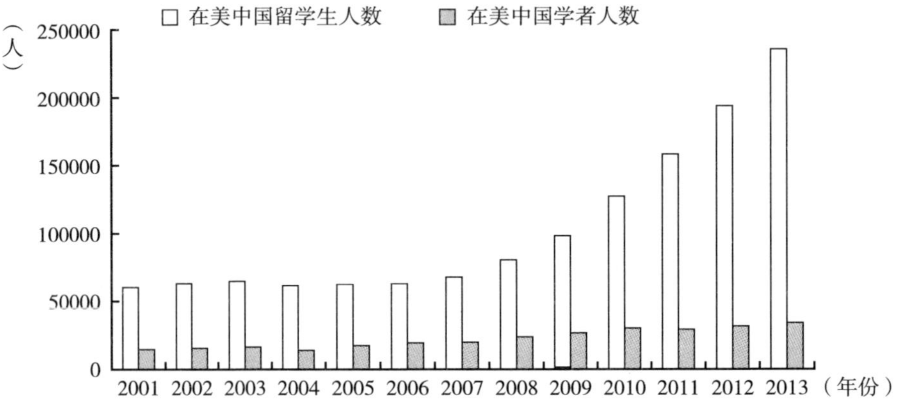

图 1　2001～2013 年在美中国留学生人数及在美中国学者人数

资料来源：美国国际教育协会《2013 年门户开放报告》。

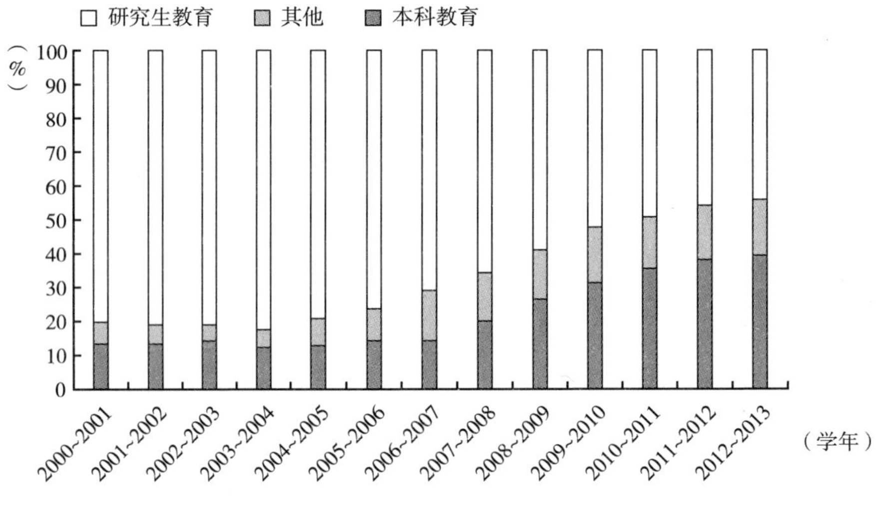

图 2　在美中国留学生结构层次

资料来源：美国国际教育协会《2013 年门户开放报告》。

training，OPT）等其他类别的只占 6.1%。在图 2 所示的 13 个学年中，中国留学生接受研究生教育的比例不断降低，而接受本科教育及其他类别的比例不断提高，这种趋势在 2007～2008 学年后更加明显。至 2012 ~ 2013 学年，接受本科教育的中国留学生占 39.8%，其他类别的比例上升至 16.3%，而接受研究生教育的比例下降至 43.9%。中国本科留学生人数的增加，从侧面体现了近年来中美两国对海外留学及学术交流的支持，同时也反映了美国高等教育在中国留学家庭心目中的地位。总体上，中国赴美留学生人数在 2008 年后的飞速增长，可视为国际金融危机爆发后美国高校对财政收支政策调整的结果。国际留学生在美国高校需要按照州外标准缴纳学费，并且在学习过程中不能转为州内居民以降低学费标准，同时，美国移民政策规定国际留学生在学期间（除假期外）不得在校外工作，校内工作每周也不能超过 20 小时，所以国际留学生的学费和日常消费对美国高校及地方经济起着关键的促进作用。国际金融危机爆发后，美国很多高校，尤其是州立大学及社区学院，积极采取政策扩大对国际留学生的招生规模。[①] 2013 年，美国国际教育协会对美国高校的“秋季简况调查”（Fall Snapshot Survey）显示，99% 参与调查的美国高校将更多的可用资源投到从东亚及南亚（主要是中国及印度）招收国际留学生。[②] 该机构对社区学院的专门报告显示，2012 ~ 2013 学年，美国社区学院共招收了 86778 名国际留学生，而中国留学生人数排在首位，占总数的 15%，而 2006 ~ 2007 学年中国仅排在第七位，占总数的 3.0%。[③]

值得注意的是，在其他类别中，参与选择性实习（OPT）的中

① Staley, Oliver, " Lure of Chinese Tuition Pushes Out Asian-Americans," Bloomberg, Dec. 28, 2011, URL: http: //www. bloomberg. com/news/2011 - 12 - 28/lure - of - chinese - tuition - squeezes - out - asian - americans - at - california - schools. html.

② Institute of International Education, *Special Reports: Fall Snapshot Survey on International Students*, 2013 Enrollment Survey, URL: http: //www. iie. org/Research - and - Publications/Open - Doors/Data/Special - Reports/Online - Enrollment - Survey - Reports.

③ Institute of International Education, *Special Reports: Community College Data Resource*, URL: http: //www. iie. org/Research - and - Publications/Open - Doors/Data/Special - Reports/Community - College - Data - Resource/International - Students - Top - Places - Origin - 2007 - 08.

国留学生人数也在快速上升。2006～2007学年，处于OPT阶段的中国留学生数量为7171人，而2012～2013学年已增长到23967人。OPT阶段是美国政府给予已在美国完成学业并取得学位的国际留学生为期12个月的毕业后有效居留时间，便于他们在美国寻找工作机会。对大多数国际留学生而言，OPT阶段是其从留学生过渡到技术移民的转型时期，当他们找到可以为其提供H-1B非移民工作签证的全职工作后，会尽快结束OPT阶段，获得工作签证。[①]每个留学生OPT阶段的时长除了取决于该年就业市场的因素外，往往还受其专业及该年工作签证申请状况的影响。处于OPT阶段中国留学生数量的上升除了与中国留学毕业生总体数量上升有关外，还与中国留学生大量集中于科学、技术、工程和数学（STEM）专业领域有关（见表1）。由于美国政府致力于吸引STEM专业的高科技移民，美国高校STEM专业的国际留学毕业生享有17个月的额外OPT时限，即OPT阶段总共可达29个月，这给很多该领域的中国留学生更长的时间寻找满意的工作。同时，由于美国经济不景气导致本土就业市场对招聘非本国高科技人才更加谨慎，近年来H-1B工作签证申请者人数猛增，以及绿卡申请需要经历漫长的排期，[②]处于OPT阶段的中国留学生越来越难以转成技术移民，从而使得越来越多的中国留学生延长其OPT时长。以2013～2014年度为例，由于美国就业市场持续低迷，很多小型公司无法支付资助H-1B工作签证的额外费用，使得留学生就业市场选择变得有限。同时，由于美国政府每年H-1B签证配额仅为85000份（大学和非政府组织不受此配额限制），以及2014年大量印度人申请致使美国申请H-1B

① H-1B为非移民工作签证，每位持有者可以在美工作2期，每期3年，在此期间，他们可以带直系家庭成员（配偶和子女）到美国，并有资格申请移民工作签证（绿卡）。

② 美国每年给予全球总共14万份移民工作签证（绿卡），但每个国家不可超过7万份，这造成来自高额申请国（如中国及印度）的申请人等待绿卡排期漫长。

案例总量达172500件，最终H－1 B签证以抽签的形式发放。[①] 这使得很多没有抽中H－1 B签证的高技术人才不得不延长其OPT时长或回国。越来越多的中国留学生倾向于毕业后留在美国，在获得数年国际工作经验后再决定去留。[②] 一名中国留学生是否可以获得在美工作经验，取决于许多因素，除了课业成绩是否优良外，重要因素还包括其英语能力和社会交往能力的高低。下面一节，我们将通过案例研究探讨中国留学生对留学美国的期望与现实体验。

表1　中国在美留学生攻读专业分布

单位：%

专　　业	2009～2010学年	2010～2011学年	2011～2012学年	2012～2013学年
商业管理	24.3	27.5	28.7	29.0
工程学	20.2	19.2	19.6	19.2
数学及计算机科学	10.7	10.6	11.2	11.2
物理与生命科学	12.6	11.5	9.9	8.8
社会科学	6.7	7.0	7.7	8.2
艺术及应用艺术	2.8	3.4	3.8	4.9
强化英语教育	4.9	4.3	2.8	3.2
教育学	1.9	2.1	1.7	1.7
健康	2.1	2.0	1.5	1.3
人类学	1.1	1.2	1.3	1.0
其他学科	10.1	8.9	9.6	9.0
专业不明	2.6	2.3	2.2	2.5
总　　数	100	100	100	100

注：其他学科包括农业、传媒、法律、通识学科，以及多学科/跨学科。

资料来源：美国国际教育协会《2013年门户开放报告》。

① Lawler, Martin J., and Margaret Stock, "Saying 'No Thanks' to 87, 500 High-Skill Workers," *The Wall Street Journal*, May 7, 2014, URL: http://online.wsj.com/news/articles/SB10001424052702303647204579544362260141496.

② Alberts, Heike C., and Helen D. Hazen. "There are Lways Two Voices: International Students' Intentions to Stay in the United States or Return to their Home Countries," *International Migration* 3 (2005).

三　实例研究

2013 年 1～3 月，我们在美国一所公立大学对持有 F－1 或 J－1[①] 签证的中国留学生进行了问卷调查，调查通过同一问卷的网络版和纸质版两种方式进行。总共收到有效问卷 300 份，130 位参与者在网络上填写了基于 Google Docs 设计的问卷，另外 170 位参与者填写了纸质版问卷。他们来自国内 28 个省份，以赴美不到一年的新生为主。其中，44% 的参与者由自己独立完成留美申请，34% 通过中介机构申请，另有 8% 参加国内大学与该校的合作项目。在所有调查参与者中，工程学专业人数最多（占 44%），其次为商科（占 33%），自然科学（7%）、社会科学（7%）、艺术和设计（6%）人数大致相当。本科生（52%）、硕士生（34%）和博士生（13%）的分布呈金字塔状。调查问卷的关注重点是他们选择美国大学的动机和在校经历。同年 4 月，我们在参与问卷调查并表示自愿参与后续研究的学生中，按照本科生、硕士生、博士生分层随机挑选了 13 位同学发出访谈邀请，最终 5 位同学（2 位本科生、2 位硕士生及 1 位博士生）参与了访谈，帮助我们了解调查统计结果背后更深层次的动机和意义。

（一）中国留学生群体的规模

我们展开调查研究的这所公立大学所在的州并非传统意义上类似加利福尼亚州和纽约州的中国留学生集中地。2009 年秋季，这所大学仍仅有 700 余名中国留学生，然而这一数字在 2013 年便飙

① F－1 是在美国的全日制自费国际留学生持有的签证类型；J－1 是在美国的公派学生和访问学者持有的签证类型。

升到近 2500 人。面对迅速壮大的中国留学生队伍，中国留学生本身表现出了一种依赖而又回避的矛盾心态。

我们的调查显示，为中国留学新生适应校园生活提供最大帮助的是该校现有的中国留学生群体（47%）。这 47% 的参与者中的 44% 表示是得到个体学生的直接帮助，另外 3% 通过中国学生学者联谊会获得帮助。被采访者 A 表示，很多新生会在来美国之前通过网络与已在该校就读的同学取得联系，尤其是同专业的学长学姐。这些学长学姐能够给新生提供关于在该校生活及学习方面（如租房、选课等）最直接可靠的信息，以及接机等帮助。

第二重要的帮助力量来自教会组织（22%），其中，以华人基督教会为主。这些教会组织可能会和中国学生学者联谊会合作，共同组织提供接机、住宿、购置家具等新生入学服务。教会一般会比较积极主动地接触新生，虽然其主要以“传福音”为目的，但是其给新生营造了一个亲切而安全的环境，帮助他们解决生活中的具体困难，带领他们深入探寻个体在精神层面上的发展。尽管一些以美国人为主的教会组织也会给国际留学生提供类似服务，但针对中国留学生的服务能力仍较弱，与尚未到达美国的中国新生的沟通渠道并不多。

相比之下，仅有 7% 的问卷回答者表示他们获得了来自学校官方组织或当地家庭更多的帮助。这很大程度上体现了美国的一些大学和当地社区还未适应突然大规模到来的中国留学生，尚未建立起一个针对这一群体的服务机制。与此同时，新留学生们很少在留学前或留学伊始对美国大学及当地社区所提供的服务有所了解。这一方面是由于语言的障碍，学生用不甚熟练的英语独自和没有见过面的美国人交流是一大挑战；另一方面可能是由于教育环境的差异，在服务意识相对缺乏的中国教育体系下成长的学生，很难了解到美国大学设立的为学生提供服务的丰富多样的项目。在美国大学逐渐增强针对中国以及其他国家留学生服务的同时，中国留学生也要学会积极主动地探索美国大学已提供的服务和活动，比如在第一次下飞机到学校所在城市时选择学校提供的免费巴士，在选择住宿时多求助于学校的校外住宿服务部门，在写作方面遇到问题和困难时向学校写作中心寻求免费帮助，等等。这些探索不仅能够锻炼留学生独立生存的能力，而且为他们打开了一扇接触美国人和美国社会的门。

虽然中国留学生的老生群体对新生入学适应美国校园生活的帮助是显而易见的，但我们的调查也显示，中国留学生数量并非中国留学生选校时会考虑的主要因素。这一点较为出乎意料，因为强调本校已有较多中国留学生通常是美国学校招收中国留学生的宣传策略之一。被采访者 B 指出，其中的原因可能是中国留学生一方面觉得更多的同胞会让自己在美国的学习生活变得更容易，另一方面会对有太多中国留学生的学校产生怀疑，认为它们只是想赚取中国留学生的学费；另一个担心则是，课堂上有过多的中国人会导致自己没有好的机会了解美国文化或锻炼英语能力。

（二）融入美国文化——目标与阻碍

根据我们的调查，中国留学生赴美国学习最重要的目标除了获得学位之外，便是增强对美国社会和文化的了解。留学生在到美国以前，容易认为自己去了美国就自然有机会接触美国人，并体验美国文化。然而深入地感受和了解美国社会和文化并不只是人在美国就可以实现的，更需要留学生建立起相对广泛的社交圈，通过学习、住宿、工作、校内外其他活动等和美国社会中不同性别、年龄、种族、生活经历的人进行交往。这种交往的程度越广越深，留学生就越有可能更全面、准确地了解美国文化。

我们在调查中发现，33% 的问卷参与者表示到美国以后面对的最大挑战并不是学习及适应日常生活，而是在社交方面很难真正接触和了解美国文化，和美国人交朋友。将近50%的参与者认为自己到美国以后在社交方面最大的收获是交到了很多新的中国朋友。中国留学生发现无论在课上还是课下，都很难与美国同学建立相对长久的朋友关系，语言的限制以及缺乏共同话题导致交流不能顺利进行并延续下去。另外，中国留学生对朋友关系的理解和美国学生并不一致。中国学生往往认为朋友就是密切地相处，并且相互关心帮助，而这种期待很容易在和美国人交往时落空，因为美国人在人际交往中相对独立，形影不离的好友关系对他们来说并不普遍。

我们之前谈到，中国留学生在到美国留学之初，更倾向于寻求同胞的帮助，他们很容易与更多的同胞相识，加之对在与美国人交往中产生的种种文化差异的焦虑，中国留学生容易自然而然地形成一个个只有中国人的社交圈。这个社交圈由一个个相互联系的小圈子构成，每个小圈子一般并不大，但是相对稳定。圈子中的学生比较难打破自己所在的圈子而和圈外人进行深入交往，圈外的美国人即便希望，也很难进入语言、文化均保持高度同一性和独立性的中国人圈子。

从调查中我们发现，有两点原因对中国留学生社交圈的形成起到促进作用。一是所学专业的集中性，70%以上在调查学校进行学习的中国留学生就读商科或工程类专业，在课业学习的过程中，中国留学生很容易遇到同胞。二是中国留学生的居住状况呈现集中趋势，将近3/4的中国留学生，尤其是90%以上的中国留学研究生居住在校外。无论是居住在校内还是校外，92%的中国留学生与至少一名中国室友共同居住，其中77%的学生仅与中国室友居住。相比之下，住校的中国留学生更有可能与非中国的室友居住，因为住校的学生基本无法选择自己的室友来自哪里。但是住校的费用一般较高，中国留学生更倾向于选择在校外居住。当自己可以选择室友的时候，中国留学生会更希望与同胞一起居住。被采访者C是一位本科生，由于学校要求大一新生必须住校，他有过一年与美国室友居住的经历。他表示，刚开始的时候觉得很新鲜，但是后来逐渐感到沟通起来不太顺畅，生活习惯也有差异，到大二时他搬离学校宿舍，找了一名中国室友。“找室友我还是觉得中国人好，尤其是相互比较熟，你知道他们靠得住，但是如果找一个不了解的美国人做室友，合不来的风险就比较大。”C同学如是说。这种对熟悉文化的依存感是普遍存在的，被采访者D也表达了类似的观点：“家是休息的地方，我不想回到家还得说英语，和我的中国室友在一起比较轻松。”

应该说，学习和住宿是留学生活的两个主要方面，如果在这两个方面都大多限制在与其他中国留学生的交往上，那么中国留学生与美国或其他国家的学生深入互动的机会就大大减少。然而，身处中国留学生社交圈中的学生仍可以通过其他途径突破圈子的限制。一是积极参与各式各样的校园活动；二是通过参与校内工作。美国的大学一般会提供非常多的学生工作岗位，涉及学校管理的方方面面。由于美国法律的限制，校内工作是外国学生在每学年中唯一的就业机会。相比于美国学生，国际留学生因为语言文化等原因较难争取到校内工作机会，但也未必完全不可能，可以主动参与志愿活动，这是切身体验美国文化的良好机会。此外，参与各类基督教会的活动也可以帮助中国留学生打开认识美国文化的一扇窗。一般无论是华人基督教会还是美国基督教会，都很欢迎国际留学生参加其活动，而中国留学生由于在国内很少接触基督教，很可能会对教会活动抵触或有所顾虑，不能将其看成一个学习美国文化的途径。事实上，美国社会中78%的人信仰基督教，美国人的思想和行为方式深深扎根于基督教的价值及理念，参与美国教会的活动可以获得很多直接与美国人深入交流的机会。一方面，国际留学生需要就精神层面的话题与美国人进行讨论；另一方面，教会中的美国人由于自身信仰，一般会非常友好且主动地与国际留学生交流，为国际留学生提供很轻松的沟通机会。

因此，中国留学生能否深入了解美国文化，主要取决于其自身有多少动力去实现了解美国文化的留学目标。在接触异国文化的过程中，中国留学生难免受挫，有些学生便就此放弃了。例如，被采访者 B 说："我觉得真正和美国人交朋友是很难的。我刚来的时候尝试过，但没有能够深交，好像聊到一定程度就没有聊的了。后来我还是主要和中国人玩，我感觉更踏实。真正遇到什么事的时候，你知道这些兄弟是会出来帮你的。"从开始面对新鲜环境的兴奋到最后回归中国圈子，是不少中国留学生的经历。有的同学也会对在短期留学的过程中需要多大程度上融入美国社会表示疑问。被采访者 B 说："我毕业之后是要回国的，所以不知道现在让自己变得太美国化有什么意义，过来这边看看了解一下就好。"对回国后可能面临二次适应的留学生来说，与美国社会和文化如何互动才能最大限度地实现留学价值，是一个很值得思考的问题。

（三）提升英语水平——期望与现实

英语水平是留美学生一个绕不开的话题，因为它确实在一定程度上决定了一个学生在留学阶段能够获得的经历。一个在语言方面准备充分的学生，可以更快地适应学习和生活，更容易与美国人交往，从而也就有了更多的机会锻炼英语能力；如果语言准备不充分，则相对容易停留在之前提到的中国留学生社交圈，锻炼英语的机会也相应减少。

我们在采访中发现，中国留学生容易对自己在留学期间英语水平的提升有较高的期待。被采访者 A 是一个即将毕业的商科学生，他回忆道："我刚来的时候，认为我四年后英语一定会说得非常流利，然而事实好像不是这样。可能与人日常沟通是没有问题了，但是阅读、写作和上课讨论还是不行。”另一位在该校学习了三年的研究生 B 说：“我之前希望自己有一天能听懂课堂上的笑话，可是三年后我觉得这个还是不太可能实现。”事实上，实现自己英语水平进步的期待并不是一件容易的事，需要学生有足够的动力支持持续的努力，在面对困难时保持平和的心态，不因为受挫而降低努力程度。

更重要的是，正如上述两位学生所反映的，英语水平的进步并不是一个绝对大或小的问题，而应从不同的情境来看，有的学生在日常交流或社交上进步较大，有的学生则在学术阅读、写作方面进步较大。显然，在英语方面取得何种进步取决于学生在留学期间如何分配自己的精力和时间，以及使用何种策略达到提升英语水平的目的。一个仅在学习中使用英语而在日常生活中大部分时间使用汉语的学生，或许可以有很强的学术写作甚至是学术演讲的能力，但是很可能缺乏用英语社交的能力，并且词汇范围相对局限；一个花更多时间和精力在社交活动或社会工作的学生，更可能拥有较强的社会交际能力，或许更能够使用地道的词汇及语法与人探讨日常话题，并懂得理解及使用美式幽默。

语言使用情境并没有绝对的高低优劣之分，学术情境并不一定比日常社交情境更为重要。学生在赴美以前或许不应该笼统地对自己在语言上的进步设立目标，而是要区分情境，设立分项目标。语言使用目标可以分得很细，如一个小目标可以为“能和美国人自如地讨论橄榄球比赛”。学生在赴美以后需要按照语言使用目标安排日程、分配精力，逐项地实现语言方面的进步。但是，情境的划分不是绝对的，虽然在我们的研究中没有得到直接证实，但是我们相信，在不同情境中语言的进步是相互促进的，一个平衡的目标对学生外语能力的进步最为有利。

和适应文化类似，英语能力进步也需要学生主动地为自己创造练习的机会。被采访者D和E都是研究生，两者均指出，对其英语水平提升帮助最大的是从事助教工作。博士生E更是要独立地给本科生授课，她说每次上讲台前都要在下面演练3～4次。这种需要在公众面前演讲的压力促使她进行数次练习，从生疏到熟练，语言能力也相应得到了很大的提高。当然，一般只有博士生和少部分硕士生能在美国的大学里获得助教职位，大多数学生尤其是本科生无法拥有如此良好的条件进行语言练习。美国的大学提供了多种机会让学生用英语进行表达，如课堂讨论、小组讨论、课堂演讲等。中国留学生是否能够充分利用这样的机会是一个很大的问题。在课堂讨论中相对沉默或者在演讲中不能脱离读稿，都是中国留学生面临的困难。解决这一问题的方法或许没有特别的诀窍，要像那位演练三四遍再上讲台的博士生一样，只有在每次演讲和参与讨论前做好充分准备，才能一步步做到自如地使用英语。此外，中国留学生可以通过参加学校的公众演讲小组或学生活动组织，为自己创造更多与人交流及演讲的机会。

四 结语和建议

（一）小结

进入21世纪以来，中国赴美留学人数持续增加，并逐渐成为向美国输出留学生及交流学者最多的国家。在总体数量快速增长的背后，中国留学生结构也在发生明显变化：研究生比例从高位逐年下降到四成左右，而本科生比例则在2007年后迅速提高到40%左右，同时，由于专业特殊性及美国工作签证的变化，处于OPT阶段的学生比例也在逐年上升。

我们问卷调查的结果显示了若干值得强调的相互矛盾现象，体现了中国留学生出国之前的预期和他们抵达美国后的现实反差。首先，中国新生很大程度上依赖于老生群体提供初步援助，但同时又对有太多中国留学生的学校有所顾虑，如担心学校仅为赚取中国留学生的学费，抑或中国留学生太多不利于提高英语水平或了解美国文化。而由于信息的不对称，美国高校为中国留学新生提供的很多服务并未被他们所了解，这导致中国留学新生不能充分地使用这一部分资源。其次，相较于中国留学生出国前对融入美国社会和文化的期望，他们在留学期间因为与同胞们一同学习或居住，加之较难获得校内工作机会，往往较容易停留在中国人的社交小圈子里，很难与美国人交朋友或深入了解美国文化。另外，虽然中国留学生在出国前对在美学习期间提高英语水平抱有较高期望，但是实际进步需要留学生付出扎实而具体的努力，同时也受其对自己学习生活以及未来职业发展规划的影响。

中国留学生对留学的期望与现实状况的反差应该引起我们的思考。虽然真正的跨文化交流要求双方更好地了解和适应对方，而不只要求中国留学生单方面做出努力，但是我们希望基于我们问卷调查和访谈，可以为国内教育部门提供些许政策建议，并为留学生及其家长提出一些实际建议，以缩小留学期望与现实的距离。

（二）对国内教育部门的建议

为了让中国留学生能够更顺利地适应留学生活，最大限度地实现留学价值，同时也为了让更多的留学生及国内学生能成为真正的全球性人才，中国的高等教育理念和实践有必要在现有的基础上进一步国际化，了解美国等先进国家教育体系的利弊，学习有效的经验，采纳适合中国文化背景的做法，使学生具备更强的批判性思考和独立解决问题的能力。我们发现在这一点上国内教育仍有很长的路要走。国内高等教育部门的课堂教学很大程度上仍然采用教授讲、学生听的模式，很少鼓励学生参与课堂讨论，以及提出与教授不同的想法或意见。这种教育模式使得中国留学生在美国课堂上腼腆羞涩，即使其英语能力足够好，也难以参与课堂讨论。这严重限制了中国留学生从美国的教育环境中受益，甚至对他们的课程成绩产生负面影响。本报告的三位作者均有在赴美之初难以参加课堂讨论的经历。其中，第二作者在博士生第二学期结束时，任课教授告诉她其一门必修课成绩本来可以得A，但只得到了A-，原因是她整个学期在课堂讨论中发言较少。二十余年后，她回到国内做客座教授演讲时，发现这样的状况仍然存在：尽管她一再直接问学生是否有问题或意见，听讲的学生很少在她演讲中或演讲后发问，即便发问也要等到其他人问完了才开口。中国学生在学习上缺乏独立思考、勇于质疑、大胆创新的锻炼，等到赴美留学时，很可能难以适应美国更开放、活跃且崇尚创新的教育环境，从而限制了其在语言水平、学术能力、文化适应、社会交往等多方面的发展速度和发展空间。

（三）对赴美留学生及其家长的建议

留学生应首先设立一个为何到美国学习的明确目标，并为实现这一目标做最充分的准备。很多留学生除了希望拿到美国学位外，也期望在留学期间实现英语水平的飞跃，能深入了解美国文化和社会，成为能良好适应全球化环境的人才，或者计划毕业后在美国短期或长期工作。因此，留学生本人及其家长对留学的规划需要落实到具体的内容上，如积极选择鼓励课堂讨论的课程，与不同族裔的学生做小组项目并交朋友，积极参与志愿者活动或寻找校园工作机会等。在全球化世界中，有多语言、多文化背景的人才往往在就业市场中受到青睐，并拥有更多成功的机会。美国社会仍然是世界上种族、语言和文化多元化程度较高的社会之一，我们需要充分利用，使它转化成留学生的宝贵财富。

区 域 篇

Regional Reports

B.5

中国学生赴北美热门留学国家的留学现状

摘 要:

进入21世纪以来，知识经济成为经济全球化的重要推动力，人才和创新成为各国政府的关注重点。美国、加拿大作为经济发达国家，在传统经济领域中有强大的竞争优势。为了保持现有的优势，应对不断凸显的人口老龄化问题，两国政府都加大了对海外留学生的吸引力度，这样不但可以打造多元的教育环境，而且可以通过开放的移民政策吸纳留学生成为本国居民。因此，国际留学生不仅给两国带来了可观的经济收益，而且从科技研发和人力资源方面增强了其国际竞争力。本报告主要分析了2013年美国、加拿大吸纳国际留学生的现状，以及中国留学生在这两个国家的留学状况。

关键词：

留学美国　留学加拿大　经济收益　人力资源

一　2013 年中国学生赴美国留学现状

美国一直是热门留学目的地，目前吸引的国际留学生差不多达到全球国际留学生的1/4。在美国，不仅常青藤大学和世界名校对留学生产生了强大的吸引力，而且州立大学和中小城市的大学吸纳国际留学生的数量也呈增长趋势。[①]

（一）2013 年美国吸收国际留学生的总体情况

1. 美国国际留学生人数又创新高，名校录取率却屡创新低

美国国际教育协会（Institute of International Education，IIE）发布的《2013 年门户开放报告》（*The Open Doors Report* 2013）显示，2013 年，美国新招收的国际留学生人数达 250920 人，与 2012 年相比，增长了 9.8%，又创历史新高（见表 1）。截至 2013 年，在美国大学就读的国际留学生总数达 819644 人，与 2012 年相比增长了 7.2%。在全美高等教育学生总数中，国际留学生占 3.9%，创 2001 ~2013 年的最高纪录（见表 2）。

与赴美留学的国际留学生人数不断增长形成鲜明对比的是美国各名校的录取率近年来屡创新低。根据美国常春藤盟校公布的录取数据，2014 年，在 253472 名申请者中，仅有 22624 人被录取，录取率大约为 8.93%。[②] 斯坦福大学的录取率为 5.07%，使其连续两

① 《华盛顿邮报》2014 年 8 月 29 日。

② http：//www. ivywise. com/admission_ statistics. html.

表1　美国2007～2013年新招收的国际留学生人数及其增长率

单位：人，%

年份	人数	增长率
2007	157178	10.0
2008	173121	10.1
2009	200460	15.8
2010	202970	1.3
2011	214490	5.7
2012	228467	6.5
2013	250920	9.8

资料来源：美国国际教育协会《2013年门户开放报告》。

表2　美国2001～2013学年国际留学生人数及其占比

单位：人，%

年份	国际留学生人数	增长率	高等教育的总人数	留学生占高等教育学生总数的比例
2001	547867	6.4	15312000	3.6
2002	582996	6.4	15928000	3.7
2003	586323	0.6	16612000	3.5
2004	572509	-2.4	16911000	3.4
2005	565039	-1.3	17272000	3.3
2006	564766	-0.05	17487000	3.2
2007	582984	3.2	17672000	3.3
2008	623805	7.0	17958000	3.5
2009	671616	7.7	18264000	3.7
2010	690923	2.9	20428000	3.4
2011	723277	4.7	20550000	3.5
2012	764495	5.7	20625000	3.7
2013	819644	7.2	21253000	3.9

资料来源：美国国际教育协会《2013年门户开放报告》。

年超越哈佛大学，成为录取难度最大的学校。在常春藤联盟中，耶鲁大学、普林斯顿大学、宾夕法尼亚大学和康奈尔大学4所大学录取率达到了历年最低水平，分别是6.26%、7.28%、9.9%和14%。哈佛大学和哥伦比亚大学的录取率虽稍有提高，但也仅为5.9%和6.94%（见表3）。①

表3　部分美国名校录取率比较

单位：%

院校英文名称	院校中文名称	2014年	2013年	2012年	2005年
Amherst College	艾姆赫斯特学院	13	13.67	11.92	18
Babson College	百森商学院	待发布	28.18	29.0	37
Bard College	巴德学院	待发布	34.75	35.20	38
Boston College	波士顿学院	33.6	32	28.82	38
Brown University	布朗大学	8.6	9.2	9.60	16
Columbia University	哥伦比亚大学	6.94	6.89	7.42	12
Cooper Union	库伯联盟学院	待发布	7.27	6.33	13
Cornell University	康奈尔大学	14	15.2	16.19	31
Dartmouth College	达特茅斯学院	11.5	10	9.43	18
Duke University	杜克大学	10.7	11.6	11.87	23
George Washington	乔治·华盛顿大学	43.3	33.4	32.7	39
Georgetown University	乔治敦大学	16.6	16.6	16.50	23
Harvard University	哈佛大学	5.9	5.79	5.92	11
Massachusetts Institute of Technology	麻省理工学院	7.7	8.2	8.95	16
Middlebury College	明德学院	17.3	19.21	18.48	23
New York University	纽约大学	33.6	30.3	35.03	32
Northwestern University	西北大学	12.9	13.9	15.27	33
Pomona College	波莫纳学院	12.14	12.89	12.82	19
Princeton University	普林斯顿大学	7.28	7.29	7.86	10

① http：//www.ivywise.com/admission_ statistics.html.

续表

院校英文名称	院校中文名称	2014年	2013年	2012年	2005年
Stanford University	斯坦福大学	5.07	5.69	6.63	13
Swarthmore College	索思摩学院	16.79	14.05	14.10	25
University of California-Berkeley	加州大学伯克利分校	17.3	20.8	21.1	27
University of Michigan	密歇根大学	32	33	36.55	63
University of Notre Dame	圣母大学	20.79	22.3	22.71	29
University of Pennsylvania	宾夕法尼亚大学	9.9	12.10	12.30	29
University of Southern California	南加利福尼亚大学	17.8	19.68	18.20	27
University of Virginia	弗吉尼亚大学	28.9	29	27.44	39
Vanderbilt University	范德堡大学	12.5	12.7	14.1	40
Washington University in St. Louis	圣路易斯华盛顿大学	17.12	15.01	15.40	20
Wesleyan University	卫斯理公会大学	23.2	19.37	19.74	28
Williams College	威廉姆斯学院	18.2	16.88	16.73	21
Yale University	耶鲁大学	6.26	6.72	6.82	11

资料来源：http：//www.ivywise.com/admission_ statistics.html。

2. 亚洲仍是美国最大的留学生来源地，沙特阿拉伯、伊朗留学生增幅较大

亚洲仍然是美国国际留学生的主要来源地。2012～2013学年，美国国际留学生来源地排名前三位的依次是中国大陆、印度和韩国，来自这三者的留学生人数占全美留学生总数的49.1%。其中，来自中国大陆的留学生人数为235597人，占全美留学生总数的28.7%，与2011～2012学年相比，增长了21.4%（见表4）。从性别分布来看，在美国就读的留学生中，男性人数略微高于女性人数，男女占比分别是56%和44%。[①] 除中国大陆、印度、韩国之外，沙特阿拉伯、加拿大、中国台湾、日本、越南赴美留学生也占了较大比例。

① 美国国际教育协会：《2013年门户开放报告》。

美国国际留学生来源地排前25的有14个为亚洲国家和地区，来自这14个国家和地区的留学生占美国国际留学生的68.8%。

表4　美国国际留学生的主要来源地

单位：人，%

排名	来源地	2011～2012学年	2012～2013学年	2012～2013学年留学生占总留学生的比例	增长率
1	中国大陆	194029	235597	28.7	21.4
2	印度	100270	96754	11.8	-3.5
3	韩国	72295	70627	8.6	-2.3
4	沙特阿拉伯	34139	44566	5.4	30.5
5	加拿大	26821	27357	3.3	2.0
6	中国台湾	23250	21867	2.7	-5.9
7	日本	19966	19568	2.4	-2.0
8	越南	15572	16098	2.0	3.4
9	墨西哥	13893	14199	1.7	2.2
10	土耳其	11973	11278	1.4	-5.8
11	巴西	9029	10868	1.3	20.4
12	德国	9347	9819	1.2	5.0
13	英国	9186	9467	1.2	3.1
14	尼泊尔	9621	8920	1.1	-7.3
15	伊朗	6982	8744	1.1	25.2
16	法国	8232	8297	1.0	0.8
17	中国香港	8032	8026	1.0	-0.1
18	印度尼西亚	7131	7670	0.9	7.6
19	尼日利亚	7028	7316	0.9	4.1
20	泰国	7626	7314	0.9	-4.1
21	马来西亚	6743	6791	0.8	0.7
22	哥伦比亚	6295	6543	0.8	3.9
23	委内瑞拉	6281	6158	0.8	-2.0
24	科威特	3722	5115	0.6	37.4
25	西班牙	4924	5033	0.6	2.2
	总　计	764495	819644	100	7.2

资料来源：美国国际教育协会《2013年门户开放报告》。

由表4 可知，2012～2013 学年，沙特阿拉伯、伊朗、巴西三国的赴美留学生增长幅度较大。这主要是因为部分国家大幅增加了留美学生的政府奖学金。2013 年，巴西政府推行本科奖学金“巴西科研流动项目”（Brazil Scientific Mobility Program），推行仅一年，其留美学生就增加了 20.4%，总人数达 10868 人。而沙特阿拉伯的政府奖学金项目已经运行了 10 年，其在 2012～2013 学年的留美学生增长了 30.5%，总人数达到了 44566 人。①

从美国国际留学生的来源城市来看，亚洲的大城市提供了大部分生源。表5 排前20 位的均属于亚洲城市，其中中国占9 个，印度占5 个，沙特阿拉伯占 2 个。从规模来看，20 座城市中超大城市和大城市有 18 个，仅有沙特阿拉伯的吉达和尼泊尔的加德满都分别属于中、小城市。从城市经济收入水平看，中等及以上收入的有 11 个，达到的 55% 比例。其中，首尔的赴美留学生数量最多，2008～2012 年共有 56503 人，占赴美攻读学士及以上学位的国际留学生总数的 4.9%。其次是北京、上海、海德拉巴和利雅得，2008～2012 年分别向美国输送了 49946 名、29145 名、26220 名和 17361 名攻读学士及以上学位的国际留学生。值得注意的是加德满都，这个人口仅约 70 万人的城市在2008～2012 年共输送了 10701 名留学生赴美攻读学士及以上学位。

从国际留学生赴美留学首选目的地看，各大洲的留学生表现出了不同的倾向，加利福尼亚州是接收国际留学生最多的州，其中亚洲、欧洲、大洋洲的留学生比较倾向于选择到加利福尼亚州留学。北美洲的留学生则更倾向于选择纽约州，南美洲的留学生则倾向于选择佛罗里达州，非洲留学生较多地选择得克萨斯州留学（见表6）。

---

① SPRE，http：//www.spre.com.au/download/OpenDoors2013Commentary.pdf.

表5　2008～2012年美国国际留学生的主要来源城市

单位：人，%

排名	来源城市	留学生数量	占总生源比例	城市规模	城市收入水平
1	首　尔	56503	4.9	大	中上
2	北　京	49946	4.3	超大	中等
3	上　海	29145	2.5	超大	中等
4	海德拉巴	26220	2.3	大	低下
5	利雅得	17361	1.5	大	中上
6	孟　买	17294	1.5	超大	低
7	台　北	15985	1.4	大	高
8	香　港	12406	1.1	大	高
9	加德满都	10721	0.9	小	低下
10	吉　达	10468	0.9	中	中等
11	南　京	9316	0.8	大	中等
12	金　奈	9141	0.8	大	低下
13	新加坡	8989	0.8	大	极高
14	班加罗尔	8835	0.8	大	低
15	德　里	8728	0.8	超大	低
16	广　州	8167	0.7	超大	中等
17	成　都	8124	0.7	大	低
18	武　汉	8001	0.7	大	低
19	胡志明市	7955	0.7	大	低
20	深　圳	7792	0.7	超大	中等
	总　计	1153459	100	—	—

注：统计对象为赴美攻读学士及以上学位的国际留学生。

资料来源：布鲁金斯学会。

表6　2013年不同来源地留学生在选择留学目的地上的倾向

国际留学生来源地	首选目的地	国际留学生来源地	首选目的地
亚洲	加利福尼亚州(18%)	非洲	得克萨斯州(13%)
欧洲	加利福尼亚州(19%)	南美洲	佛罗里达州(19%)
北美洲	纽约州(14%)	大洋洲	加利福尼亚州(17%)

资料来源：http：//www. ice. gov/doclib/sevis/pdf/by－the－numbers. pdf。

3. 美国国际留学生的地区和学校分布

留学生在美国的分布呈现相对集中的趋势，排前 10 位的州接纳了美国 61% 的国际留学生，而排前 3 位的加利福尼亚州、纽约州和得克萨斯州，接纳的国际留学生数量占到总数的 32%。[①] 加利福尼亚州历来是吸引国际留学生较多的州，2011～2012 学年也是名列榜首，而且还保持了较高的增长率（见表 7）。

表 7　美国排前 10 位的州接纳国际留学生数量及其增长率

单位：人，%

州名	2011～2012 学年	2012～2013 学年	增长率
加利福尼亚州	102789	111379	8.4
纽约州	82436	88250	7.1
得克萨斯州	61511	62923	2.3
马萨诸塞州	41258	46486	12.7
伊利诺伊州	35920	39132	8.9
宾夕法尼亚州	33398	37280	11.6
佛罗里达州	32567	32746	0.5
俄亥俄州	26427	28401	7.5
密歇根州	25551	26930	5.4
印第安纳州	22194	24408	10.0

资料来源：美国国际教育协会《2013 年门户开放报告》。

从不同城市吸纳的留学生数量来看，纽约市继续成为国际留学生最喜爱的美国城市，其留学生人数比 2012 年增长了 6 个百分点。另外，国际留学生人数增幅超过 10% 的城市还有波士顿、达拉斯、西雅图、圣地亚哥、匹兹堡和巴尔的摩，[②] 与国际留学生分布最多

① http：//www. iie. org/Research - and - Publications/Open - Doors/Data/International - Students/Infographic.

② 美国国际教育协会：《2013 年门户开放报告》。

的州保持了某种一致性。2012～2013学年，招收国际留学生人数最多的大学是南加利福尼亚大学，人数为9840人；伊利诺伊大学香槟分校、普渡大学主校区分列第二、第三位，人数分别为9804人和9509人（见表8）。[①]

表8　2012～2013学年美国大学的国际留学生数量排名

单位：人

排名	大学	所在城市	国际留学生人数
1	南加利福尼亚大学	洛杉矶市	9840
2	伊利诺伊大学香槟分校	伊利诺伊州尚佩恩市	9804
3	普渡大学主校区	印第安纳州西拉斐特市	9509
4	纽约大学	纽约市	9362
5	哥伦比亚大学	纽约市	8797
6	加州大学洛杉矶分校	洛杉矶市	8424
7	东北大学	波士顿市	7705
8	密西根大学安娜堡分校	密歇根州安阿伯市	6827
9	密歇根州立大学	密歇根州东兰辛市	6759
10	宾夕法尼亚州立大学柏克校区	大学公园市	6693
11	亚利桑那州立大学	亚利桑那州坦佩市	6645
12	波士顿大学	波士顿市	6615
13	印第安纳大学伯明顿分校	印第安纳州布卢明顿市	6547
14	华盛顿大学	西雅图市	6491
15	俄亥俄州立大学主校区	俄亥俄州哥伦布市	6478
16	明尼苏达大学双城分校	明尼阿波里斯市	6178
17	佛罗里达大学	佛罗里达州盖恩斯维尔市	5961
18	纽约州立大学布法罗分校	纽约州布法罗市	5804
19	宾夕法尼亚大学	费城	5751
20	加州大学伯克利分校	伯克利	5632

资料来源：美国国际教育协会《2013年门户开放报告》。

4. 美国国际留学生的专业分布

2012～2013学年，工商管理、工程学、数学和计算机科学、

① 美国国际教育协会：《2013年门户开放报告》。

社会科学、生命科学等前两年的热门专业依然风头不减，占据美国国际留学生热门专业排行榜的前几名。其中，工商管理专业以21.8%的选择率名列榜首，工程学则以3个百分点的差距紧随其后，之后的数学和计算机科学、社会科学、生命科学则与前两位拉开了较大的差距，占比分别为9.5%、8.9%、8.4%。2012~2013学年留学生数量增长最快的三个专业分别是：社会科学（10.7%）、艺术与应用艺术（9.9%）和工程学（9.1%）。值得一提的是，2011~2012学年增速达20.4%的强化英语教育专业，在2012~2013学年的增速只有4.9%；2011~2012学年增速为10.5%的数学和计算机科学专业，2012~2013学年的增速则为8.7%。另外，在2011~2012学年出现下降的农学（-1.4%），2012~2013学年的人数则出现了7.3%的增长（见表9）。

表9　美国国际留学生攻读的热门专业

单位：人，%

专　业	2011~2012学年	2012~2013学年	所占比例	年增长率
工商管理	166733	178984	21.8	7.3
工程学	141285	154186	18.8	9.1
数学和计算机科学	71364	77560	9.5	8.7
社会科学	66163	73274	8.9	10.7
生命科学	66007	69152	8.4	4.8
艺术与应用艺术	41710	45850	5.6	9.9
强化英语教育	38887	39990	4.9	2.8
健康行业	29535	31222	3.8	5.7
人类学	16294	17121	2.1	5.1
教育学	17200	17011	2.1	-1.1
农学	9750	10463	1.3	7.3
其他学科	77252	79876	9.8	3.4
不明专业	22315	24955	3.0	11.8

资料来源：美国国际教育协会《2013年门户开放报告》。

在对赴美留学生专业选择的进一步分析中可以发现，不同国家的留学生在选择专业上往往表现出以下倾向：①工程学、数学和计算机科学、生命科学等理工类学科一般是发展中国家留学生选择的热门专业。其中，印度、伊朗、马来西亚和土耳其留学生有20%以上选择工程学专业，印度、尼泊尔、中国留学生选择数学和计算机科学的比例超过10%，印度、墨西哥和中国有超过10%的留学生选择生命科学专业。②社会科学和人类学则在发达国家留学生所选专业中更为普遍。其中，加拿大、法国、德国、日本、韩国、英国有超过10%的留学生选择社会科学专业；而选择人类学专业比例较高的是西班牙（11.2%）、法国（6.9%）、德国（6.9%）、日本（5.8%）和英国（6.6%）的留学生（见表10）。[①]

表10　2012～2013学年部分国家的留学生专业分布

单位：%

专业	中国	印度	韩国	巴西	加拿大
商业管理	29	13.7	16.4	23.8	15.8
其他学科	9.0	4.6	15.1	19.2	14.6
工程学	19.2	35.6	10.8	11.2	7.5
社会科学	8.2	3.5	12.4	9.3	13.0
艺术与应用艺术	4.9	1.7	13.4	8.9	8.8
生命科学	8.8	11.2	7.0	6.0	8.5
人类学	1.0	0.5	4.1	3.4	4.1
数学和计算机科学	11.2	23.1	4.9	3.8	2.6
健康行业	1.3	4.7	5.0	3.1	15.0
强化英语教育	3.2	0.1	4.5	2.7	0.1
教育学	1.7	0.5	3.1	1.9	6.9
不明专业	2.5	0.8	3.3	6.7	3.1

资料来源：http：//www.iie.org/Research－and－Publications/Open－Doors/Data/International－Students/Fields－of－Study－Place－of－Origin/2012－13。

① *International Students*, *Fields of Study by Place of Origin*, http：//www.iie.org/Research－and－Publications/Open－Doors/Data/International－Students/Fields－of－Study－Place－of－Origin/2012－13.

研究生作为国际留学生的主体，在选择专业时也更倾向于工程学、地球物理及数学与计算机科学、商科等专业，而教育、健康学和公共管理等人文社会领域专业的选择较少。[①] 2002～2012 年，研究生层次的国际留学生最热衷的专业依然是工程学、地球物理学及数学与计算机科学和商科，其人数占国际留学生总人数的 64%（见表 11），增速分别达 14%、16% 和 7%。相对冷门的人文艺术专业国际留学生的数量出现了小幅增长，增长了 3%。而教育学和生命科学的国际留学生数量出现了下降，分别下降了 1% 和 6%。[②]

表 11　2002～2012 年研究生层次国际留学生留学申请的专业分布

单位：%

专业	比例
工程学	27
地球物理及数学与计算机科学	20
商科	17
社会科学及心理学	8
生物及农业学	8
人文艺术	6
其他学科	5
教育	4
健康学	4
公共管理	1

资料来源：http：//www. cgsnet. org/international – graduate – applications – rebound – preliminary – estimates – 2014。

5. 国际留学生对美国的经济和社会贡献

每年，数以万计的留学生从世界各地奔赴美国，为美国经济发

① Gonzales，L. M.，Allum，J. R.，and Sowell，R. S.，*Graduate Enrollment and Degrees*：2002 *to* 2012，2013.

② *International Graduate Applications Rebound in Preliminary Estimates for 2014*，http：//www. cgsnet. org/international – graduate – applications – rebound – preliminary – estimates – 2014.

展做出了重要贡献。美国国际教育工作者协会（Association of International Educators，NAFSA）的研究报告显示，2012～2013 学年国际留学生及其家庭对美国经济的贡献额约240 亿美元（增幅为10%）（见表 12），为美国劳动力市场直接或间接地贡献了 31.3 万个工作岗位（增幅为6%）。

表 12　2012～2013 学年国际留学生对美国经济的净贡献

单位：亿美元

分类	数额
学费和其他教育支出	177.02
生活费用	147.15
来自美国的资助	-88.15
亲属的生活费用	3.93
留学生及其家庭的净贡献	239.95

资料来源：美国国际教育协会《2013 年门户开放报告》。

布鲁金斯学会按美国国际留学生来源城市进行分类统计，发现韩国首尔不仅向美国输出留学生最多，而且这些学生的消费能力超群，在 2008～2012 年赴美留学花费最多的城市名单中排首位。另外，根据表 13 的统计，在前 10 位的城市中，中国有 5 个，分别是北京、上海、台北、香港和南京；印度有 2 个，分别是孟买和海德拉巴；其他两个城市为利雅得和新加坡。

据报道，近些年，美国大学中的国际留学生比例平均维持在3%以上，校方在经济上对国际留学生的依赖性亦不断增大，国际留学生的费用支出也呈上涨趋势。[①] 留学生教育对美国经济、贸易贡献良多，“留学经济”正在成为国际金融危机后美国经济复苏过

① 《华盛顿邮报》2014 年 8 月 29 日。

表 13　2008 ~2012 年美国国际留学生在美花费前 10 名城市

单位：美元

排名	来源城市	花费总额	学费总额	生活费总额	城市收入水平
1	首　　尔	2119192671	1337474314	781718357	中上
2	北　　京	2004075571	1295268804	708806767	中等
3	上　　海	1190042931	776728069	413314862	中等
4	孟　　买	654877275	411991957	242885318	低
5	海德拉巴	645598871	373163268	272435603	低下
6	台　　北	608071548	379706098	228365450	高
7	利 雅 得	517431742	331284455	186147287	中上
8	香　　港	514060428	336187085	177873343	高
9	新 加 坡	381292013	254730015	126561998	极高
10	南　　京	367029987	237297717	129732270	中等

注：统计对象为赴美攻读学士及以上学位的国际留学生。

资料来源：布鲁金斯学会。

程中的新亮点。不仅如此，理工科专业的毕业生留美后又为美国保持在高科技领域的领先地位提供了智力资源。吸引留学生已经成为美国重要的经济增长促进因素和社会发展动力源泉。

（二）2013 年中国留学生赴美国留学情况

1. 中国依然居美国留学生来源国之首，且连续五年保持 20% 以上的增长率

2012 ~2013 学年，中国赴美留学人数达到了 235597 人，占美国国际留学生总数的 28.7%（见表 14），与居第二位的印度拉开了不小的差距。2012 ~2013 学年，印度赴美留学生人数仅为 96754 人，占美国国际留学生总数的 11.8%。因此，中国仍然居美国留学生来源国之首，而且就与印度之间的差距看，这种趋势还会延续一段时间。中国首次成为美国最大的留学生来源国是在 2009 年，

之后连续五年，中国一直保持美国最大留学生来源国的位置。2012～2013学年，美国国际留学生的增长率为9.8%，但如果不将中国留学生纳入计算，增长率仅为2.4%。2007年以后，中国赴美留学生出现了大幅增长，且在2009年达到21.1%的增长率之后就一直没有低于这一水平。

表14　中国留美学生人数

单位：人，%

学年	中国在美国留学的人数	增长率	占美国留学生总数的比例
2002～2003	64757	2.4	11.04
2003～2004	61765	-4.6	10.79
2004～2005	62523	1.2	11.07
2005～2006	62582	0.1	11.08
2006～2007	67723	8.2	11.62
2007～2008	81127	19.8	13.01
2008～2009	98235	21.1	14.63
2009～2010	127628	29.9	18.47
2010～2011	157558	23.5	21.78
2011～2012	194029	23.1	25.38
2012～2013	235597	21.4	28.7

资料来源：美国国际教育协会《2013年门户开放报告》。

2. 居留学主体地位的研究生比例持续下降，本科生、高中生增长趋势明显

在2012年之前，在美国的国际留学生中，研究生层次的留学生人数一直高于本科层次的留学生人数。作为美国最大留学生来源国的中国，研究生和本科生的关系也是如此，研究生一直以来是中国赴美留学生的主体。自2012年开始，中国赴美的研究生层次的留学生虽然仍处于主体地位，但所占比例首次出现了下降。2013年，中国赴美的研究生层次的留学生比例进一步出现了下降，虽然总体人数还占一定优势，但与本科生层次的留学生之间的数量差距缩小，本科生层次的留学生正在以不容忽视的速度增长（见表15）。

表15 中国留美学生的结构层次

单位：%

留学生层次	比例	
	2011～2012学年	2012～2013学年
本科生	38.4	39.8
研究生	45.6	43.9
其　他	16	16.3

资料来源：美国国际教育协会《2013年门户开放报告》。

2012～2013学年，在美国国际留学生中，本科留学生的人数为339993人，增幅为9.9%；研究生留学生人数为311204，增幅为3.6%；而非学历留学生的人数为73528人，增幅为5.7%。① 这是自2011～2012学年起，美国国际留学生中本科生层次的人数连续两年超过研究生层次的人数。这与中国赴美留学生不断增长有一定程度上的一致性，因为中国是美国最大的留学生来源国，其留学生结构的变化会影响美国国际留学生总体结构的变化。

中国赴美留学生结构的变化不只体现在研究生和本科生层次上，近年来中国赴美留学的高中生也呈现了快速增长趋势，从2007年的6541人增加到了2011年的48636人，增长了6.4倍（见图1）。②

① http：//www.iie.org/Who－We－Are/News－and－Events/Press－Center/Press－releases/2013/2013－11－11－Open－Doors－Data.

② CSIET，*F－1 Secondary School Visa Comparison 2007－2011*，http：//www.csiet.org/publications－resources/documents/CopyofF－1SecondarySchoolVisaComparison.

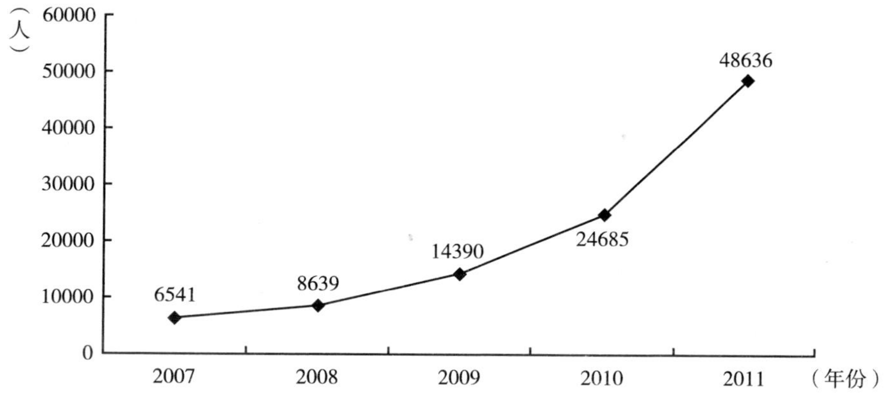

图1　2007～2011 年持 F－1 签证的中国留美高中生数量

资料来源：Student and Exchange Visitors Information System。

从 2009 年起，中国留美高中生的人数呈现了直线上升趋势，并在 2011 年超过韩国，成为美国高中留学生第一大来源国（见表 16）。根据《纽约时报》的报道，2007～2012 年，持 F－1 签证在美国高中留学的人数增长了 10 倍，达 6.5 万人，来自中国和韩国的高中留学生居前两位。2013 年，在美国私立高中留学的中国学生有 23795 人。

表 16　2007～2011 年美国高中留学生的主要来源国

单位：人

国　家	2007 年	2008 年	2009 年	2010 年	2011 年
中　国	122	350	1803	5873	14833
韩　国	1477	2539	4819	7205	11908
墨西哥	900	956	1273	1808	3248
越　南	66	131	300	802	1727
德　国	677	740	818	937	1690

资料来源：CSIET，*F－1 Secondary School Visa Comparison 2007－2011*，http：//www. csiet. org/publications－resources/documents/CopyofF－1SecondarySchoolVisaComparison. pdf。

高中阶段的国际留学生可以提高自己的语言能力和西方文化知识水平。同时，美国本地学生也可以通过留学生学习到多元文化，学校也可以通过招收国际留学生获得更多的资金支持。然而，美国高中里留学生数量的大幅增长也给学校带来了很大的挑战，比如，如何保证每位学生可以接受高质量的教育，如何对这些学生的住宿、学习和生活进行合理监管。① 2014 年 3 月，美国国土安全部发布经“学生和交流访问者计划”（SEVP）认证的最新学校名单，只有进入名单的学校才有资格接收国际留学生，留学生可以根据本人的实际情况，申请适合自己的学校，而不用再担心野鸡大学的困扰。②

（三）留学美国的前景、挑战及留学相关事项

1. STEM 领域将会成为美国高校扩大招收国际留学生的重点专业

STEM 领域一直是国际留学生热衷的专业，从表 17 可以看出，2009 年与 2012 年，美国、英国、澳大利亚和加拿大招收的该领域留学生数量都出现了一定程度的增长。同时，STEM 领域的国际留学生在各国国际留学生中也占很大比重。仅以 2013 年为例，美国 STEM 领域的留学生占国际留学生总数的 37%，英国为 26%，加拿大为 25%，澳大利亚为 21%。③

美国大学有全球人数最多的 STEM 国际留学生，考虑到这些留学生大部分集中在一部分高校中，这就意味着其他研究生院在招收

---

① http://www.alliance-exchange.org/policy-monitor.

② http://studyinthestates.dhs.gov/assets/images/content/Certified_School_List_3-5-14.pdf.

③ *International Student Mobility Trends 2014: The Upward Momentum of STEM Fields*, http://wenr.wes.org/2014/03/international-student-mobility-trends-2014-the-upward-momentum-of-stem-fields/.

表 17　2009 年、2012 年、2013 年 STEM 领域的国际留学生概况

单位：人

年份	美国	英国	澳大利亚	加拿大
2009	237046	102160	60380	29355
2012	278656	113830	69520	39600
2013	300898	111795	69459	46863

资料来源：*International Student Mobility Trends 2014*：*The Upward Momentum of STEM Fields*，http：//www. ice. gov/doclib/sevis/pdf/by – the – numbers. pdf。

STEM 国际留学生方面面临许多困难，不过也同时意味着美国在招收 STEM 国际留学生方面有很大的提升空间。根据对美国和全球的经济环境与劳动力市场的研究发现，2014 年，STEM 领域将会成为美国各大高校扩大招收国际留学生的重点专业，原因主要有以下几点：第一，近年来，留学生祖籍国政府和大学为其提供的奖学金大幅增加，这正是巴西和沙特阿拉伯等国的留美学生大幅增长的主要原因。第二，美国移民政策对 STEM 国际留学生提供优惠政策。例如，对于 STEM 专业的毕业生，将其实习期从原来的 12 个月延长至 29 个月。同时，在正在进行的移民改革中，美国众议院和参议院都同意增加向 STEM 专业毕业生发放工作签证的配额。第三，考虑到全球劳动力市场对 STEM 专业毕业生的大量需求，这一领域的毕业生不管是留在美国还是进入国际劳动力市场，都会有不错的职业前景。

从 STEM 国际留学生的祖籍国来看，STEM 国际留学生主要来自中国、印度、沙特阿拉伯、尼泊尔、马来西亚、尼日利亚和巴西。而从 2010 年和 2013 年的数据比较来看，除了印度和尼泊尔两个国家，其他五个国家在 STEM 领域的留美学生数量均出现了增长。从 STEM 国际留学生在该国留学生的比例来看，排前三位的分别是印度（70%）、尼泊尔（52%）和马来西亚（48%）（见表18）。①

表 18　2010 年、2013 年美国 STEM 国际留学生来源国及数量

单位：人

年份	中国	印度	沙特阿拉伯	尼泊尔	马来西亚	尼日利亚	巴西
2013	92350（39%）	67630（70%）	14480（33%）	4620（52%）	3270（48%）	3260（45%）	2280（21%）
2010	55520	72170	5960	4640	2780	2690	1560

资料来源：*International Student Mobility Trends 2014：The Upward Momentum of STEM Fields*，http：//wenr. wes. org/wp－content/uploads/2014/03/WENR－2014－March－Infor－graphics. png。

2. J－1 项目促进国际留学生交流

J－1 项目是经美国国务院批准的交流项目，主要目的是资助外国交换生就读美国公立中学，提高语言能力，增强对美国文化历史的了解。项目资助对象为 15～18 岁的初中生和高中生，在校学习成绩平均 70 分以上或经过老师的推荐。

由于 J－1 项目受美国联邦政府资助，国际交换生在美国就读时无须支付学费，也无须为接待家庭成员食宿付费，因为这些家庭成员都作为志愿者参与该项目。中国学生在美国学习一年，只需为此支付 11 万元左右的项目费用。这甚至比在国内就读国际学校的费用还要低。由于美国的法律制度规定，美国公立高中只允许接受短期的交换学生，国际留学生无法在公立高中获得高中毕业证。考虑到每年的 J－1 签证学生总量有限，美国公立高中的国际留学生

① *International Student Mobility Trends 2014：The Upward Momentum of STEM Fields*，http：//wenr. wes. org/2014/03/international－student－mobility－trends－2014－the－upward－momentum－of－stem－fields/.

比例较低，而中国留学生的比例更低。这就为中国留学生创造了一个纯粹的国外学习、生活环境，不会出现中国学生扎堆的情况，有利于其文化融入和英语思维及语言水平的提升。

接近40%的美国高中要求学生有美国中学入学考试（SSAT）成绩，同时申请材料还包括父母或监护人调查问卷、学生调查问卷、教师推荐信、近两年的学习成绩单、TOFEL/SLEP成绩。美国交流计划监管机构的数据显示，2012～2013学年美国共接收了29698名国际交换生，同时其到海外进行交换的国际留学生为1165人。国际交换生来源国的前五位分别是德国、中国、巴西、韩国和意大利（见表19）。与之相比，美国派向海外的交换生较少，且主要是集中在欧洲传统的发达国家，排前四位的分别是德国、法国、意大利和日本（见表20）。①

表19　2012～2013学年通过有资质的中间机构办理到美国高中交流的留学生数量排前10位的国家

单位：人，%

排名	国　家	学生人数	比例
1	德　国	6573	22
2	中　国	4176	14
3	巴　西	1708	6
4	韩　国	1542	5
5	意大利	1418	5
6	西班牙	1376	5
7	挪　威	1193	4
8	泰　国	1156	4
9	丹　麦	913	3
10	日　本	803	3

资料来源：CSIET, *International Youth Exchange Statistics*, http://www.csiet.org/publications-resources/documents/CSIETStatsReport2012-13-FINAL.pdf。

① http://www.csiet.org/publications-resources/documents/CSIETStatsReport2012-13-FINAL.pdf.

表 20　2012～2013 学年美国派往海外高中交流的学生数量排前 10 位的国家

单位：人，%

排名	国　家	学生人数	比例
1	德　国	276	23.7
2	法　国	107	9.2
3	意大利	99	8.5
4	日　本	79	6.8
5	西班牙	66	5.7
6	哥斯达黎加	39	3.3
7	中　国	36	3.1
8	巴　西	33	2.8
9	比利时	25	2.1
10	奥地利	23	2.0

资料来源：CSIET，*International Youth Exchange Statistics*，http：//www.csiet.org/publications－resources/documents/CSIETStatsReport2012－13－FINAL.pdf。

3. 美国 2013 届毕业生的平均薪酬较上一年度微涨

留学本身是双赢的，它在促进接收国经济发展的同时，满足了留学生的诉求。全美大学与雇主协会（National Association of Colleges and Employers，NACE）2013 年 9 月的调查报告显示：美国 2013 届毕业生的平均薪酬为 45327 美元，高于 2012 年的 44259 美元，增幅为 2.4%。其中，商业类专业的毕业生薪酬增长幅度最大，达 55635 美元，增长 7.9%；计算机科学专业的毕业生起薪虽有所下降，但也还是相当可观，为 58547 美元（见表 21）。

美国权威工资收入调研机构 Pay Scale 公布的《2013～2014 年美国大学毕业生薪酬排名》显示：起薪最高的专业为石油工程专业，为 10.3 万美元，其他进入收入前十位的专业分别是：精算数学、核工程学、化学工程、航天工程、电子工程、计算机工程、计算机科学、物理学和机械工程（见表 22）。

表 21 美国 2012～2013 年不同专业毕业生薪酬

单位：美元，%

专业分类	2013 年平均薪酬	2012 年平均薪酬	增长率
商业	55635	51541	7.9
通信	43835	42286	3.7
计算机科学	58547	60038	-2.5
教育	40337	39080	3.2
工程	62062	60639	2.3
人文和社会科学	37791	36824	2.6
数学	42731	42335	0.9
总体平均	45327	44259	2.4

资料来源：《全美大学与雇主协会调查报告 2013》。

表 22 美国大学毕业生起薪排 10 位的专业

单位：美元

排名	专业	入职薪酬	职业中期薪酬
1	石油工程	103000	160000
2	精算数学	58700	120000
3	核工程学	67600	117000
4	化学工程	68200	115000
5	航天工程	62800	109000
6	电子工程	64300	106000
6	计算机工程	65300	106000
8	计算机科学	59800	102000
9	物理学	53100	101000
10	机械工程	60900	99700

资料来源：Pay Scale《2013～2014 年美国大学毕业生薪酬排名》。

4. 工作签证数量调整的滞后加剧了国际留学生留美难度

布鲁金斯学会的报告显示，与 2000 年相比，2012 年美国大学中的留学生人数增长了 49%，而新增的留学生中有 60% 来自中国，

23%来自印度。[①] 美国教育统计中心的数据显示，美国本科生和研究生中外国留学生的比例在近期也出现了增长。2012 年，国际留学生占美国在校本科生的 2.5%，这一比例在 2007 年为 2.15%；国际留学生占美国研究生总数的 11.4%，这一比例在 2007 年为 11%。2007 年，美国政府在 6.5 万份工作签证的上限基础上，推出了 2 万份专门面向外国留学毕业生的工作签证。而在这之后，国际留学生在毕业后可以获得的工作签证数量没有随着其人数的增长而进行调整。

布鲁金斯学会的报告还显示，2010 年，有 342968 名国际留学生到美国大学攻读学士、硕士和博士学位。而在同一年，美国政府签发的 76627 份 H－1B 签证中仅有 26502 份颁发给了外国留学生毕业生。[②]

2013 年，美国国际留学生数量达 250920 人，比 2007 年增长了近 1.6 倍，[③] 但面向国际留学生的工作签证数量并没有随之增加，这增加了国际留学生毕业后留在美国的难度。

（四）美国学生来华留学及交流

美国国际教育协会《2013 年门户开放报告》显示，2011～2012 学年，在海外留学的美国学生人数达 283332 人，比 2010～2011 学年增长了 3.4%，他们主要选择到拉丁美洲和中国留学。2011～2012 学年美国留学海外的学生数约是 1994～1995 学年（71000 人）的 4 倍。[④] 从美国海外留学生的目的国来看，主要集中

---

① http：//fortune.com/2014/02/20/for－foreign－grads－some－hope－for－employment－in－the－u－s/.

② http：//fortune.com/2014/02/20/for－foreign－grads－some－hope－for－employment－in－the－u－s/.

③ 美国国际教育协会：《2013 年门户开放报告》。

④ http：//www.iie.org/Who－We－Are/News－and－Events/Press－Center/Press－releases/2013/2013－11－11－Open－Doors－Data.

在西欧等发达国家，前5位中有4个为欧洲国家。中国凭借其经济的活跃发展以及文化的精深奥妙跻身第五位。与2010～2011学年相比，2011～2012学年美国留学中国的学生人数增长了2.0%，增长率在排前5位的国家中居第二（见表23）。

表23　美国留学生留学主要目的国

单位：人，%

排名	目的国	2010～2011学年	2011～2012学年	增长率
1	英　国	33182	34660	4.5
2	意大利	30361	29645	-2.4
3	西班牙	25965	26480	2.0
4	法　国	17019	17168	0.9
5	中　国	14596	14887	2.0
6	德　国	9018	9370	3.9
7	澳大利亚	9736	9324	-4.2
8	哥斯达黎加	7230	7900	9.3
9	爱尔兰	7007	7640	9.0
10	日　本	4134	5283	27.8
11	阿根廷	4589	4763	3.8
12	印　度	4345	4593	5.7
13	南　非	4337	4540	4.7
14	巴　西	3485	4060	16.5
15	墨西哥	4167	3815	-8.4

资料来源：美国国际教育协会《2013年门户开放报告》。

从美国海外留学生在各地区的分布情况来看，2011～2012学年亚洲在各地区中排名第三，吸引了35016名美国海外留学生，占总数的12.4%（见表24）。而在所有来亚洲留学的美国留学生中，有超过2/5选择了到中国留学。由此可见，在亚洲各国中，中国在吸引美国海外留学生方面具有相当大的优势。

表 24　美国海外留学生在各地区的分布情况

单位：人，%

地区	2010～2011 学年	2011～2012 学年	2011～2012 学年占比	2011～2012 学年的增长率
撒哈拉以南的非洲	11878	12859	4.5	8.3
亚洲	32081	35016	12.4	9.1
欧洲	149663	151143	53.3	1.0
大洋洲	13156	12755	4.5	-3.0
中东和北非	7206	6947	2.5	-3.6
拉丁美洲与加勒比地区	40000	44677	15.8	11.7
北美洲	1426	1639	0.6	14.9
南美洲	37	42	0.0	13.5
跨地区留学	18549	18254	6.4	-1.6

资料来源：美国国际教育协会《2013 年门户开放报告》。

为了促使美国海外留学生选择到中国留学，美国和中国都做出了许多努力。2009 年，美国总统奥巴马访华期间提出“十万强计划”，希望在四年内实现 10 万名美国学生到中国留学，平均来说即每年 25000 名。“十万强计划”虽由美国政府发起，但成立了基金会，资金主要来源于企业、民间机构以及慈善家，而非联邦预算。2012 年，美国福特基金会拿出 100 万美元作为基金会的启动资金，2013 年，美国知名华裔企业家李邦琴出资 100 万美元支持该基金会运作。截至 2012 年 5 月，“十万强计划”已收到 1500 万美元的捐款承诺。在民间捐款名单里，微软、摩托罗拉和希尔顿国际酒店均列其中。同时，中国政府向 2 万名美国留学生提供政府奖学金：其中 1 万名的奖学金由孔子学院实施，另外 1 万名的奖学金由中国教育部实施。

二　2013 年中国学生赴加拿大留学现状

（一）2013 年加拿大吸收世界留学生情况

1. 赴加留学生再创新高，超半数留学生选择在大学就读

加拿大是世界全民教育水平较高的国家之一，有世界一流的教育。2011 年，加拿大接受高等教育的人口比例达到 55%，远高于 CECD 32% 的平均水平，成为 CECD 中高等教育比例最高的国家。① 加拿大优秀的高等教育水平是吸引国际留学生的重要原因之一。2013 年，加拿大接纳的国际留学生总人数达到了 265377 人，保持了增长趋势（见图 2）。

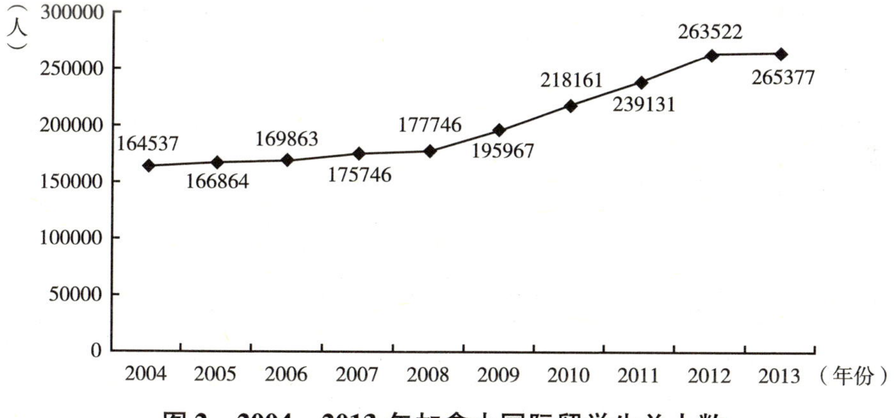

图 2　2004～2013 年加拿大国际留学生总人数

资料来源：加拿大统计局。

加拿大高等教育的水平从国际留学生的学历层次中可窥见一斑。在加拿大的国际留学生中，55% 的人就读于大学，26% 的人选

① Canadian Techers' Federation, *Highlights from Education at a Glance* 2013: *OECD Indicators*, http://www.ctf-fce.ca/Research-Library/EducGlance2013CTFSummaryWEB.pdf.

择就读于职业学校或其他大专院校，15%的人选择就读于高中、初中和小学。

2. 近七成加拿大国际留学生选择到安大略省、不列颠哥伦比亚省、魁北克省留学

从国际留学生在加拿大各省份的分布情况来看，2012年，在265377名国际留学生中，有约18万人（占68%）选择到安大略省、不列颠哥伦比亚省、魁北克省三地留学（见图3）。也就是说，每10名国际留学生中有近7名会选择在上述三个省份留学。这三个省的在校大学生（本地学生和国际留学生）占加拿大大学生总数的82%，其中安大略省为42%，魁北克省为26%，不列颠哥伦比亚省为14%。[①]

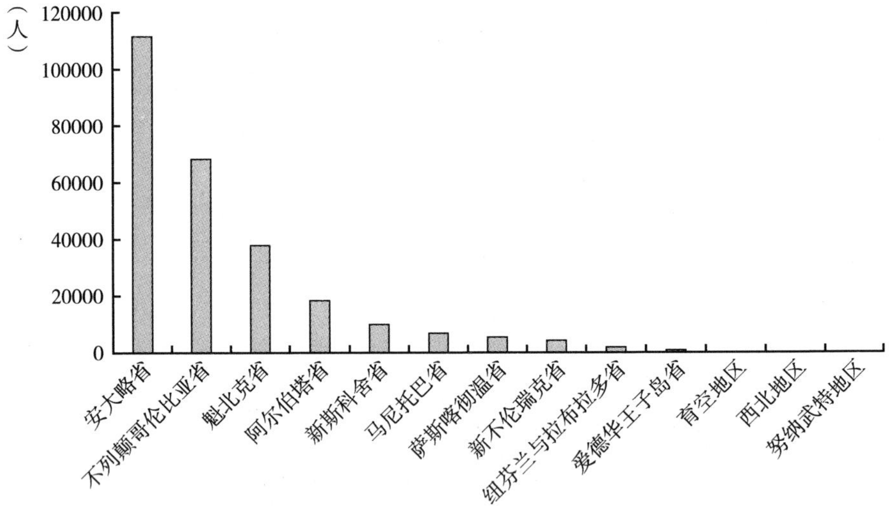

图3 2012年加拿大各省份留学生人数

资料来源：Canadian Bureau for International Education，http：//www.cbie.ca/about－ie/facts－and－figures/。

① Canadian Bureau for International Education，http：//www.cbie.ca/about－ie/facts－and－figures/.

3. 2014 年加拿大国际留学生的学费普遍看涨

加拿大地域广阔，区域差异性较大，因此，各省份学生的学费也存在差异。总体来看，2013 年加拿大本科生的学费增长了 3.3%，从 2012 年的 5586 加元增长到了 2013 年的 5772 加元；研究生的学费增长了 2.3%，从 2012 年的 5916 加元增长到了 2013 年的 6053 加元。

国际留学生的学费普遍高于加拿大本地学生的学费。2013 年，加拿大国际留学生的本科生学费增幅为 6.8%，平均学费达 19514 加元。其中，纽芬兰与拉布拉多省和阿尔伯塔省的国际留学生学费没有增长。对在其他省份留学的国际留学生而言，本科生的学费增幅从阿尔伯塔省的 1.4% 到安大略省的 10.1% 不等，加拿大全日制留学研究生的学费在 2013 年的增幅为 3.6%，平均学费为 13628 加元。在其他省份，研究生的学费增幅从马尼托巴省的 1.6% 到萨斯喀彻温省的 6.7% 不等。①

4. 国际留学生给加拿大带来的经济利益

加拿大国际教育局（Canadian Bureau for International Education，CBIE）研究显示，2012 年，加拿大的国际留学生数量（265377 人）与 2001 年（136477 人）相比增长了 94%，成为国际留学生的第七大留学目的国。同时，国际留学生人数占到加拿大大学在校总人数的 6.5%，每年为加拿大带来 80 亿加元的经济收入。2009 年，国际留学生为加拿大新增了 8.3 万个工作岗位，同时为政府创造了超过 2.91 亿加元的财政收入。②

2013 年，本科留学生每年的学费为 1.95 万加元，而本国学生的学费只为 5700 加元。加拿大政府预测，扩大留学生的规模，将

① 加拿大统计局，http://www.statcan.gc.ca/daily-quotidien/130912/dq130912b-eng.htm。

② University World News，http://www.universityworldnews.com/article.php?story=20140118132700533.

会新增8.6万个就业岗位，同时每年为加拿大经济带来100亿加元的收入。[①] 因此，加拿大政府将会在学生签证更新和寻找校外工作方面为国际留学生提供更多的便捷。

（二）2013年中国学生赴加拿大留学现状

1. 中国仍是加拿大最大留学生来源国，且优势明显

加拿大的国际留学生来自173个国家和地区，其中来自中国（30.4%）、印度（10.9%）、韩国（7.9%）、沙特阿拉伯（5.4%）和美国（4.6%）的留学生人数已经接近其国际留学生总数的60%（见表25）。[②] 根据加拿大国际教育局发布的数据，2013年，加拿大的国际留学生中有约1/3来自中国，中国连续五年成为加拿大最大的留学生来源国。与2006年相比，2013年到加拿大的中国留学生人数增长了2.25倍。

表25　2012年加拿大国际留学生的主要来源国

单位：人，%

国　家	国际留学生数量	占国际留学生总数的比例
中　国	80267	30.4
印　度	28926	10.9
韩　国	19067	7.9
沙特阿拉伯	14195	5.4
美　国	12128	4.6

资料来源：加拿大国际教育局。

① 加拿大《国家邮报》，http://news.nationalpost.com/2014/01/15/conservatives-20-million-push-for-more-foreign-students-to-target-china-india-mexico-middle-east/。

② http://www.cbie-bcei.ca/about-ie/facts-and-figures/.

2. 加拿大研究生奖学金

为吸引全球顶尖的研究生到加拿大留学，美国政府、大学、研究所和其他机构为国际留学生提供了大量的奖学金，其中较为重要的10项奖学金如表26所示。[①]

表26　加拿大国际留学生奖学金项目（部分）

序号	项目名称	项目内容
1	中加学者交换项目(Canada-China Scholars' Exchange Program)	该项目主要是促进中国学者对加拿大的认识,交换学者可以在加拿大进行为期4个月或者12个月的科研活动,参加该项目的学者不属于加拿大高校的正式注册学生。中加学者交换项目由中国国家留学基金管理委员会和加拿大驻中国大使馆共同管理,项目主要侧重于公共政策分析和公共管理、商业管理、经济/金融/银行、环境保护、法律、教育、公共卫生政策与管理等领域
2	中加诺尔曼·白求恩卫生研究奖学金项目(Canada-China Norman Bethune Health Research Scholarships Program)	该项目由加拿大卫生研究院(Canadian Institutes of Health Research)和中国国家留学基金管理委员会共同监理。每年会从中国选取不超过30位优秀博士研究生到加拿大高校或研究所攻读博士学位。项目为每位留学生提供4~5年的奖学金,每年至少提供17850加元的奖学金。目前,该项目在加拿大全国设立了90个培训中心,每个培训中心都为留学生提供导师团队,共同指导留学生的研究项目
3	中国教育部、加拿大农业和农业食品部推出的博士联合培训项目	该项目为20名中国博士生提供为期1~2年的到加拿大农业和农业食品部下属研究中心学习的机会。项目由中国政府为留学生提供奖学金,而加拿大方面则为学生提供师资和实验设备
4	加拿大班廷博士后奖学金项目(Banting Postdoctoral Fellowships Program)	该项目的资助时间为2年,每年税前的资助额度为7万加元,名额为70人,对象是已经获得博士学位的加拿大和外国的一流学者。该项目由加拿大工业部负责,主要涵盖社会科学、人类学、自然科学、工程学、健康学和领导技能领域

① http://www.canadainternational.gc.ca/china-chine/study-etudie/Scholarships2010.aspx.

续表

序号	项目名称	项目内容
5	加拿大凡尼尔奖学金项目(Vanier Doctoral Scholarship)	该项目主要吸引全球一流的研究型人才从事研究项目。项目每年为500名加拿大和其他国家的博士研究生提供奖学金,每年金额为5万加元,最长的项目时间为3年,主要涵盖社会科学、人类学、自然科学、工程学、健康学和领导技能领域
6	加拿大工业研究奖学金项目	该项目主要资助包括加拿大本国在内的全球一流研究生人才到加拿大从事工业领域的研究,推动加拿大的科技创新。项目涵盖自然科学和工程学领域,由加拿大自然科学和工程研究委员会管理
7	加拿大政府实验室访问学者项目(Visiting Fellowships in Canadian Government Laboratories)	该项目为全球优秀的年轻科学家和工程师提供与加拿大政府实验室和研究所中的研究团队一起进行科学研究的机会。项目为期1年,但可根据加拿大政府的申请而延长至2年或3年。项目申请者不限国籍,但必须是在最近5年内取得加拿大官方认可大学的博士学位者。项目涵盖的领域为农业与农业食品、生态保护、食品检查、空间技术、环境保护、渔业与海洋、卫生保健、工业、国防、自然资源、园林、公共事业与政府服务,由加拿大自然科学和工程研究委员会管理
8	国际发展研究中心奖学金(International Development Research Centre Awards)	该项目主要面向发展中国家的硕士、博士和博士后,它包含5个子项目,分别为:宾利农业访问学者项目(Bentley Cropping Systems Fellowship)、测评研究奖学金(Evaluation Research Awards)、国际发展研究中心实习生奖学金(IDRC Internship Awards)、生态城市研究和设计研究生奖学金(Ecopolis Graduate Research and Design Awards)和生态系统健康研究生奖学金(Ecosystem Approaches to Human Health)。项目涵盖的领域为环境和自然资源管理、信息和通信技术、创新、科技政策和社会经济等,申请者可以是加拿大和发展中国家的学生,由国际发展研究中心负责管理

续表

序号	项目名称	项目内容
9	安大略省延龄草奖学金(Trillium Scholarships)	该奖学金设立于2010年,目的是帮助世界各地最好的博士生留学加拿大安大略省。该奖学金每年为75名国际留学生提供到安大略省留学的机会,每人的额度为4万加元,最长期限为4年
10	阿尔伯塔省中国博士留学生奖学金(Alberta Doctoral Award for Chine se Students,ADACS)	该奖学金主要支持中国学生到阿尔伯特省的研究型大学攻读博士学位,主要涵盖信息技术、纳米技术、基因技术、蛋白质组学、代谢组学、转录组学或细胞机理学,以及与这些专业有关的健康学、生物产业、能源和环境等领域。奖学金为期3年,每年额度为2800加元,并有额外的研究经费作为补充。获得奖学金的中国博士生可以选择在阿尔伯塔大学、卡尔加里大学和莱斯布里奇大学就读

资料来源：CCG根据公开资料整理。

三　美国、加拿大留学新政

（一）美国留学新政

2014年，美国参议院移民改革法案出台了一系列针对高科技人才移民的优惠政策。法案指出，移民政策应向理工科人才和在美投资创业者倾斜，对于在合乎资质要求的美国大学取得科学、技术、工程、数学（STEM）硕士或博士学位的外国人才，只要找到工作，政府可以加快其绿卡办理的进程。

2014年10月APEC会议期间，国家主席习近平与美国总统奥巴马进行了长时间的交流，取得了一些成果，中美双方同意延长留学签证的有效期。

（二）加拿大留学新政

1. 建立创业区鼓励学生创业

2010年4月，加拿大瑞尔森大学创建了数字媒体实验区（Ryerson Digital Media Zone，DMZ）。到2014年初，DMZ已经支持了100多家初创公司，创造了1000多个工作岗位。仅2013年，DMZ就筹集了2500万加元的创业基金。DMZ基本上是由在校大学生、研究生团队组成，营造了独特的教育与创业环境，成功地将体验式学习和商业运作成功地结合在了一起。

2014年2月，瑞尔森大学联合孟买证券交易研究院（BSE Institute Ltd.）、瑞尔森Future公司和西蒙弗雷泽大学共同创建了孟买孵化器（BIL－Ryerson DMZ），其目的是在借鉴数字媒体实验区的成功经验基础上，帮助印度本地的创业者快速创业，推动创业者、创业导师、消费者和投资者建立良好的合作关系。在孵化器中的创业者不但可以学习到世界一流的最新创业动态，而且可以接受专门的职业发展培训，同时，可以使自己企业生产的产品更快地进入印度和加拿大市场。[①]

2. 发布国际教育战略，在资金、签证方面为国际留学生提供便利

2014年1月15日，加拿大国际贸易部部长埃德·法斯特公布了《国际教育战略》，该计划主要是为了巩固加拿大的教育优势，在创造就业的同时刺激经济增长。根据该计划，加拿大政府为了更进一步吸引留学生，每年投入500万加元吸引来自巴西、中国、印度、墨西哥、中东和北非、越南的海外学生和海外研究人员，计划到2022年实现海外留学生数量翻一番，达到45万人。届时，留学生将为加拿大新增至少8.6万个工作岗位，并使与国际教育相关的

① 加拿大教育部，http：//educationau－incanada.ca/educationau－incanada/news－nouvelles/2014/2014－02－28.aspx？lang＝eng。

工作岗位增加到17.3万个，使海外留学生在加拿大的消费支出增加到161亿加元，进而使留学生教育每年对加拿大经济产生100亿加元的效益，并产生9.1亿加元的税收。

另外，加拿大政府在未来两年会增拨1300万加元，支持加拿大信息技术与综合系统数学组织（Mitacs）名下的“全球联通”项目，促进加拿大同巴西、中国、印度、墨西哥、土耳其和越南等国间的留学生交流。

在奖学金方面，2013～2014年，加拿大联邦政府提供的奖学金超过1300万加元，加拿大外交、贸易和发展部为来自拉丁美洲、美国、中国和法语地区的留学生提供了200个奖学金名额。另外，2012年加拿大为博士和博士后（包括加拿大本地人员）提供的奖学金（如加拿大凡尼尔研究生奖学金和班廷博士后奖学金）总额超过1000万加元。

《国际教育战略》显示，加拿大的国际留学生增长速度高于其他国家，2007～2012年，加拿大的国际留学生数量每年增速都不低于8%。中国作为加拿大最大的留学生来源国，2012年留学生总数达80267人，占生源总数的30.4%，其中当年新增中国留学生25342人，占其当年新增国际留学生总人数的24.2%。[①]

另外，自2014年2月6日起，申请去加拿大的多次往返签证费用减少：多次往返临时居民访问签证费将从150加元减至100加元。单次往返签证收费标准将被取消，申请人会被默认为申请多次往返签证。符合条件的访问者持多次往返签证可在加拿大每次最多停留6个月，最长10年内无须每次重新申请。同时，为了缩短家庭类移民签证申请的等待时间，加拿大在2014年新增20000名父

① 王辉耀、苗绿：《中国留学发展报告（2013）No.2》，社会科学文献出版社，2013，第98页。

母和祖父母移民签证（PGP Program）。预计到 2015 年加拿大将会有 250000 人等待祖父母和父母类的移民签证申请，并且他们的等待时间为 15 年。在加拿大政府采取了上述积极举措之后，他们的等待时间将缩短为 5 年。

3. 出台新的留学政策，宽松化国际留学生的工作、生活环境

2014 年 2 月 12 日，加拿大发布了 8 项新的留学政策，这些政策从 2014 年 6 月 1 日开始实施，会对加拿大的国际留学生群体产生深远的影响（见表 27）。

表 27　加拿大自 2014 年 6 月 1 日起实施的 8 项留学政策与原政策对比

序号	新政策	原政策
1	国际留学生必须在加拿大学校注册后，才能开始和继续其在加拿大的留学生活，否则将面临加拿大政府的驱逐。该项规定使留学生必须每个学期到学校进行注册和学习，从而防止留学生在加拿大从事学习以外的活动	申请学生签证时只需要表明其在加拿大的求学意愿
2	学生签证只颁发给那些获得有国际留学生招收资格的教育机构录取通知书的留学申请人	学生签证可以发放给那些在加拿大教育机构学习的海外学生
3	留学生在校外工作，需要申请校外工作签证	留学生在可以颁发学位、证书或文凭的正规教育机构中学习或培训满 6 个月后，可以自动获得每周在校外打工（20 小时以内）的许可，无须另外申请工作签证
4	在学校课程中有实习部分的情况下，只有高中生或指定机构的学生才可以申请 CO－OP 实习工作签证	只要是学校课程中有实习要求，任何学生都可以申请 CO－OP 实习工作签证。CO－OP 项目是加拿大大学中的带薪实习项目，学生通过该项目可以获得最高近 10 万元人民币的收入，并且在与校方合作的优秀企业中积累工作经验

续表

序号	新政策	原政策
5	处于学前、小学或中学阶段的游客，以及指定院校的学术交流学者、访问学生或者完成该校入学规定课程和项目的学生，都可以在加拿大境内申请学生签证	游客不允许在加拿大申请学生签证
6	国际留学生在学业完成后，其学生签证会在90天后自动失效，这样签证持有者需要离开加拿大（除非其获得工作签证或其他来自加拿大联邦政府的官方许可）	留学生在完成学业后，可以在加拿大留居到其学生签证到期
7	优秀的国际留学生毕业后，可以从事全职工作直到其获得毕业工作签证	完成学业的留学生，在其获得毕业工作签证之前，不能从事全职工作
8	拥有外国国籍的注册印第安人，有权进入加拿大，无须申请学生签证在加拿大学习	没有在这方面做出明确规定

资料来源：CCG根据公开资料整理。

上述新公布的留学政策一方面加强了对留学签证的审批；另一方面放松了对优秀留学生在打工和工作方面的限制，为其今后留在加拿大工作和生活提供了便利，有利于鼓励更多优秀国际人才通过留学途径进入加拿大，并留在加拿大。[①]

4. 实施海外留学生倍增计划，吸引国际留学生

出于振兴经济的考虑，加拿大出台了一项海外留学生倍增计划，鼓励国内大学接纳海外留学生和研究人员。加拿大政府每年会拿出500万加元的经费，确保该计划的实施，这笔经费主要用于向六大主要国际留学生来源地介绍加拿大的学校。该计划的实施将会

① http：//www.cic.gc.ca/english/department/media/notices/2014－02－12.asp.

极大地推动加拿大吸引国际留学生，预计到 2020 年，加拿大国内大学每年接纳国际留学生和研究人员的规模将达 45 万人。在大力吸引国际留学生的同时，加拿大也不忘推动本国学生出国留学。为了鼓励更多的加拿大学生留学海外，到 2020 年，加拿大政府每年将为本国海外留学生提供 5 万个奖学金名额。

B.6

欧洲热门留学国家的留学现状

摘　要：

英国、法国、德国、意大利、俄罗斯是欧洲的主要大国，也是备受国际留学生青睐的留学目的地。这些国家都具有先进的教育体系、便捷高效的留学签证政策、底蕴深厚的学术环境，这些因素吸引了众多的中国学生赴欧留学。

关键词：

留学欧洲　留学英国　留学法国　留学德国　留学意大利　留学俄罗斯

一　中国学生赴英国留学现状

英国高等教育国际部（UK Higher Education International Unit）2013 年度报告显示，英国是世界第二热门的留学国家，全球约有 13% 的留学生选择赴英就读，英国高等教育体系中的学生有 16.8% 为国际留学生。与此同时，英国也是世界第二受博士研究生欢迎的国家。[①] 英国在各个专业领域都有多所国际领先的大学，具备仅次于美国的高等教育实力，对留学生而言有莫大的吸引力。近

① 英国高等教育国际部，*International Higher Education in Facts and Figures*，Autumn，2013。

几年，英国在政策与学费额度方面的调整，使得赴英留学生人数出现了一定的波动，但中国赴英留学生人数一直保持增长趋势，中国是英国国际留学生的主要来源国。

（一）英国留学概况

1. 英国国际留学生总数呈现上涨趋势，本科生人数涨势迅猛

从英国内政部（Home Office）发布的数据来看，2013 年英国政府签发的留学签证数为 296437 份，相较于 2012 年的 278100 份增长了 6.59%。由图 1 可见，在 2008 ~ 2009 年出现跳跃性增长后，赴英留学签证数开始呈现总体减少的趋势。受 2012 年 4 月英国政府工作签证政策调整的影响，2011 ~ 2012 年降幅最大，而 2013 年赴英留学签证数出现了小幅回升。

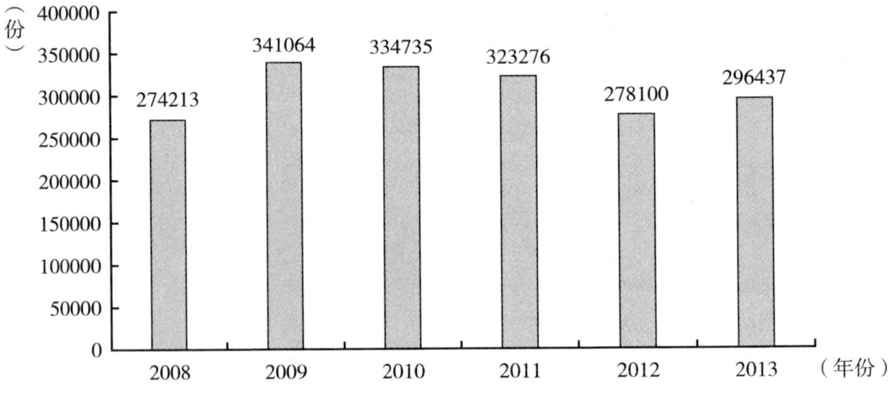

图 1　2008 ~ 2013 年英国签发留学签证数

资料来源：英国内政部，*Immigration Statistics Quarterly Release*，updated 27 Nov.，2013。

根据英国国际学生事务委员会（UK Council for International Student Affairs，UKCISA）公布的数据，2013 年，英国留学生总数达 42.5 万人，与上年度相比下降了 2%。其中，有近 30% 为欧盟

（除英国）学生（125290 人），绝大多数留学生为非欧盟学生。在所有非英籍学生中，本科学生居多，占留学生总数的47.95%（见表1）。

表1　2013 年在英国接受高等教育的非英籍学生数

单位：人，%

学位/居住地类型	全日制	非全日制	合计	占比
在英国接受高等教育的欧盟(除英国)学生				
研究型研究生	10780	2995	13775	10.99
授课型研究生	21820	6235	28055	22.39
其他研究生	1700	2305	4005	3.20
本科学生	70205	2845	73050	58.30
其他本科学生	1555	4850	6405	5.11
欧盟(除英国)学生总数	106060	19230	125290	100
在英国接受高等教育的非欧盟学生				
研究型研究生	27695	3240	30935	10.31
授课型研究生	105160	11150	116310	38.77
其他研究生	2355	3440	5795	1.93
本科学生	125550	4850	130880	43.63
其他本科学生	7475	8595	16070	5.36
非欧盟学生总数	268245	31725	299970	100
所有非英籍学生				
研究型研究生	38480	6235	44710	10.51
授课型研究生	126980	17380	144360	33.95
其他研究生	4060	5730	9970	2.34
本科学生	195755	8170	203925	47.95
其他本科学生	9035	13440	22475	5.28
所有非英籍学生	374310	50955	425265	100

资料来源：英国国际学生事务委员会，http：//www. ukcisa. org. uk/Info – for – universities – colleges – – schools/Policy – research – – statistics/Research – – statistics/International – students – in – UK – HE/#。

从各个学位类别下录取非欧盟留学生人数来看，就读授课型研究生课程的留学生人数在 2010 ~ 2011 学年出现拐点，本科留学生人数仍呈持续上升趋势，而就读研究型研究生课程的留学生人数无明显变化，2011 ~ 2012 学年研究型研究生较上一年度有微幅增长（见图 2）。

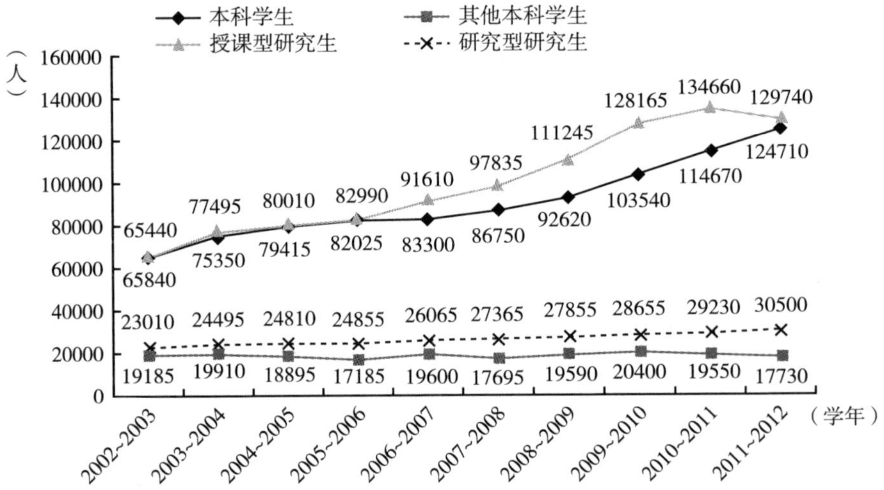

图 2　2002 ~ 2003 学年至 2011 ~ 2012 学年非欧盟学生入学趋势

资料来源：英国高等教育国际部，*International Higher Education in Facts and Figures*。

2. 工商管理专业在英国国际留学生的专业选择中占压倒性优势

英国国际学生事务委员会于 2014 年 3 月更新的数据显示，2011 ~ 2012 学年，工商管理与工程技术最受赴英留学生欢迎，亦是所有专业中留学生选择居前两位的专业（见表 2）。从留学生所占比例来看，2011 ~ 2012 学年，就读工商管理专业的留学生约为 13 万人，占工商管理专业学生总数的 36%；而在工程技术专业中 32% 为留学生，约有 5 万人。除工商管理与工程技术专业外，计算机科学，法学，建筑学、建设与规划专业的留学生占比也较高，皆在20%及以上。

表2　2011~2012学年英国留学生专业分布

单位：人，%

学科	留学生人数	留学生比例
工商管理	130505	36
工程技术	51775	32
社会学	38790	17
创意艺术与设计	25250	14
语言学	23270	17
医学相关学科	23035	8
计算机科学	21300	22
法学	20810	22
生物科学	19570	10
物理	13025	14
教育学	11725	6
建筑学、建设与规划	11415	20
医学与牙科	10605	16
大众传播与文档	10400	19
历史与哲学研究	9250	9
数学科学	8160	19
复合学科	2890	3
农业及相关学科	2415	11
兽医	1025	18
合　计	435235	17

资料来源：英国国际学生事务委员会，http：//www. ukcisa. org. uk/Info - for - universities - colleges - - schools/Policy - research - - statistics/Research - - statistics/International - students - in - UK - HE/#International - student - numbers - by - subject - area - 2011 - 12。

3. 中国仍是英国最大留学生来源国，但增长速度放缓

截至2012年的统计数据显示，中国留学生人数在赴英留学生总数中仍占多数。英国国际学生事务委员会2011～2012学年的统计数据（见表3、图3）显示：2011～2012学年，中国内地在英留学生总数达7.87万人，在非欧盟国家和地区中排名第一，远超位列第二的印度（2.99万人）以及在欧盟内排名第一的德国（1.60万人）。从类别上看，无论是就读本科、授课型研究生还是研究型研究生课程的留学生，来自中国的留学生人数都是最多的，并且与其他生源国和地区保持了明显的差距。在英留学本科生人数尤为突出，比排第二位的印度多出将近3万人。相较之下，在研究型研究生人数上，中国留学生与其他国家留学生无较大的人数差距。

表3　在英留学生人数排前10位的欧盟及非欧盟国家和地区

单位：人

在英留学生人数排前10位的欧盟国家和地区				在英留学生人数排前10位的非欧盟国家和地区			
排名	国家和地区	2011～2012学年	2010～2011学年	排名	国家和地区	2011～2012学年	2010～2011学年
1	德　国	15985	16265	1	中国内地	78715	67325
2	爱尔兰	15075	16855	2	印　度	29900	39090
3	法　国	12835	13325	3	尼日利亚	17620	17585
4	希　腊	11790	11630	4	美　国	16335	15555
5	塞浦路斯	11620	11320	5	马来西亚	14545	13900
6	波　兰	6295	7330	6	中国香港	11335	10440
7	意大利	8010	7100	7	沙特阿拉伯	9860	10270
8	西班牙	5935	5795	8	巴基斯坦	8820	10185
9	罗马尼亚	5915	4625	9	泰　国	6235	5945
10	保加利亚	5705	4615	10	加拿大	6115	5905

资料来源：英国国际学生事务委员会，http：//www.ukcisa.org.uk/Info－for－universities－colleges－－schools/Policy－research－－statistics/Research－－statistics/International－students－in－UK－HE/#International－student－numbers－by－subject－area－2011－12。

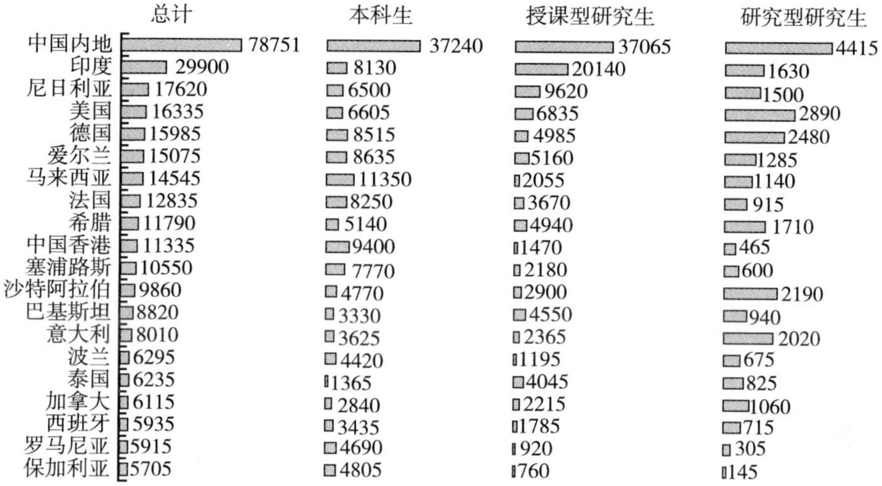

图3　2011～2012 学年排前 20 位的在英留学生输出国和地区

资料来源：英国高等教育国际部，*InternationalHigher Education in Facts and Figures*。

从英国内政部公布的统计数据来看，中国赴英留学生数量仍然保持增长趋势。截至 2013 年，来自中国的入境留学许可签证申请累计有 38.9 万份，最终发放 37.4 万份（见图4）。其中，2013 年，英国向中国颁发的入境留学许可签证超过 6.2 万份，与 2012 年相比增长了 9%；此外，在短期学习方面，英国还向中国签发了 1 万多份学生访问签证，与 2012 年相比增长了约 19%。从历年中国赴英留学签证的申请数与发放数可看出，中国赴英留学生累计人数虽在 2008 年一度减少，但整体上保持增长态势。2013 年，赴英留学生累计人数出现大幅度的增长。历年中国赴英留学签证发放数量的整体变化趋势与申请数量保持一致，而留学签证发放率除 2005 年、2008 年、2009 年以外，基本保持在 90% 以上，无明显波动。

《2012 年留学趋势报告》中引用的英国高等教育统计署数据也显示，2008～2009 学年至 2012～2013 学年，首次于英国高校注册

图4　中国赴英入境留学许可签证累计申请数及发放数

资料来源：英国内政部，https：//www. gov. uk/government/collections/migration - statistics。

的中国留学生人数始终保持攀升的趋势（见图5）。然而，尽管人数持续增长，其增长速度却有所减缓。首次于英国高校注册的中国留学生人数增长率从2008～2009学年起便呈现下降趋势，于

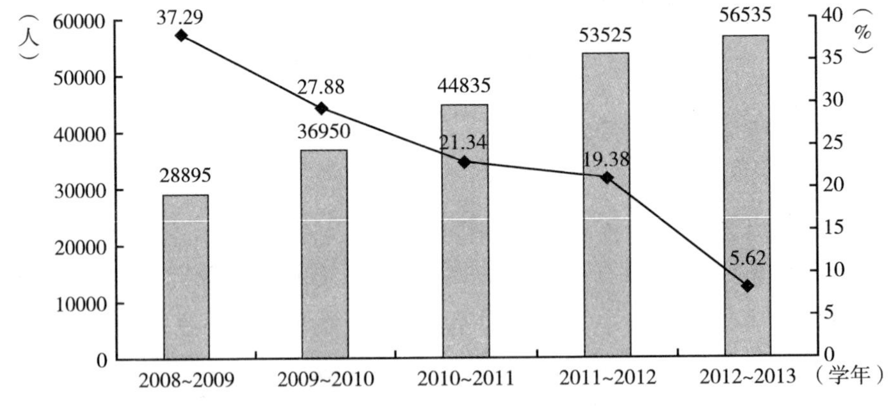

图5　2008～2009学年至2012～2013学年中国首次赴英国高校注册人数及其增长率

资料来源：英国高等教育统计署，https：//www. hesa. ac. uk/index. php? option = com_ content&view = article&id = 1897&Itemid = 634。

2012～2013学年降至五个学年的最低点5.62%，这反映了中国赴英留学人数增长速度渐趋缓和的状况。

（二）英国留学的新政策

1. 扩大“毕业生创业计划”，调整移民政策，放松对留学生签证的签发

2013年4月，英国边境管理局（UK Border Agency，UKBA）通过扩大“毕业生创业计划”（Expanded Graduate Entrepreneur Scheme），放松了对MBA留学生的签证政策。根据毕业生创业计划，通过所就读的高等教育机构认可的毕业生，可获得此类签证的申请资格与所在教育机构的赞助，第一年英国共有1000个名额。申请人可以先获得1年的签证，如能在这一年内取得正式职位，则可获得长期居留权。[①] 而根据英国文化协会（British Council）关于留学签证的新闻公告，为提升英国对国际留学生的吸引力，英国当局对移民政策进行了相应调整，从而使毕业创业者可更为便利地从事技能型工作，并可借助新政策由创业者签证转为技术工作人员签证。

2. 新增“国际学生实习计划”，吸引中国留学生

2014年4月，英国开始实施《2014英国移民法修改草案》。该草案针对中国留学生新增了“国际学生实习计划”（International Student Internship Scheme），替代旧有的PSW（Post Study Work）工作签证，给予留学生在英国参与实习工作的机会。根据该计划，在毕业后一年之内找到实习工作的中国留学生，可在英国境内由学生签证转为实习工作签证，从而获得留英工作一年的机会；而来自中国“211”院校的中国学生，则可直接在中国申请参与该计划。[②]

① 英国政府网站，https://www.gov.uk/tier-1-graduate-entrepreneur-visa。
② 中国新闻网，http://www.chinanews.com/lxsh/2014/04-14/6060117.shtml。

二　中国留学生赴法国留学现状

（一）法国留学概况

1. 法国国际留学生总数增速见涨，中国仍是法国第二大留学生来源国

国际教育协会（Association of International Education，AIE）的数据显示，2006～2012年，法国国际留学生人数除在2008年出现小幅下滑外，基本呈稳步增长趋势。2012年，法国国际留学生总数达到了289274人（见图6），与2011年相比增长了7.85%，占比超过了法国大学生总数的12%。2013年11月，美国发布的《2013年门户开放报告》显示，法国以接收28.9万名国际留学生的数量，成为世界上第四大留学生接收国，仅次于美国（81.9万名）、英国（48.8万名）和中国（32.8万名）。在法国的国际留学生中，约70%的留学生会选择到综合性大学（不含大学技术学院）就读，其中攻读博士学位的人数最多，占41%，攻读硕士和学士

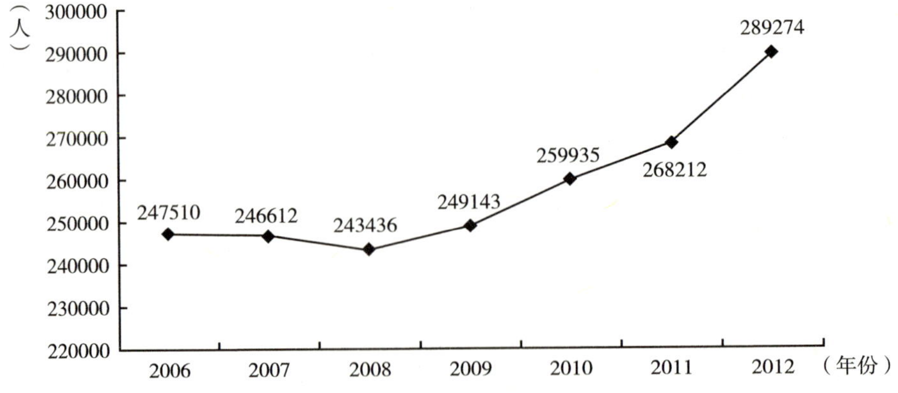

图6　2006～2012年法国国际留学生人数

资料来源：中国驻法国大使馆教育处。

学位的人数较少，分别占18%和11%。[1]

从国际留学生的来源看，非洲是法国国际留学生的主要来源地，2012～2013学年，将近一半的法国国际留学生来自非洲（49.4%）。非洲的摩洛哥是法国最大的留学生来源国，其留学生占法国国际留学生总数的11.1%；中国是法国第二大留学生来源国，2012～2013学年，在法国的中国留学生达30349人，占总数的10.5%，与排名第一的摩洛哥差距仅为0.6个百分点（见表4）。[2] 2012～2013学年，摩洛哥留学生在法国国际留学生总数中的占比出现了下滑，而中国留学生的比例则出现了上升，照此趋势发

表4　2012～2013学年法国留学生十大来源地

单位：人，%

序	来源地	2012～2013学年人数	2012～2013学年比例	2011～20122学年比例
1	摩洛哥	32104	11.1	11.3
2	中　国	30349	10.5	10.3
3	阿尔及利亚	22697	7.8	8.2
4	突尼斯	11909	4.1	4.5
5	塞内加尔	8995	3.1	3.3
6	德　国	8778	3.0	3.0
7	意大利	8441	2.9	2.8
8	喀麦隆	7401	2.6	2.6
9	越　南	6295	2.2	2.1
10	西班牙	5907	2.0	2.0
	其他国家和地区	146398	50.6	49.9

资料来源：美国国际教育协会。

① 中国驻法国大使馆教育处，http：//www.education－ambchine.org/publish/portal116/tab5722/info107885.htm。

② 中国驻法国大使馆教育处，http：//www.education－ambchine.org/publish/portal116/tab5722/info107885.htm。

展下去，中国终将超越摩洛哥，成为法国最大的留学生来源国。另外，值得一提的是，近年来，作为法国传统上最大留学生来源地的原法属殖民地国家的比例出现逐渐减少的趋势，这从一个侧面说明了法国国际留学生的来源更加多元化。

2. 中国留法学生以高学历者为主，渐呈低龄化

中国是法国第二大留学生来源国，进一步分析留法的中国学生的数据，可以发现其呈现了两个趋势：高学历化和低龄化。

法国高等教育署的统计数据显示，2013 年中国共有 1 万多名学生赴法国留学，其中 63% 的学生是到法国读学士最后一年，以及攻读硕士和博士学位。而在留法的中国学生总数中，攻读硕士、博士学位的人数占 40%。而且法国政府积极鼓励中国高学历留学生赴法学习，还希望到 2015 年将这一比例提升到 66%。

在知识经济时代，各国在吸引高学历留学生方面不遗余力。对于低龄留学生，目前各国还没有相应的成体系的吸引策略。法国能够吸引中国低龄留学生的原因之一，在于法国大学高度认可中国的高考成绩，成绩在 400 分以上的人即可入读公立大学；私立高等院校的要求更低一些，350 分左右的人就可入读。2014 年，启德教育集团发布的首份《中国低龄留学生研究报告》的数据显示，2007 ~ 2014 年赴法读高中和本科的中国学生比例为 3.23%，仅次于美、澳、加、英，法国成为最受中国低龄留学生欢迎的欧洲大陆国家。

（二）法国留学优势

近年来，法国接收国际留学生的数量呈稳步增长的趋势，这与其优质的高等教育、高性价比的教育费用以及数量众多的奖学金项目密切相关。

1. 优质的高等教育

法国高度重视教育经费投入，法国国民教育、高等教育及研究部发布的2014年版《法国高教与研究状况》（第7期）显示：2012年，法国在高等教育方面的投入为287亿欧元，与2011年相比增长0.9%。

法国政府在高等教育方面的巨额投入为法国高等教育的发展提供了坚实的物质基础。法国高校在世界上取得的良好声誉则是对这种投入的最好回报。在2013～2014年度泰晤士高等教育世界大学排名中，法国有8所高校入选前200位（见表5），而法国的教育体系则在全球范围内排第5位。在《金融时报》的排名体系中，法国的管理学硕士项目是全球最好的，而且法国高校占据了工商管理学院前10位中的一半席位。此外，法国还有6个世界上最好的MBA项目。中国留法学生的专业选择与法国的教育优势存在一定程度的吻合性。法国高等教育署的数据显示，管理、金融、经济是中国留法学生选择最多的专业，工科次之，艺术、文化、设计、时装和公共事务管理又次之。2013年，选择管理、金融和贸易类专业的中国留法学生占中国留法学生的43%，理工科占22%。

表5　2013～2014年度泰晤士高等教育世界大学排名入选前200位的法国高校

单位：分

排名	校名	中文校名	得分
65	École Normale Supérieure	巴黎高等师范大学	59.8
70	École Polytechnique	巴黎高等理工学院	59.0
96	Université Pierre et Marie Curie	巴黎第六大学	53.5
114	Université Paris-Sud	巴黎第十一大学	51.7
155	Université Joseph Fourier, Grenoble	格勒诺布尔第一大学	47.8
156	école Normale Supérieure de Lyon	里昂高等师范学院	47.5
178	Université Paris Diderot-Paris 7	巴黎第七大学	45.8
193	Mines ParisTech	巴黎高科矿业学校	44.9

资料来源：2013～2014年度泰晤士高等教育世界大学排名。

法国不仅重视高等教育投入，而且注重高等教育与科研的对接。在法国，博士研究生是科研的重要力量，这就为到法国攻读博士学位的国际留学生提供了参与科学研究的机会，有助于他们在科研领域成长。此外，法国将博士学位中的40%授予了外国学生，足见其吸引留学生的力度之强。

2. 留学费用的性价比高

在众多留学国家中，留学法国费用的性价比也更高。首先，法国的公立大学是免学费的，每年只收取少量的注册费，具体标准为学士课程每年100~300欧元（约138.75~416.25美元），硕士研究生课程每年200~400欧元（约277.5~555美元）。相对于澳大利亚、美国、英国等国家，留学法国在费用方面的优势显而易见。其次，对于留法学生，法国政府还会为其提供住宿、交通补贴，大概每年数百欧元。此外，留法学生还可以享受与本地学生同等的住房补贴、交通补助、医疗保险等福利。参观博物馆、看电影时，留法学生也可以凭学生证获得减价优惠。

3. 法国留学生奖学金

为了吸引国际留学生，法国政府还为留学生提供众多的实习和奖学金，总数超过2万份。早在2001年，中国留学生就已成为获得法国政府奖学金的第四大留学生群体。2013年，法国驻华使馆向35名留法中国学生颁发了France Excellence奖学金，攻读自然科学、工程学、法学、政治学、经济管理学、人文社会科学、城市规划、环境与可持续发展、新闻、信息科学与传媒专业的学生可以申请该奖学金。

（三）法国留学新政

2013年，为了吸引优质的留学生人才，法国政府在签证政策方面做出了四方面的改变：①在法国攻读硕士和博士学位的留学生可以获得多年居留证；②延长攻读法国硕士学位留学生毕业居留签证期限至12个月，毕业居留签证期限原来为6个月；③获得机械工程、医学、会计管理等部分专业硕士文凭（指由法国政府颁发的与硕士专业有等同效力的文凭）的留学生也可以申请将居留签证期限延长至12个月；④出台“人才护照”政策，向包括高素质大学毕业生、创业者、投资者、企业代表在内的高端人才办理期限为4年的居留签证。

三　中国学生赴德国留学现状

（一）德国留学概况

1. 德国国际留学生总数呈上升趋势，应用技术类大学国际留学生数量增长最快

德国的教育水平在世界范围内堪称翘楚，再加上德国高等教育成本低，使得德国成为众多国际留学生留学的绝佳选择。在过去的十年里，德国国际留学生的人数一直保持上涨的趋势。2013年，德国国际留学生总数达到了282201人，与2011年相比增长了6.4%（见表6）。

表6　2009～2013年德国国际留学生总体情况

单位：人，%

年份	学生总数量	德国学生总数	留学生数量	留学生比例	增长率
2009	2025307	1786164	239143	11.8	2.4
2010	2121178	1876403	244775	11.5	2.4
2011	2217294	1965262	252032	11.4	3.0
2012	2380974	2115682	265292	11.1	5.3
2013	2499409	2217208	282201	11.3	6.4

资料来源：*Wissenschaf Tweltoffen 2014*，http：//www.wissenschaftweltoffen.de/daten/1/1？lang = en。

德国国际留学生就读的高等教育院校主要包括三类：大学、音乐以及艺术学院、应用技术大学。2013 年，就读于大学的国际留学生人数最多，占总数的 68.9%；其次是应用技术大学，占 27.6%。但就国际留学生增长的速度来看，就读于应用技术大学的国际留学生的增长速度最快，为7.7%（见表7）。

表7　2009～2013 年德国高等教育院校国际留学生分布

单位：人，%

院校类型	2009 年	2010 年	2011 年	2012 年	2013 年	2013 年增长率
大学	167862	170349	175010	183504	194312	5.9
音乐以及艺术学院	8652	9004	9195	9414	9909	5.3
应用技术大学	62629	65422	67827	72374	77980	7.7
合　计	239143	244775	252032	265292	282201	6.4

资料来源：*Wissenschaf Tweltoffen 2014*。

2. 中国赴德留学人数增长迅速，选择就读法律专业的人数增长最快

中国、俄罗斯、奥地利、保加利亚和波兰是德国国际留学生的五个主要来源国，其中以中国留学生的数量最多。2013 年，德国的中国留学生数量达25564 人，与2011 年相比增长7.0%，比排名第二位的俄罗斯高出了两倍多（见表8）。

表8　2011～2013 年德国国际留学生的主要来源国

单位：人，%

国　家	2011 年	2012 年	2013 年	2013 年增长率
中　国	22828	23883	25564	7.0
俄罗斯	10077	10401	10912	4.9
奥地利	7072	7887	9655	22.4
印　度	4825	5745	7255	26.3
保加利亚	7537	7026	6765	-3.7

资料来源：*Wissenschaf Tweltoffen 2014*。

在德国十大国际留学生热门专业中，有9个是中国留学生分布集中的，唯一的例外是人类医学专业。2013年，中国留学生专业选择的前三位分别为机械工程与工艺工程、经济学、电工技术。在这三个专业中，除机械工程与工艺工程的人数有小幅增长外，另外两个专业的人数都出现了不同程度的下滑，经济学下滑了5.1%，电工技术下滑了4.5%。在十大热门专业中，中国留学生增长幅度最大的为音乐，达11.4%。2012年下滑幅度最大的信息技术，2013年亦有较大幅度的下滑，下滑了12.6%（见表9）。

表9　2013年中国留学生在德国十大国际留学生热门专业中的分布

单位：人，%

专业	人数	增长率
经济学	1645	-5.1
机械工程与工艺工程	2083	0.6
信息技术	599	-12.6
电工技术	1105	-4.5
德国语言及文学	342	-4.7
法律	129	-9.8
建筑与室内设计	262	-1.5
音乐	235	11.4
土木工程	160	-11.1

注：十大热门专业中的人类医药，因为中国留学生数量在该专业中没有进入前10位，缺少数据，故没有列出。

资料来源：*Wissenschaf Tweltoffen 2014*。

（二）德国留学的新政策

2013年，德国在留学政策方面有两大变化：①德国下调了赴德留学的自保金数额，从7716欧元下调至7608欧元，有利于吸引国际留学生赴德留学。②德国正式在北京、上海、青岛三地实施针对中国留学生的学习能力考试，方便中国留学生就近参加考试。

四 中国学生赴俄罗斯留学现状

2013 年 10 月 22 日，俄罗斯总理梅德韦杰夫在新华网与中国网民进行在线交流互动时，谈到中国在俄留学生约 2.5 万人，与 2012 年的约 2 万人相比增长了 25%，在俄中国留学生有大约 500 人为公费留学生，费用由俄罗斯政府承担。[①] 在俄中国留学生主要分布在莫斯科和圣彼得堡，原因可能是这两个城市的经济比较发达，各方面的条件比其他俄罗斯城市好。而在专业选择上，中国留学生出现“一边倒”的情况，多集中在语言学、社会学和管理学等文科专业，而对于俄罗斯的优势专业，如理工类专业，中国留学生很少选择，选择理工类专业的中国留学生多为公费留学生。

在俄中国留学生之所以会在专业选择上出现“一边倒”的情况，主要有两方面的原因：一是语言障碍，中国学生主修的外语为英语，对俄语接触较少，学习的人也不多，这无疑增加了他们选择攻读理工类专业的难度；二是俄罗斯高校的宽进严出政策增加了中国留学生攻读理工类专业的压力，在语言不是很擅长的情况下，文科类专业毕业的难度要比理工类专业相对小一些。

俄罗斯政府一直在努力制定、完善相关措施吸引留学生，2013 年俄罗斯政府出台了两项针对留学生的措施：一是简化在俄留学生的工作手续；二是增加公费留学生的名额。2013 年 7 月，俄罗斯总统普京签署了一项简化外国留学生在俄手续的命令。该法令规定：年满 18 周岁、持有学习签证的在俄留学生，只要资料、手续齐全，就可以在俄合法工作，而不需要办理工作签证。但工作年限

① 《梅德韦杰夫：近几年中国学生留学俄罗斯数量将提高到 10 万人》，http://news.xinhuanet.com/world/2013-10/22/c_125580180.htm。

不可以超过学习年限，学习期满时，工作许可也随之取消。2013年10月，俄罗斯政府在其网站上公布了一条公告，该公告显示：俄罗斯政府将公费留学生的名额由原来的每年1万人增加到1.5万人，这些公费留学生可以在俄罗斯接受中等以上教育，学费由俄罗斯联邦政府支付。

五　欧洲其他留学热门国家

（一）荷兰、瑞士、比利时、瑞典留学概况

荷兰、瑞士、比利时、瑞典四国接收的国际留学生的数量虽然与英、法、德等欧洲大国相比还有很大差距，但从这四国自身的情况来看，除荷兰在2009年出现国际留学生数量下滑之外，国际留学生数量基本处于稳中有升的状态。2011年，荷兰、瑞士、比利时、瑞典四国的国际留学生数量分别达38367人、41803人、37866人、36522人，其中荷兰的增长速度最快，为37.2%（见图7）。

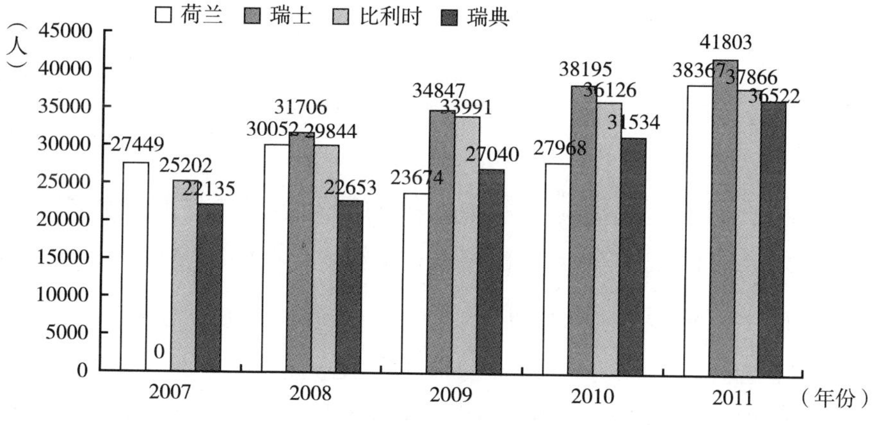

图7　2007～2011年荷兰、瑞士、比利时、瑞典国际留学生人数

注：2007年瑞士数据暂缺。

资料来源：OECD.

分析四国国际留学生的来源，可以发现，除瑞典外，其他三个国家的国际留学生来源国主要为欧洲国家，而且在排前五位的留学生来源国中，一半以上为欧洲国家。德国是荷兰和瑞士两个国家国际留学生的最大来源国，而比利时最大的留学生来源国是法国，这可能与地缘和文化相近有关，因为这些因素可以节省留学的经济成本和沟通成本。在瑞典排前五位的留学生来源国中，4个为亚洲国家，最大的留学生来源国是中国，而且排前五位的来源国之间留学生的数量差距没有另外三个国家那么悬殊，比较平衡（见表10）。

表10　2011年荷兰、瑞士、比利时、瑞典国际留学生来源国前五位

单位：人

排名	荷兰		瑞士		比利时		瑞典	
	国家	人数	国家	人数	国家	人数	国家	人数
1	德国	20022	德国	11676	法国	5406	中国	4070
2	中国	3068	法国	6754	荷兰	3657	伊朗	3068
3	比利时	1572	意大利	3370	中国	1051	印度	2182
4	保加利亚	993	澳大利亚	1088	喀麦隆	798	芬兰	1439
5	波兰	681	中国	957	德国	644	孟加拉	1435

资料来源：OECD.

荷兰、瑞士、比利时、瑞典四国的国际留学生在专业选择方面也各有不同。四国最受国际留学生青睐的专业分别是：社会科学、商学与法学，健康与福利，以及工程、制造业和建筑业。荷兰国际留学生中选择社会科学、商学与法学的比例达46.4%（见表11）。

教育部的统计数据显示，中国在2009年、2010年、2011年三年的出国留学人数分别为22.93万人、28.47万人和33.97万人。从图7可以看出，中国在荷兰、瑞士、比利时、瑞典四国的留学生

表11　2011年荷兰、瑞士、比利时、瑞典国际留学生的专业分布

单位：%

国　家	农业	教育	工程、制造业和建筑业	健康与福利	人文和艺术	自然科学	服务业	社会科学、商学与法学	其他
荷　兰	1.5	5.7	5.4	16.9	11.8	5.0	6.6	46.4	0.8
瑞　士	0.8	3.8	16.0	7.4	16.7	16.5	2.1	34.7	2.1
比利时	6.9	3.7	6.4	33.8	13.8	6.1	2.1	19.8	7.3
瑞　典	0.9	4.6	33.2	9.9	12.1	16.0	1.6	21.5	0.1

资料来源：OECD.

人数总体是增长的，中国留学生占当地留学生比例的变化比较显著（见表12），这可能是由四国留学生整体数量的增长速度低于中国留学生数量的增长速度引起的。

表12　四国中国留学生占当地留学生及全部中国留学生的比例

单位：%

国家	2011年		2010年		2009年	
	占当地留学生比例	占全部中国留学生比例	占当地留学生比例	占全部中国留学生比例	占当地留学生比例	占全部中国留学生比例
荷　兰	8	0.6	7	0.6	7.3	0.6
瑞　士	2.3	0.2	2.1	0.2	2.1	0.2
比利时	2.8	0.2	2.3	0.2	1.3	0.2
瑞　典	11.1	0.6	11.8	0.6	11.4	0.5

资料来源：OECD and UNESCO Institute for Statistics for Most Data on Non - OECD Countries.

（二）留学荷兰、瑞士、比利时、瑞典的优势

荷兰、瑞士、比利时、瑞典四国接收国际留学生的数量虽然不如英国、法国、德国等欧洲大国多，但其数量在稳步增长，而且增

长幅度也在增大，除了留学生数量不断增加这一因素，四国在吸引国际留学生方面的优势也是重要原因。这些优势主要表现在教育水平、费用和签证等方面（见表13）。

表13　荷兰、瑞士、比利时、瑞典吸引国际留学生的优势

国家	教育水平	费用	签证
荷兰	荷兰政府非常重视教育，教育投入大约占国民预算的20%。强力的经济支持，使荷兰的教育水平在世界范围内处于领先地位。在2013～2014年度泰晤士高等教育世界大学排名中，荷兰有12所高校入围200强，是除美、英之外，入选学校最多的国家	就同等课程的费用来说，荷兰低于欧美其他国家，而且荷兰还为国际留学生提供数额较高的奖学金。荷兰政府为留学生提供的奖学金主要有四种：DELTA奖学金、NFP奖学金、惠根斯奖学金以及HSP奖学金。此外，荷兰政府还专门针对中国留学生设立了橙色郁金香奖学金（OTS奖学金）	签证是与留学生息息相关的问题，荷兰的留学生签证审批周期短，而且准签率高。在应届留学毕业生的就业方面，荷兰没有对工作经验提出硬性要求，对于在校期间成绩优异的优秀毕业生，只要在一年内找到合适的工作，就可以由雇主为其申请为期5年的工作签证
瑞士	瑞士是欧洲经济的中心，其经济、金融专业广受好评，此外，其旅游和酒店管理专业也非常知名。瑞士的课程设置比较人性化，不仅考虑到了留学生在瑞士的学习，而且考虑到了留学生毕业后前往他国继续留学的可能。在2013～2014年度泰晤士高等教育世界大学排名中，瑞士有7所高校入围200强，其中，瑞士联邦理工学院－苏黎世排第14位	瑞士设有留学生奖学金联邦委员会，该委员会每年为留学瑞士的学生提供一定数量的奖学金。而且瑞士的11所公立大学是免学费的。此外，按照瑞士的法律，留学生在留学期间的打工时间为每周20小时，节假日可以全天打工，这就减轻了留学生的经济压力	瑞士留学生签证的准签率高，一般雅思成绩在5.0即可通过

续表

国家	教育水平	费用	签证
比利时	比利时大学的文化氛围和教育质量在欧洲乃至世界都颇有口碑，鲁汶大学、根特大学等比利时知名大学还走出了为数不少的诺贝尔奖获得者。在2013~2014年度泰晤士高等教育世界大学排名中，比利时有5所高校入围200强	比利时大学的注册费用较低，一般每年为800~1200欧元。比利时对留学生打工的规定也是每周20小时左右，但比利时的时薪较高，因此留学生的打工收入基本可以维持日常开支	比利时的签证通过率极高，一般申请正规学校，材料齐全，且通过APS审核，签证基本就能通过
瑞典	瑞典是诺贝尔的故乡，这里的科技水平和高等教育水平都不容小觑。斯德哥尔摩大学、隆德大学等知名高校享誉世界。而且瑞典的大学实行学分制，达到一定的学分即可获得学位，比规定学习期限的制度更为灵活	瑞典自2011年起，开始对瑞典、欧盟、欧洲经济区之外的留学生征收学费。对中国留学生来说，可以申请的奖学金有五种：双边奖学金、客座奖学金、瑞典对外交流委员会奖学金、欧盟的伊拉斯谟奖学金，以及各个瑞典大学提供的奖学金	瑞典为申根成员国，其留学签证为留学代办申根签证，想要周游欧洲非常方便

资料来源：CCG根据公开资料整理。

（三）荷兰、瑞士、比利时、瑞典的知名高校

荷兰、瑞士、比利时、瑞典四国的教育水平与其有众多的世界知名高校是分不开的。在2013~2014年度泰晤士高等教育世界大学排名中，四国共有29所高校入选200强，占欧洲入围高校的1/3。而在2013~2014年度泰晤士欧洲顶尖大学排名中，四国均有大学入围16强，其中瑞士2所、瑞典1所，排名最靠前的是居第四位的瑞士联邦理工学院－苏黎世。四国高校在2013~2014年度泰晤士高等教育世界大学排名和欧洲顶尖大学排名中的强势表现是四国教育水平最直接的体现和证明。表14选取了四国的10所知名高校，并对各高校的优势进行了简单介绍。

表 14　荷兰、比利时、瑞士、瑞典知名大学介绍

学校名称	所属国家	2013～2014 年度泰晤士高等教育世界大学排名(上)/欧洲顶尖大学排名(下)	学校优势简介
瑞士联邦理工学院－苏黎世	瑞　士	14 4	以理工科闻名海外，爱因斯坦、伦琴等著名科学家曾在此学习、任教
卡罗林斯卡学院	瑞　典	36 7	全球闻名的医学院，优势学科：医学、药理学，包括临床及学术研究两个方向
洛桑联邦高等工业学院	瑞　士	37 8	教学着重三方面：素质教育、科学研究、工程技术。校内于日内瓦湖畔有250 多个实验室，占地 136 英亩
鲁汶大学	比利时	61 13	全世界现存历史最悠久的天主教大学。全面开设荷兰语和法语的双语教学项目
莱顿大学	荷　兰	67 16	重点专业分别是考古、人文、法律、医药、数学及自然科学、社会及行为科学
代尔夫特理工大学	荷　兰	69 18	该校是荷兰最古老，同时也是最大型的科技类院校，开设与科技相关的所有学科，还设立了有关科学、工程学、设计的部分学科
鹿特丹大学	荷　兰	73 20	三个主攻专业领域：经济与管理，医疗与健康，以及法律、文化与社会
巴塞尔大学	瑞　士	74 21	瑞士最古老的大学，其图书馆馆藏是瑞士之最，超 300 万册。设有神学、法学院、医学、人文、科学、商业与经济、心理学七个学院
乌得勒支大学	荷　兰	74 22	有 1 个在古城区的老校区和 2 个新校区，设立了 7 个学院，开放了 45 个本科生项目与 167 个研究生项目
根特大学	比利时	85 27	设有 11 所学院 132 个专业(系)，有 5 个博士点，大学校园分布在根特这个弗兰德老城的市中心

资料来源：CCG 根据公开资料整理。

B.7

中国留学生赴大洋洲热门留学国家的留学现状

摘　要：

澳大利亚和新西兰是大洋洲的核心国家，也是备受国际学生青睐的留学目的地。这两个国家都具备优质完备的教育体系、便捷高效的留学签证政策、优美便利的生活环境，这些因素吸引了众多中国学生赴澳、新留学，尽管近几年中国赴澳、新留学的学生人数有所下降，但仍是两国国际学生的第一来源国。澳、新两国十分重视中国市场，每年赴中国举办多场留学推介活动，出台更多的优惠措施以吸引更多的中国学生赴两国留学。

关键词：

留学　留学澳大利亚　留学新西兰

一　中国学生赴澳大利亚留学现状

（一）留学澳大利亚概况

1. 澳大利亚国际留学生增长放缓，一半以上国际留学生来自亚洲

据澳大利亚国际教育机构的统计数据，2013 年在澳大利亚注

册的国际留学生总数为526932人，比2012年（513752人）增加13180人，增长2.6%。按人数排前五位的留学类型依次为：高等教育（231186人）、职业教育与培训（135151人）、海外学生英语精研课程（114603人）、学历课程（28154人）、中学（17838人）。同2012年相比，2013年参加海外学生英语精研课程和学历课程的留学生人数出现较大幅度的增长，增幅分别达20.1%和11.2%；高等教育人数出现小幅增长；职业教育与培训及中学人数则呈现负增长（见表1）。

表1　在澳大利亚注册的国际留学生留学类别分布

单位：人，%

留学类别	2012年	2013年	增长率
高等教育	230167	231186	0.4
职业教育与培训	144330	135151	-6.4
海外学生英语精研课程	95396	114603	20.1
学历课程	25311	28154	11.2
中学	18548	17838	-3.8
合　计	513752	526932	2.6

资料来源：澳大利亚教育部，*End of Year Summary of International Student Enrolment Data 1 - Australia*，2013。

澳大利亚国际留学生主要来自亚洲国家，其5个最主要的国际留学生来源国依次为：中国（150116人）、印度（49265人）、韩国（27580人）、越南（26015人）和泰国（21762人）（见图1）。来自这五个亚洲国家的留学生总数占澳大利亚国际留学生总数的52.1%。

澳大利亚一直是国际留学生的重要目的国，国际教育也是澳大利亚经济发展的第四大支柱产业。然而近年来，澳大利亚国际教育产业呈现下滑趋势。据澳大利亚教育部的统计，2010~2011

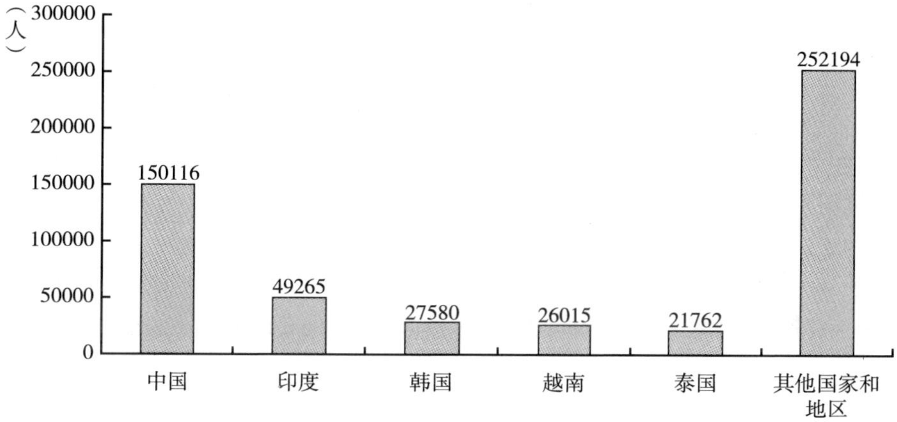

图 1　2013 年澳大利亚国际留学生主要来源国和地区

资料来源：澳大利亚教育部，*End of Year Summary of International Student Enrolment Data 1 - Australia*，2013。

财年，[①] 澳大利亚教育相关服务的出口总额约为 161 亿澳元，而 2012～2013 财年，下降至 150 亿澳元，降幅达 6.8%。中国内地、印度、越南、韩国等是澳大利亚国际教育收入的主要来源地，2012～2013 财年，来自中国内地的国际教育收入在澳大利亚国际教育收入总额中占了 26.4%（见表 2）。

表 2　澳大利亚教育相关服务的出口收入

单位：百万澳元，%

指标	2010～2011 财年	2011～2012 财年	2012～2013 财年	2012～2013 财年的比重	2012～2013 财年增长率
教育收益	15500	14711	14461	96.3	-1.7
中国内地	4055	4017	3967	26.4	-1.2
印度	1981	1408	1202	8.0	-14.6
越南	764	759	794	5.3	4.6

① 澳大利亚的财政年度是指前一年 7 月底到次年 6 月初。

续表

指标	2010～2011 财年	2011～2012 财年	2012～2013 财年	2012～2013 财年的比重	2012～2013 财年增长率
韩国	886	810	707	4.7	-12.7
马来西亚	761	736	702	4.7	-4.6
印度尼西亚	552	573	579	3.9	1.0
泰国	599	552	544	3.6	-1.4
尼泊尔	448	416	420	2.8	1.0
中国香港	443	410	387	2.6	-5.6
巴基斯坦	227	277	342	2.3	23.5
其他	4782	4751	4814	32.0	1.3
其他教育服务的收益	558	521	541	3.6	3.8
教育咨询服务	77	158	112	0.7	-29.1
函授课程	23	28	21	0.1	-25.0
教育机构服务	263	210	258	1.7	22.9
其他	195	125	150	1.0	20.0
教育服务版税收益	35	21	33	0.2	57.1
教育相关服务出口总额	16093	15253	15035	100.0	-1.4

资料来源：澳大利亚教育部，*End of Year Summary of International Student Enrolment Data 1 - Australia*，2013。

2. 赴澳中国留学生在持续下滑之后出现小幅增长

中国是澳大利亚国际教育的重要市场。尽管近几年赴澳留学的中国学生人数总体呈现下滑趋势，但中国一直是澳大利亚国际留学生的最大来源国。2013 年，在澳注册的中国留学生达 150116 人，占其国际留学生总数的 28.5%，与 2012 年相比增长了 0.4%，这是 2010 年以来中国赴澳留学生出现下滑之后的首次增长。中国留学生在澳留学的主要门类有高等教育（92248 人，占 61.5%）、职业教育与培训（14239 人，占 9.5%）、中学（8202 人，占 5.5%）、海外学生英语精研课程（28614 人，占 19.1%）及学历课程（6813 人，占 4.5%）（见表 3）。

表 3 2010～2013 年赴澳大利亚留学的中国留学生的分布情况

单位：人，%

留学门类	2010 年	2011 年	2012 年	2013 年	2013 年增长率
高等教育	93686	98175	94378	92248	-2.3
职业教育与培训	22200	18154	15603	14239	-8.7
中学	10882	9302	8367	8202	-2.0
海外学生英语精研课程	35284	27637	25326	28614	13.0
学历课程	8227	6795	5903	6813	15.4
总　计	170279	160063	149577	150116	0.4

资料来源：澳大利亚教育部，https：//www. aei. gov. au/research/International - Student - Data/Pages/InternationalStudentData2013. aspx#Annual_ Series。

中国赴澳留学生在经历三年的下滑之后出现小幅增长，与澳大利亚越来越重视开拓中国市场并采取多项政策吸引中国留学生是有很大关系的，另外，澳大利亚许多大学的努力也不容忽视。如澳大利亚的大学增添了中国留学生更加需要的课程，设立了中澳研究基金，鼓励中国学生开展合作研究项目等。澳大利亚著名的“八校联盟”也在积极与中国列入“985”工程和“211”工程的高校签订合作协议。与此同时，澳中高校间本、硕、博联合培养项目，以及共建重点专业、实验室合作项目也有所增加。

（二）澳大利亚留学的优势

1. 良好的教育水平

澳大利亚的教育是由各州政府单独负责的，这使其很难形成统一的教育体系。为了保障海外学生的利益，确保他们能够享受到澳大利亚高质量的教育，澳大利亚在 2000 年颁布了《海外学生教育服务法案》及相关法规。该法案及相关法规的实施、监管由联邦政府、州及地区政府共同参与，这就在澳大利亚全国形成了统一的教育体系。澳大利亚的高等教育水平蜚声国际，颁发的学位也得到了世界各国的认可。据2013～2014年QS世界大学排名，澳大利亚有25所大学进入世界大学500强。

表4　2012～2013年进入QS世界大学排名500强的澳大利亚大学及其排名

大学名称	2012年排名	2013年排名	大学名称	2012年排名	2013年排名
澳大利亚国立大学	24	27	墨尔本皇家理工大学	246	291
墨尔本大学	36	31	纽卡斯尔大学	268	298
悉尼大学	39	38	格里菲斯大学	368	341
昆士兰大学	46	43	南澳大利亚大学	293	341
新南威尔士大学	52	52	詹姆斯库克大学	362	351
莫纳什大学	61	69	迪肯大学	401～450	380
西澳大利亚大学	79	84	拉筹伯大学	375	390
阿德莱德大学	102	104	塔斯马尼亚大学	—	401～410
麦考瑞大学	233	263	邦德大学	—	421～430
悉尼科技大学	284	272	弗林德斯大学	—	431～440
卧龙岗大学	264	276	查尔斯达尔文大学	—	471～480
昆士兰科技大学	281	279	斯威本科技大学	—	481～490
科廷科技大学	258	284			

资料来源：QS世界大学排名，http：//www.topuniversities.com。

2. 留学性价比高

因为一些历史原因，澳大利亚的教育承袭了英国教育的传统，但澳大利亚有英国不能及的优势，那就是留学费用比英国低，澳大利亚政府和学校设立的奖学金也在很大程度上帮助留学生减轻了留学费用压力。澳大利亚政府设立的奋进奖学金（Endeavour Awards）就是比较有代表性的一种奖学金，该奖学金为赴澳大利亚留学的各国留学生或出国深造的澳大利亚学生提供资助，帮助他们完成学习或研究（见表5）。根据澳大利亚奖学金来源分类，澳大利亚的学校还会针对国际留学生设立多种奖学金，如澳大利亚国立大学商学院研究生奖学金（学费半奖）、商学院本科奖学金（学费全奖）。此外，澳大利亚还延长了留学生打工的时间限制，国际留学生每周合法打工的时间为20小时（周末和假期可全天打工），平均时薪为10~15澳元。

表5　澳大利亚政府奋进奖学金

种类		学习层次	最长时限	学费	其他	最高金额
研究生和博士后奖学金和助学金	来澳留学研究生总理澳亚奖学金	攻读博士	最长为4年，并可加选不超过1年的实习	每学期1.25万澳元	高达3.5万澳元	26.35万澳元
	研究生奋进奖学金	攻读硕士或博士	2年硕士;4年博士	每学期1.25万澳元	不适用	博士22.85万澳元；硕士11.85万澳元
	研究学者奋进奖学金	短期研究	4~6个月	不适用	不适用	2.35万澳元
职业教育和培训奖学金	职业教育与培训奋进奖学金	学习文凭课程、高级文凭课程或准学士学位课程	1~2.5年	每学期0.65万澳元	不适用	11.6万澳元
行政管理奖学金	行政管理奋进奖学金	职业发展	1~4个月	不适用	不适用	1.85万澳元

资料来源：澳大利亚教育部，https：//aei. gov. au/scholarships - and - fellowships/international - applicants/pages/international - applicants. aspx。

二　中国学生赴新西兰留学现状

（一）留学新西兰概况

1. 赴新西兰留学生持续低迷，留学生人数再创新低

新西兰国际留学生总数在2010~2011财年[①]出现小幅上涨之

① 新西兰的财政年度是指上一年7月1日至次年6月30日。

后，再次出现下降。总体来说，新西兰国际留学生的发展趋势一直起伏不定，2012～2013 财年，新西兰国际留学生总数更是创了历史新低，下降到了 64233 人。[①] 从国际留学生的来源看，新西兰国际留学生的前五大来源地分别是中国（不含港澳台）、印度、韩国、日本和美国，近几年来自这五个国家的留学生共占新西兰国际留学生总数的一半以上。

表 6　获得新西兰学生签证的留学生主要来源地及人数

单位：人

国家	2008～2009 财年	2009～2010 财年	2010～2011 财年	2011～2012 财年	2012～2013 财年
中国(不含港澳台)	14989	14931	16572	17582	17542
印　度	7940	8779	10189	9004	8393
韩　国	10683	10131	8953	6778	5359
日　本	3289	3336	2981	3078	3025
美　国	2795	2897	2890	2673	2659
其　他	33413	32683	32510	29794	27255
合　计	73109	72757	74095	68909	64233

资料来源：新西兰外交部，商业、创新和就业部，*Migration Trends and Outlook 2012/13*。

国际教育是新西兰的重要经济来源。2012～2013 财年，国际教育产业为新西兰经济创造了约 26 亿美元的价值，并创造了 2.8 万个工作岗位，其中，大学带来了 9.01 亿美元的收入，占总收入的 35%，其后分别是私立培训机构（5.83 亿美元，22%）、英语语言机构（3.43 亿美元，13%）、中学（3.10 亿美元，12%）、科

① 新西兰商业、创新和就业部，*Migration Trends and Outlook 2012/13*。

研机构（3.04 亿美元，12%）、海外教育服务（1.04 亿美元，4%）、小学（0.52 亿美元，2%）（见图2）。

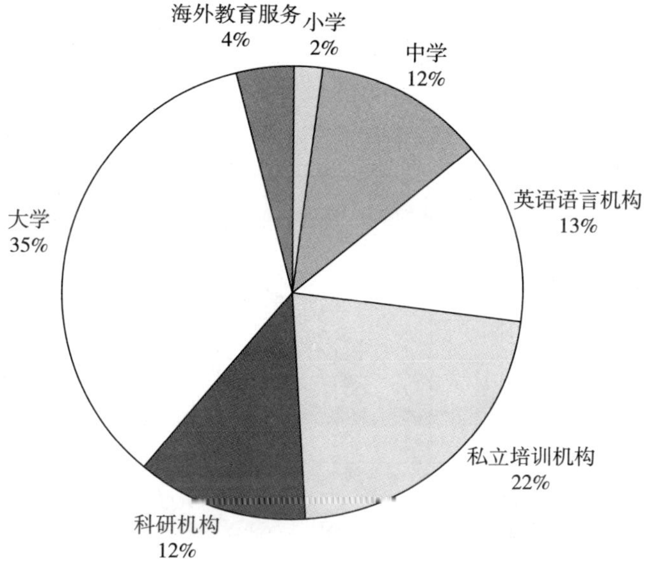

图2　2012～2013 财年新西兰国际教育产业收入分布

资料来源：新西兰教育部，*ENZ Annual Report 2012－2013*。

2. 中国赴新留学生人数再现负增长，上升趋势逆转

新西兰是备受中国学生青睐的留学目的地。但是，受诸多因素的影响，2003～2004 财年之后，中国赴新西兰留学的人数总体处于下降趋势，这一趋势一直持续到 2008～2009 财年，当年赴新西兰留学人数为 14931 人，为历史最低。之后，中国赴新西兰留学人数出现了小幅增长，但 2012～2013 财年，中国赴新西兰留学人数再次回落，总计为 17542 人，终结了还处于萌芽状态的上涨趋势（见图3）。即使如此，中国依然是新西兰国际留学生的最大来源国，中国赴新西兰留学的人数占新西兰国际学生总量的 27.3%。[①]

① 新西兰商业、创新和就业部，*Migration Trends and Outlook 2012/13*。

从赴新西兰留学的中国学生的年龄来看，20～29 岁的留学生人数最多，达到 10544 人，占比 60.11%（见图 4），从年龄推断，他们大多是赴新西兰就读大学或参与职业培训的。而从性别来看，男性略多于女性，占总数的 52%。①

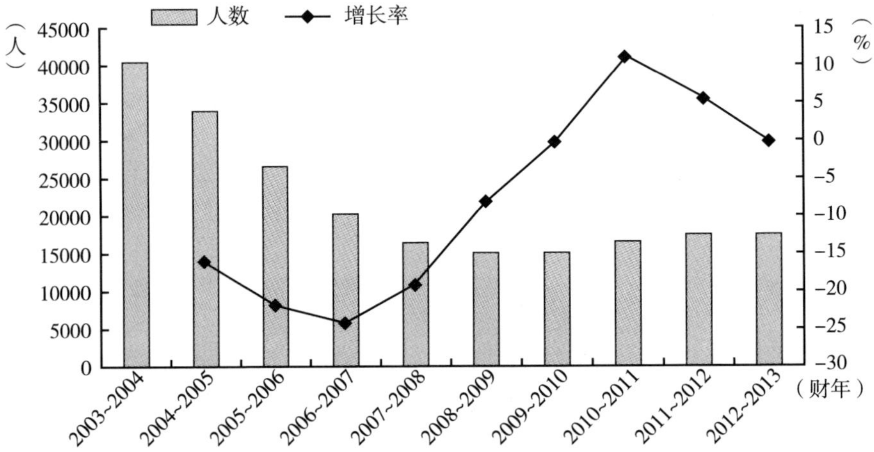

图 3　获得新西兰学生签证的中国留学生人数及变动情况

资料来源：新西兰外交部，商业、创新和就业部，*Migration Trends and Outlook 2012/13*。

（二）新西兰留学的优势

新西兰位于太平洋西南部，人口仅有 400 万人，却培养出了 3 位诺贝尔奖获得者。这里大学不多，但享誉世界，在 2013～2014 年 QS 世界大学排名中，有 7 所进入前 500 位，其中，奥克兰大学列第 94 位（见表 4）。由于是英联邦成员国，新西兰的教育体系以英式教育体系为基础，教育理念先进，教师素质优秀，教学设施与资源也达到世界领先水准。更值得称道的是，新西兰大学的某些专业领域可谓处于世界顶尖，譬如农林畜牧、食品营养、环境生态、

① 新西兰商业、创新和就业部，*Migration Trends and Outlook 2012/13*。

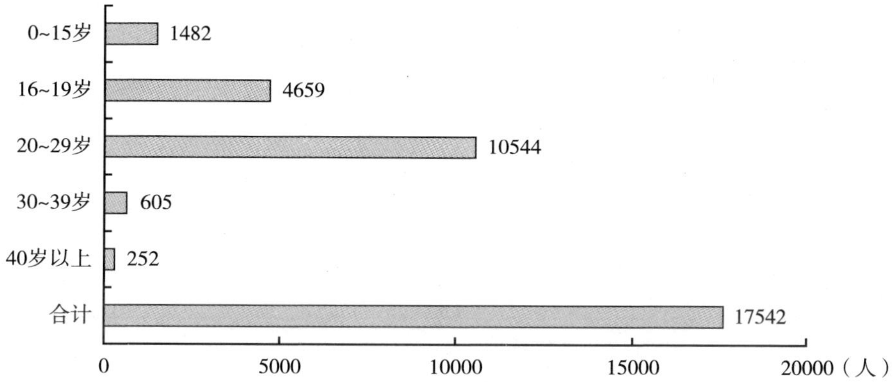

图4　2012～2013财政年度获得新西兰学生签证的中国留学生年龄分布

资料来源：新西兰外交部，商业、创新和就业部，*Migration Trends and Outlook 2012/13*。

影视制作等。大学毕业后，留学生可以选择工作移民，也可以去其他国家顶级名校深造，因为从这里获得的学历在世界范围内受到承认。与此同时，新西兰的基础教育水平较高，许多留学生来此读高中，其中很多人毕业后考取了牛津大学、剑桥大学等英国老牌大学和美国常青藤名校。新西兰为了吸引更多的海外学生来新留学，设置了许多奖学金，从奖学金的来源看，主要有政府奖学金和各大学奖学金（见表8）。

表7　2013～2014年进入QS世界大学排名500强的新西兰大学及其排名

大学名称	2012年排名	2013年排名
奥克兰大学	83	94
奥塔哥大学	133	155
坎特伯雷大学	221	238
惠灵顿维多利亚大学	237	265
梅西大学	308	343
怀卡托大学	374	401～410
奥克兰理工大学	451～500	471～480
林肯大学	—	481～490

资料来源：QS世界大学排名，http：//www.topuniversities.com。

表 8　中国留学生可申请的部分新西兰政府奖学金项目

名称	申请对象	最长时限	金额
国际本科奖学金	攻读本科的学生	3 年(6 个学期)	全部学费
国际博士研究奖学金	攻读博士的学生	3 年(6 个学期)	学费、生活费、保险费、交通费等方面的补助
新西兰发展奖学金	10 名来自中国西部的研究生	—	—

资料来源：CCG 根据公开资料整理。

B.8

中国学生赴日、韩的留学状况

摘　要：

近年来，日本、韩国在人才储备争夺中做出了相应的政策调整，旨在吸引更多优秀留学生去本国深造。日本政府逐渐降低毕业留学生的签证门槛，促进留学生毕业后在日创新创业；韩国政府实施“Study Korea Project”，并进行了一系列留学政策的改革。这些留学政策对中国留学生都产生了新的吸引力。

关键词：

留学日本　留学韩国

一　2013年中国学生赴日本留学现状

（一）留学日本概况

1. 日本大学国际留学生总数连续三年下跌，早稻田大学接收的国际留学生最多

据日本文部科学省统计，2012年高等教育机构在籍日本学生约为289万人。但伴随着18岁人口的减少，以及日本少子化、老龄化的加速，这一数字呈逐年下降趋势。为解决经济、社会发展中人才匮乏的问题，日本政府先后实施了“日本再兴计划”及“第二期教育振兴基本计划”，希望在2020年以前，吸收30万名国际留学生进入日本各大学就读。为此，日本文部科学省、日本学生支

援机构、日本学术振兴机构等纷纷采取相应措施，积极吸引国际优秀学生留日深造。虽然日本政府勾画了美好的愿景，也采取了相应的措施，但最终的效果并不尽如人意。

日本文部科学省2013年的调查数据显示，日本的770所大学（国立大学86所、公立大学83所、私立大学601所）共接收国际留学生135519人。这是日本国际留学生总数在2010年创历史最高后连续第三年出现下跌，而且其下跌幅度仅次于发生“3·11”东日本大地震的2011年，跌幅为-1.6%（见表1）。

表1 2010~2013年日本大学接收国际留学生人数

单位：人，%

年份	国立大学	公立大学	私立大学	合计	年增长率
2010	35183	3110	103481	141774	6.8
2011	35338	3230	99507	138075	-2.6
2012	35405	3335	99016	137756	-0.2
2013	35561	3415	96543	135519	-1.6

资料来源：日本文部科学省，http://www.mext.go.jp/；日本学生支援机构，http://www.jasso.go.jp/index.html。

日本国际留学生在学校选择方面的倾向，反映了日本国立大学与私立大学对国际留学生不同的吸引程度。日本学生支援机构的统计数据显示：2013年，在吸引国际留学生较多的大学中，前两位均为私立大学，最多的是早稻田大学（3899人），其次是日本经济大学（3358人）。私立大学的优势在接收留学生的人数上也可见一斑，唯一跻身前三的国立大学——东京大学接收留学生的人数分别比前两位少了1060人和519人。国立大学在吸引国际留学生方面也有自己的优势，有7所国立大学跻身接收国际留学生的前十位，而且九州大学、大阪大学、筑波大学、京都大学、名古屋大学2013年接收国际留学生的总数均在1500人以上（见表2）。

表 2　2011～2013 年接收国际留学生总数前十位的日本大学

单位：人

学校名称	学校性质	外国留学生人数		
		2011 年	2012 年	2013 年
早稻田大学	私立	3393	3771	3899
日本经济大学	私立	3378	3135	3358
东京大学	国立	2877	2873	2839
立命馆亚洲太平洋大学	私立	2692	2526	2420
九州大学	国立	1866	1931	1969
大阪大学	国立	1780	1925	1985
筑波大学	国立	1663	1681	1744
京都大学	国立	1631	1664	1684
名古屋大学	国立	1556	1611	1648
东北大学	国立	1497	1428	1435

资料来源：日本学生支援机构，http：//www. jasso. go. jp。

2. 近一半的留学生集中在关东地区，六成留学生选择了社科人文类专业

日本学生支援机构的数据还显示了日本国际留学生在留学目的地与专业选择方面的倾向。从地区来看，近一半的日本国际留学生以关东地区为留学首选地，留学目的地主要集中在东京、埼玉、千叶、神奈川等大城市，占留学生总数的 47%；其次是近畿地区，即大阪、京都、奈良等，这些地区悠久的历史对国际留学生有相当大的吸引力，选择到这一地区留学的人数占留学生总人数的 19%；再次是九州和中部地区，分别接收了 13% 和 11% 的国际留学生。中国地区、东北地区、北海道、四国地区接收的留学生数量较少，分别仅占总数的 5%、2%、2% 和 1%（见图 1）。

从专业来看，在日国际留学生的首选专业为社会科学，占比为 39%。其次是人文学科，占比为 21%，两专业吸引的国际留学生数量占总数的六成。其他专业占比如图 2 所示。

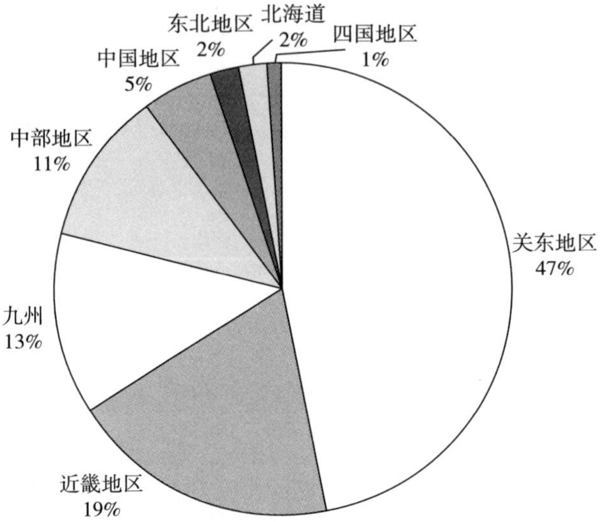

图1　国际留学生的区域分布

注：此处的“中国地区”指日本的中西部，包括山口县、广岛县、鸟取县、岛根县、冈山县等。

资料来源：日本学生支援机构，http：//www. jasso. go. jp/。

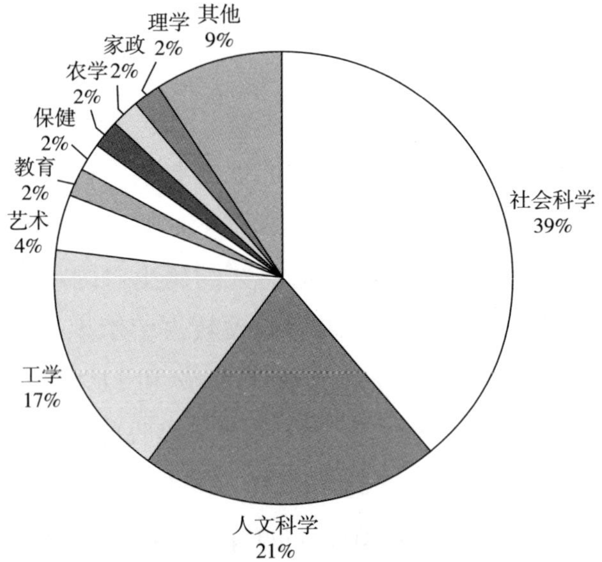

图2　在日国际留学生的专业领域分布

资料来源：日本学生支援机构，http：//www. jasso. go. jp/。

3. 中国仍是日本最大的留学生来源国，但下滑幅度加大

多年来，中国是日本国际留学生的最大来源国。2011 年之前，中国赴日留学人数一直处于平稳增加的状态。但这种上涨的趋势在 2011 年达到了顶点，之后开始下滑。2012 年，中国赴日留学人数为 8.63 万人，与 2011 年相比下降了 1.4%。而 2013 年中国赴日留学人数进一步下降为 8.19 万人，与 2012 年相比下降了 5.1%，进一步拉开了下降的幅度（见图 3）。

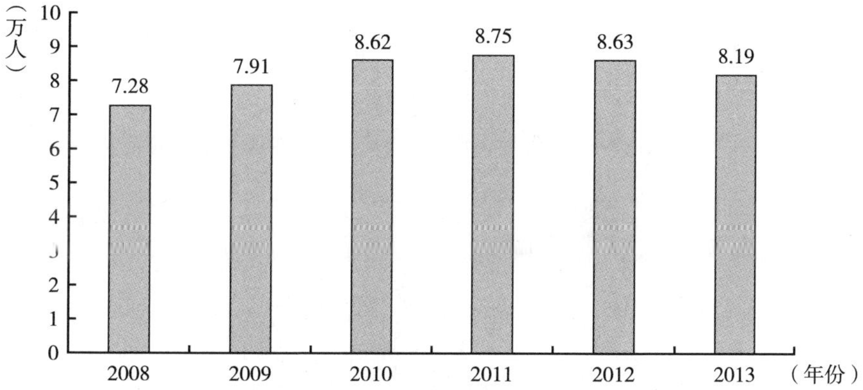

图 3　2008～2013 年中国赴日本留学人数

资料来源：日本学生支援机构，http://www.jasso.go.jp/。

4. 在日就业留学生半数以上从事翻译、营销类工作，近五成月薪在 20 万～25 万日元

2013 年 7 月，日本法务省入国管理局发布了《平成 24 年留学生在日的就业状况报告》。① 据此报告统计，2012 年，向日本法务省入国管理局提交留学签证转就职签证申请的人数为 11698 人，其中 10969 人变更成功。从国家和地区来看，申请签证资格变更人数最多的地区是中国大陆，有 7032 人，占总数的 64.1%；其次是韩

① 平成 24 年为 2012 年。

国，有 1417 人；中国台湾居第三位，为 352 人；越南、尼泊尔、泰国紧随其后，分别为 302 人、224 人、170 人。

从留学生毕业后在日就业的类型来看，从事翻译类职业的人最多，为 2928 人，占全体比重的 26.7%；其次为营销类，有 2529 人，占全体比重的 23.1%。从事这两类职业的人员总和为 5457 人，占全体比重的 49.8%，也就是说，将近一半的留日毕业生在从事这两类工作（见图 4）。

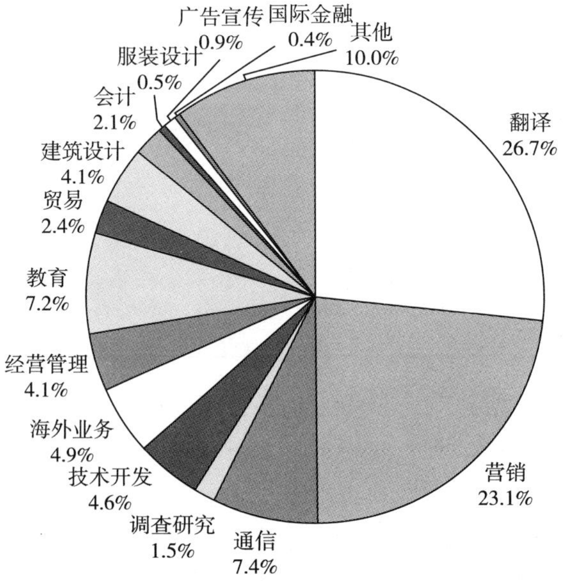

图 4　2012 年留学生毕业后在日从业类型分布

资料来源：日本法务省入国管理局《平成 24 年留学生在日的就业状况报告》，2013 年 7 月，第 1～18 页。

法务省入国管理局的报告还对 2012 年毕业留学生的就职月收入做了统计，数据显示：月收入 20 万～25 万日元的人数最多，为 5092 人，占全体比重的 46.4%；其次是月收入 20 万日元以下的留学生，人数为 3596 人，占全体比重的 32.8%；月收入在 40 万日元以上的留学生少之又少，仅 189 人，占全体比重的 1.7%（见图 5、表 3）。

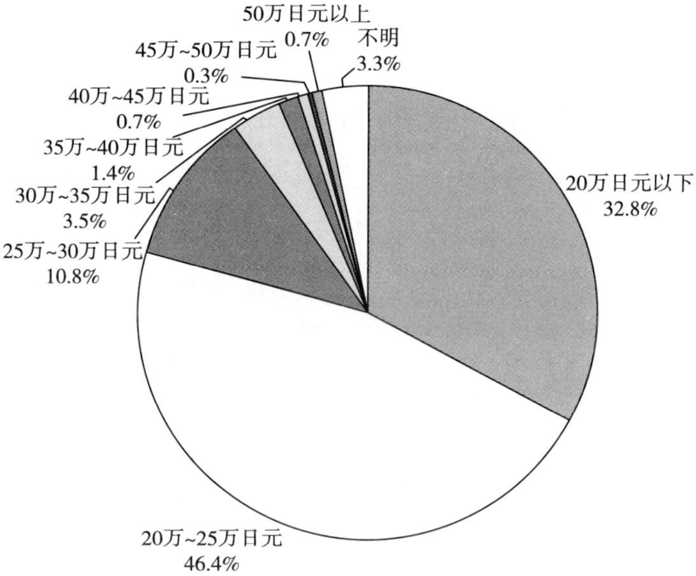

图 5　2012 年毕业留学生在日就职月收入

资料来源：日本法务省入国管理局《平成 24 年留学生在日的就业状况报告》，2013 年 7 月，第 1 ~ 18 页。

表 3　2007 ~ 2012 年毕业留学人员在日就职月收入统计

单位：人

月收入(日元)	2007 年	2008 年	2009 年	2010 年	2011 年	2012 年
20 万以下	2960	2828	2697	2534	2641	3596
20 万 ~ 25 万	4781	5521	4945	3538	4006	5092
25 万 ~ 30 万	1491	1511	1116	1002	1021	1189
30 万 ~ 35 万	301	298	231	286	344	381
35 万 ~ 40 万	150	166	135	127	114	158
40 万 ~ 45 万	49	78	59	69	71	76
45 万 ~ 50 万	28	32	20	23	32	34
50 万以上	85	80	74	50	85	79
不明	417	526	307	202	272	364
总计	10262	11040	9584	7831	8586	10969

资料来源：日本法务省入国管理局《平成 24 年留学生在日的就业状况报告》，2013 年 7 月，第1 ~ 18 页。

（二）日本的奖学金制度

日本学生支援机构每隔3年对日本的大学、地方公共团体、民间团体及个人等实施奖学金支援的情况进行调查。2010年的调查结果显示：在奖学金制度中，留学生的学历、人格、经济状况是奖学金对象选拔的重点考量因素，38.5%的奖学金制度重视对这三个方面的综合评价，44.8%的学校在选拔过程中以学历、人格为首要考量因素（见表4）。

表4　日本奖学金选拔考察基准

单位：个，%

考察基准		地方公共团体	学校	公益法人	营利法人	个人及其他	总计
学历、人格	数量	60	2852	149	4	12	3077
	占比	4.6	44.8	17.9	40.0	12.2	35.8
经济状况	数量	446	1288	148	0	29	1911
	占比	34.4	20.2	17.7	0.0	29.6	22.2
学历、人格、经济状况都注重	数量	771	1977	508	6	53	3315
	占比	59.4	31.1	60.9	60.0	54.1	38.5
其他	数量	21	246	29	0	4	300
	占比	1.6	3.9	3.5	0.0	4.1	3.5
总计	数量	1298	6363	834	10	98	8603
	占比	100	100	100	100	100	100

资料来源：日本学生支援机构，http：//www.jasso.go.jp/。

1. 国费留学生奖学金制度

日本针对留学生的奖学金种类较多，根据取得奖学金留学生的身份，大致可以分为两类：国费留学生奖学金和私费留学生奖学金。其中，最高奖学金为日本文部科学省于1954年设立的国费留学生奖学金，获得此类奖学金的留学生被称为“国费生”。

国费留学生的招考和选拔方法主要分为三类：一是由驻招考对象国的使领馆推荐，详细情况参见表5。我国是由教育部招考并进

表5　国费留学生的招生和选拔过程

分类	赴日前					在日期间				回国后
时间	2~4月 1月	5~7月 2~4月	10月 6月	次年2月 7月	次年3月 9月		次年4月 10月	（4月入学） （10月入学）		—
过程	招生 →	第一次选拔 →	第二次选拔 →	录取通知 →	入境手续 →	赴日 →	日语学习 →	专业学习 →	回国 →	跟踪联系
负责机构	所在国政府、大学等，外务省（驻外日本使领馆）	（有的国家还有预备选拔）外务省（驻外日本使领馆）	文部科学省	文部科学省与大学等达成接收协议	外务省（驻外日本使领馆）文部科学省	日本学生支援机构	指定的日语教育机构	大学等接收机构		日本学生支援机构与大学等
内容		资料审查、笔试、面试	由选拔委员会进行资料审查		获得入境身份证并发送机票	迎送				寄送学会刊物等
申请资格	①高中毕业或将要毕业者，可申请大学本科的国费留学生奖学金，年龄在17岁以上、22岁以下。 ②大学毕业或将要毕业者，可申请研究生的国费留学奖学金，年龄在35岁以下									
资助金额	大学本科117000日元；研究生（非正规生）143000日元；硕士生144000日元；博士生145000日元（2014年）。 对于特殊研究领域者，会增加2000~3000日元。 日本政府支付入学金、学费及赴日旅费									
资助时间	大学本科：包括日语学习的时间，奖学金支付年限不超过5年（日语教育1年）； 研究生（非正规生）：包括日语学习的时间，奖学金支付年限不超过2年（日语教育6个月，达到足够日语能力的留学生可直接入学）； 硕士生及博士生：奖学金支付到各自课程结束为止（标准学位取得年限）									

资料来源：日本文部科学省，http：//www. mext. go. jp/。

行第一次选考，被录取的学生通常每年的10月赴日留学。二是由日本的大学根据大学间交流合作协议推荐。主要以留学研究生和日语、日本文化研修留学生为选拔对象，由接收大学向文部科学省推荐招生，留学研究生原则上为10月赴日，详细情况参见表5。三是在籍自费留学生通过在籍日本大学的推荐，可转变身份，被录取为国费留学生，这种方式被称为“国内录取”。目前，日本“国内录取”方式只面向接受大学院正式课程教育的自费留学生或即将接受大学院正式课程教育的自费留学生，大学本科生除外，招生和选拔过程参见表6。文部科学省2013年8月12日发表的声明指出，2012年有8588人被录取为日本国费留学生，其中来自中国的学生为1411人，占全体国费留学生的16.4%。

表6 日本大学推荐和日本国内录取的招生和选拔过程

大学推荐的国费留学生		日本国内录取的国费留学生	
时间	研究生/日语及日本文化进修留学生	时间	硕士生及博士生
12月	向大学发出招生通知	8月	向各个大学发出招生通知
4月中旬	来自各个大学的推荐截止	12月	来自各个大学的推荐截止
6月	召开选拔委员会(决定录取者)	2月	召开选拔委员会(决定录取者)
9月中旬	办理入境手续	4月	录取为国费留学生
10月	录取者赴日留学		

资料来源：日本文部科学省，http：//www.mext.go.jp/。

2. 私费留学生奖学金制度

在日自费留学生除了可以申请文部科学省的国费奖学金，也可以申请文部科学省的外国人留学生学习奖励费以及来自35个地方自治团体及国际交流团体和110个民间团体的奖学金，申请享受日本各大学的学费减免及免除（见表7）。《日本留学奖学金手册2013》介绍，2012年获得文部科学省外国人留学生学习奖励费的留学生人数达12155人，其中大学生8810人，硕士及以上留学生3345人。部分重点奖学金及中国留学生常申请的奖学金见表8。

表7　私费留学生可申请的奖学金

种类	支付团体	金额
文部科学省外国人留学生学习奖励费	文部科学省	大学生:48000日元/月;研究生、博士生:65000日元/月
地方自治团体及国际交流团体的奖学金	35个地方自治团体及国际交流团体	25000日元/月(平均)
民间团体奖学金	110个民间团体	88681日元/月(平均)
学费减免/免除制度	各个大学	根据各大学的制度有所差异

资料来源：《日本留学奖学金手册2013》，http://www.jasso.go.jp/study_ j/scholarships_ sfisij.html。

表8　日本针对外国私费留学生的部分重点奖学金

奖学金名称	资助金额		资助时间	申请时间
	大学生	硕士生、博士生		
桥本循纪念会奖学金	100000日元/月	100000日元/月	资助开始至毕业的最短修学年限	每年3月下旬
文部科学省外国人留学生学习奖励费	48000日元/月	65000日元/月	12个月(申请通过后的当年4月起，直至次年3月)	每年3月下旬开始募集,5月中旬经学校选考推荐给日本学生支援机构
罗大力米山奖学金	100000日元/月	140000日元/月	最长24个月	每年8月中旬
平和中岛财团外国人留学生奖学金	100000日元/月	100000日元/月	最长12个月	每年9月中旬

续表

奖学金名称	资助金额		资助时间	申请时间
	大学生	硕士生、博士生		
国内录取国费留学生计划	无申请资格	150000 日元/月	申请通过后开始，直至毕业（学习的最短年限内）	每年 10 月中旬
公益信托川岛章司纪念奖学金基金	100000 日元/月	100000 日元/月	24 个月	10 月中旬
佐藤阳国际奖学财团奖学金	120000 日元/月	180000 日元/月	24 个月	11 月中旬

注：日本各大学情况不同，申请者可登录各学校网站进行查询。
资料来源：日本学生支援机构。

二 2013 年中国学生赴韩国留学现状

（一）留学韩国概况

1. 2013 年韩国国际留学生总数再次出现下滑，但下滑速度减缓

韩国是亚洲重要的留学目的国之一，其中一个重要原因在于其教育资源相当丰富。据韩国教育部统计，韩国有 4 年制大学 201 所，2 年制或 3 年制的短期专科大学 146 所，大学的升学率为 84%，其中 4 年制大学的招生率为 90%，地方短期专科大学的招生率为 70%。但受韩国少子化的影响，韩国政府将鼓励外国留学生来韩深造上升到国策高度。因此，韩国政府不断转变政策导向，改善留学环境，以吸引国际留学生。

韩国国际留学生数量的变化幅度在 2009～2013 年表现出了过山车势态，2011 年韩国国际留学生总数达到一个历史高点——88468 人；2012 年出现了 4.2% 的大幅度下滑，总人数下降到 84711 人；

2013 年，韩国国际留学生总数并没有出现逆势上扬，而是继续了 2012 年的下滑趋势，人数下降到 81871 人，但值得一提的是，与 2012 年相比，2013 年的下滑幅度明显缩小，为 3.4%（见图 6）。

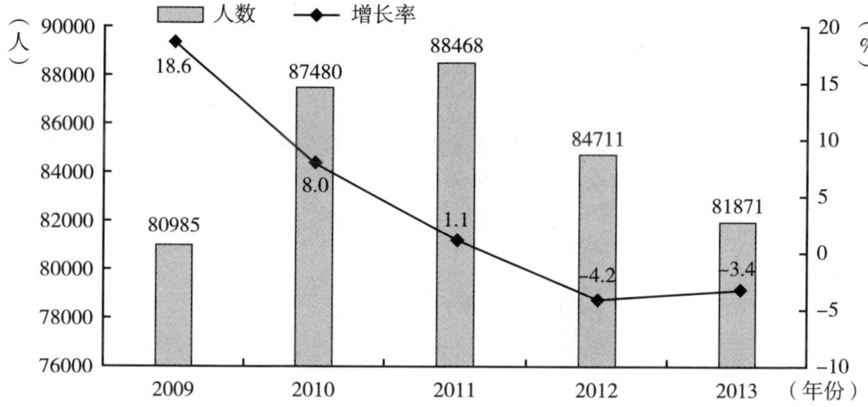

图 6　2009～2013 年韩国国际留学生人数及增长率

资料来源：韩国法务部，http：//www.immigration.go.kr/HP/TIMM/index.do?strOrgGbnCd=1040002。

2. 中国大陆在韩留学生人数持续下降，但仍占韩国国际留学生的一半以上

在韩国国际留学生总数持续下降的大背景下，中国大陆赴韩留学生人数与之保持了一定程度上的一致性。2009～2011 年，在韩中国大陆留学生总数均维持在 6 万人以上；2012 年，跌破 6 万大关，人数下降到 57798 人；2013 年，下降趋势依然未变，人数下降到 54235 人，降幅为 6.2%。虽然中国大陆在韩留学生人数一直在下降，但中国大陆作为韩国国际留学生最大来源地的地位并没有改变。2013 年，中国大陆在韩留学生总数仍占韩国国际留学生的一半以上，为 58.6%（见图 7）。从图 7 可知，韩国国际留学生主要来自亚洲地区，其国际留学生的七成以上来自亚洲地区。通过这一信息可以看出，韩国的教育水平虽然在亚洲地区具有相当大的竞争力，但在世界范围内的竞争力还较弱，韩国在吸引亚洲以外国家留学生方面的能力有待进一步提高。

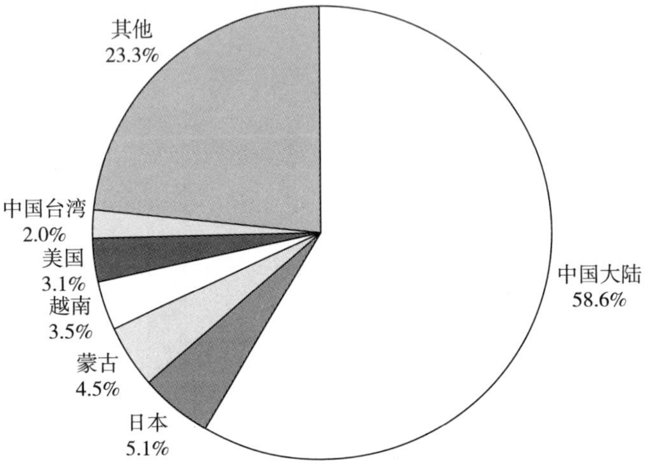

图 7 2013 年韩国国际留学生来源地分布

资料来源：韩国教育部，http：//www. moe. go. kr/main. do。

3. 韩国教育部的大学认证制度

2008 年之后，韩国的部分私立小规模大学为确保生源，出现了过分招收留学生的现象。有些学校的留学生比例甚至为 80% 左右。这些大学在国际留学生管理方面存在问题，使得这些学校成为非法滞留者的温床，以工作为目的的留学生入学后中途退学而失踪的情况时有发生。为了扭转这一情况，韩国政府从两方面采取了积极有效的措施：一是督促校方加强对国际留学生的管理；二是对韩国各大学实施评估。

韩国教育部从 2011 年开始进行对各大学的评估试点，并于 2012 年正式实施外国留学生招生与管理认证制度。该制度包括外国人专人教授、海外派遣学生数、海外留学生数、留学生退学率、留学生学费减免比例等一系列指标，来评价韩国大学教育外国留学生的条件和能力，只有达到一定水准的学校才能得到政府的认证。目前，通过评估获得认证的韩国高校有49所，包括42所4年制高校和7所专科大学。而没有达到评估标准则列入“外国留学生管理不良学校黑名单”，被限制给外国留学生发放签证的大学有13所，其中4年制大学7所、专科大学6所（见表9）。

表9　2013年获得认证的大学及签证受限的高校名单

区分		4年制高校	专科大学
获得认证的大学（49所）	2012年前认证（25所）	庆尚大学、全南大学、全北大学、忠北大学、首尔大学、首尔市立大学、建国大学、建国大学忠州校区、高丽大学、大田大学、祥明大学（天安校区）、西江大学、淑明女子大学、亚洲大学、延世大学、延世大学原州校区、梨花女了大学、仁荷大学、中央大学、汉阳大学、韩国国际大学、又松大学	东洋未来大学、汉阳女子大学、仁荷工业专科大学
	2013年新增（24所）	公州大学、釜山大学、济州大学、首尔科学技术大学、加图立大学、建阳大学、庆星大学、庆熙大学、东国大学、东亚大学、明知大学、釜山外国语大学、祥明大学、首尔女子大学、鲜文大学、韩国技术教育大学、韩国外国语大学、韩国产业技术大学、韩国科学技术院（KAIST）、仁川大学	釜山科学技术大学、济州观光大学、济州汉拿大学、昌信大学
签证发放受限大学（13所）	2012年前认证(3所)	加耶大学、大邱艺术大学、水原大学	—
	2013年新增（10所）	庆南科学技术大学、艺苑艺术大学、总神大学、协成大学	金泉科学大学、大邱科学大学、大林大学、大元大学、岭南理工大学、全北科学大学

资料来源：韩国留学通网，http：//www. liuxuekorea. com/Board/view. aspx? BoardID = 17&NowPage = 1&m1 = 2&m2 = 1&sTab = 2&cID = 12577，2014. 06. 25，http：//www. liuxuekorea. com/Board/view. aspx? BoardID = 17&NowPage = 1&m1 = 2&m2 = 1&sTab = 2&cID = 12578，2014. 06. 25。

（二）韩国留学政策

1. 韩国的“Study Korea Project”

为了扭转国内留学赤字、弥补人才外流带来的高端劳动力缺口，韩国政府自2005年起实施“Study Korea Project”，推动吸引国际留学生来韩学习。在“Study Korea Project”的推动下，韩国政府也在不断地完善留学生政策，增大其对国际留学生的吸引力。为增加国费留学生的数量，到2015年，韩国政府将把年度“韩国政府邀请奖学金”预算增加到1000亿韩元（约合5.76亿元）；以在外韩国使馆为中心，所有韩国政府机关的海外分支都有义务做好友好交流活动，以吸引更多人来韩深造；在海外开设韩语及韩国文化讲座等。韩国政府在完善留学政策方面的努力见表10。

表10　韩国“Study Korea Project”下的吸引留学生政策

重点实施项目	具体政策
增加“韩国政府邀请奖学金”预算	到2015年，韩国政府将把一年的“韩国政府邀请奖学金”预算增加到1000亿韩元（约合5.76亿元）。2012年获“韩国政府邀请奖学金”赴韩的外国留学生为2222人，2013年为2560人。按照该计划，2014年外国留学生将达3100人，2015年外国留学生将达3650人
构建海外组织间信息交流平台	①强化在外韩国使馆、韩国教育机构的留学生吸引机能。第一，实施在外韩国使馆工作人员的成果合约制，督促把吸引留学生作为工作业绩，反映在人员评定中；第二，推进在韩国留学热点地区增设教育院校。②为共享关于留学生吸引招收信息，以在外韩国使馆为中心构建海外机构间的信息交流平台。在外使馆、韩国教育院、文化院、韩国文化广播公司、韩国观光公社、韩国贸易馆（KOTRA）、韩国国际合作机构（KOICA）、韩国进出口银行海外分行等积极参与。③在外韩国使馆及外交通商部的主页上均增加韩国留学介绍信息
加强留学韩国的宣传活动	①运营管理韩国留学介绍官网 www. studyinkorea. go. kr。第一，介绍出入韩国的签证办理、各大学的信息以及韩国教育制度；第二，跟进原赴韩留学生的发展动态，委托在线评价；第三，增设多语言化服务功能，如韩语、英语、汉语、日语、俄语、蒙古语等②绑定韩国文化活动和宣传韩国留学活动，加强宣传。在多个国家举办此类活动，如中国、蒙古、新加坡、日本、越南、印度尼西亚、乌兹别克斯坦等

续表

重点实施项目	具体政策
改善外国留学生的求学、生活环境	①支持韩国大学开设英语教育课程及韩语研修项目课程。②通过产学联手的方式吸引优秀国际留学生。第一,大学招收企业所需领域的留学人员;第二,企业提供奖学金、实习机会,留学生毕业后企业予以聘用。③为留学生提供宿舍,并提高留学人员的接收率,活用民间投资,充实留学生宿舍的建设。④在大学财政支援项目里增加留学生支援业绩项目,包括接受留学生人数、留学支援项目、留学生宿舍、广告宣传及为招收留学生做出的努力。⑤落实留学生的医疗补助费。⑥构建留学生数据库,形成活用人才资源的基础。第一,以希望在韩就职的留学生为对象建立数据库,与产业通商资源部的企业求职信息相连,支持在线求职活动;第二,产业通商资源部在大学开展巡回招聘会,与在线就职活动同时展开。第三,产业通商资源部出台金卡制服务,信息技术、企业信息化、生物技术、网络技术、新材料、运输机械、数码电子、环境能源等专业的留学生,毕业后可不用回国而直接变更签证在韩国就业;第四,对韩裔留学生的父母、配偶提供移居支持
韩语、韩国文化的普及和推广	①扩大韩语能力测试(TOPIK)的实施地区。从 2004 年 16 个国家和地区的 46 个城市发展到 2013 年 47 个国家和地区的 99 个城市;2013 年第 32 届 TOPIK 考试的应考人数为 67595 人,考生人数达历年之最。②支持海外的中小学校把韩语纳入外语课程,支持美国、加拿大、澳大利亚、英国等国家设置韩语教育课程
构建有效的行政支持体系	①设置留学生政策推进委员会,成员为产官学方面的专家。②改善留学生的出入境、在留资格管理。第一,简化签证手续,留学生毕业后求职期限可延长。获学士学位者在变更签证后有最长 1 年的求职期限;获硕士学位以上者,变更签证后有最长 2 年的求职期限。第二,强化大学的留学生在籍管理项目,向韩国法务部报告留学生的在籍变动情况是韩国大学的基本义务。第三,在留学生管理上表现突出的大学,在发放签证上给予一定的优惠政策

资料来源:CCG 根据公开资料整理。

2. 奖学金制度

韩国教育部、文化体育观光部、外交通商部都设立了以留学生为对象的奖学金,以吸引国际留学生,具体奖学金情况见表 11。

表 11 韩国政府奖学金一览

指标	韩国政府邀请奖学金	优秀私费留学生奖学金	交换留学生奖学金	东亚艺术人力养成奖学金	韩国高等教育财团奖学金
对象	与韩国建交国家留学生	全学科领域留学生	全学科领域留学生	亚洲各国和地区音乐、舞蹈、美术、电影、传统艺术等领域的留学生	人文社会学科、能源、通信领域的亚洲大学教授及研究员
支援课程和期间	大学本科4年;硕士2年;博士3年;韩语研修6个月到1年	12个月	6个月(1个学期)、12个月(2个学期)	大学本科4年,研究生2~3年	12个月
支援内容	往返旅费、生活费90万韩元;研究经费:人文系42万韩元、自然科学系48万韩元;医疗保险	生活费每月50万韩元,参加就业指导和文化体验	生活费(每月80万韩元)、预备金(每年20万韩元)、往返旅费(平均170万韩元)、医疗保险(每月1.5万韩元)	大学本科每年1800万韩元,硕士每年1800万韩元	研究经费每月220万韩元,往返旅费、保险、补贴等
选拔人数	每年不同	400人	500人	20人	约50人
申请时间	前一年的11月至次年2月	每年1月	每年的1月、8月	每年6~7月	截至每年2月15日
推进机构	教育部、国立国际教育院	教育部、国立国际教育院	教育部、国立国际教育院	韩国艺术综合学校	韩国高等教育财团

资料来源：韩国留学介绍官网，http：//www. studyinkorea. go. kr/ja/sub/overseas_ info/korea_ edu/edu_ scholarship. do。

专 题 篇

Special Reports

B.9

2013 ~2014 年度泰晤士高等教育世界大学排名解读

摘 要:

目前，泰晤士高等教育世界大学排名是应用最广泛的大学排名，它秉持科学、严谨的评价体系，对符合其筛选条件的大学进行排名，为广大留学生提供重要的择校依据。本报告对泰晤士高等教育世界大学排名体系进行了深入细致的解读，同时，还对比其他三种大学排名方式，以揭示它们各自的不同之处和侧重点，以便为广大留学生选择与自己需求相契合的排名方式提供参考。

关键词:

泰晤士 世界大学排名 解读

泰晤士高等教育世界大学排名（Times Higher Education World University Rankings，简称“泰晤士世界大学排名”），是全世界知名的全球性大学排名之一。它是全球唯一考评研究型大学科研实力的大学排名，也是目前在全球运用最广泛的大学排名，其评估指标较为全面和均衡，因此在国际留学生和高校中得到广泛认可，极具参考价值。

自2004年首次发布世界大学排名以来，《泰晤士报高等教育副刊》已连续10年发布世界大学排名。在这十年里，《泰晤士报高等教育副刊》与其合作伙伴不断地对排名体系进行深入研究，创建了科学、严谨的研究方法和指标体系，与此同时，汤森路透为其提供了强大的数据支持。以2013～2014年度世界大学排名为例，来自五大洲15个国家的17500多位学术界人士接受了调查访问，50多名教育界权威人士参与了对排名的审定。此外，汤森路透为排名提供的数据支持包括600万篇学术论文、5000万次论文引用数量，以及800所大学的信息等。此次排名最关键的13项独立的考评指标则由各院校提供，以便评审委员会对大学的教学、科研、知识转移、产业收入和国际视野等进行评估。

值得注意的是，泰晤士世界大学排名的参选对象不包括以下几类：第一，不设本科的大学；第二，只开设单一学科的大学；第三，2007～2011年发表的学术论文数量不足1000篇（平均每年200篇）的大学。但是，如果大学专注的领域原本发表论文数量较少，例如工程学和艺术领域等，在这种情况下，即使每年发表论文数量低于200篇的大学，也可以入围。

一　泰晤士大学排名指标体系解读

泰晤士世界大学排名体系有四大支柱，它们分别是：教学、研究、知识转移和国际视野。世界领先大学首先是创造知识的源泉，并对世界产生影响，因此研究和知识转移是其重要考核对象，而且领先大学还要具有开阔的国际视野，最重要的是，大学要为学生提供优质的教学环境。这四大支柱构成了泰晤士大学排名的独特性，《泰晤士报高等教育副刊》从中制定出13项考评指标，分别归为以下五类：教学（学习环境）、科研（数量、收益和声望）、论文引用数量（研究影响力）、国际视野（员工、学生、研究）和产业收入（创新）。各个指标的说明与权重如表1所示。

表1　泰晤士世界大学排名指标体系

一级指标及权重	二级指标及权重	指标说明
教学(学习环境) 30%	声誉调查 15%	2013年春,汤森路透完成了最新的声誉调查,该调查考察各高校在科研和教学方面获得的声誉
	师生数量比 4.5%	—
	博士学位与本科学位数量比 2.25%	—
	博士学位与教学人员数量比 6%	该指标不但显示了学校在培育学术下一代方面的贡献,毕业的研究型学生的高比例也反映了学校高水平的教学。高水平的教学将会吸引研究生并影响他们的发展。另外,该指标也是为了衡量一所学校独一无二的学科混合,反映一所学校获得博士学位者的数量变化
	机构收入 2.25%	该指标根据教学人员的数量来衡量,以便在衡量时体现平等。这一指标显示了一所学校的一般状态,对学校的基础设施为学生和教学人员提供的帮助给出了大概的描述

续表

一级指标及权重	二级指标及权重	指标说明
科研(数量、收益、声誉)30%	声誉调查 18%	该指标是科研指标中最重要的指标,用以衡量一所学校在研究方面的卓越表现。该指标以每年的学术声誉调查为依据
	科研收入 6%	科研收入根据科研人员的数量来衡量,以便在衡量时体现平等。该指标存在一定的争议,因为它容易受到国家政策和经济环境的影响。但收入对世界级研究的发展是至关重要的,而且很多科研收入服从竞争并通过同行审议来判断。该指标描绘了各学校的清晰轮廓,自然科学领域得到的研究经费往往高于高质量的社会科学、艺术、人类学研究获得的研究经费
	科研生产力 6%	计算各学校在被汤森路透编辑为索引的学术期刊上发表的论文数量,衡量一所学校的总体发表论文规模并在专业领域内实现标准化的程度。该指标反映了一所学校在高质量的、同行审议的期刊上发表论文的能力
论文引用数量(研究影响力)30%	—	科研影响力指标是13个单项指标中最重要的指标,它衡量了学校在传播新知识和新想法方面起到的作用。 用一所学校出版的专著在全球范围内被学者引用的数量,来衡量其研究的影响力。2014年提供数据的汤森路透检索了2007～2011年600万篇文章超过5000万次的引用量。这一数据来自汤森路透在科学数据库网站中编辑为索引的1.2万种学术期刊。2012年的引用量也被计算在内。 引用量展示了各学校在增加人类知识总量方面的贡献:告诉我们谁的研究是站得住脚的,谁的研究是建立在其他学者的基础之上的,最重要的是其通过分享扩展了人类认知的边界。排名中排除了论文发表量低于每年200篇的学校,以保证有充足的数据来完成有效的比较

续表

一级指标及权重	二级指标及权重	指标说明
国际视野（员工、学生、研究）7.5%	国际留学生与本国学生数量比 2.5%	学校在全球范围内吸引本科生和研究生的能力是其在世界舞台上取胜的关键
	国际教学人员与本国教学人员数量比 2.5%	—
	跨国科研 2.5%	在这一国际性指标中，计算至少有一位国际联合作者并获得更多销量的研究出版物在一所学校总体研究出版物中占的比例。该指标同样运用5年的时间跨度来衡量一所学校在专业领域方面的跨度
产业收入（创新）2.5%	—	学校在协助产业创新、产业发明、产业咨询方面的作用已经成为当代全球各高校的核心使命。该指标通过一所学校在产业领域获得的研究收入来衡量该学校的知识转移能力。当然，从产业领域获得的研究收入会同时考虑用科研人员的数量来衡量，以便在衡量时体现平等。这一指标反映了商业领域愿意支持大学科学研究的能力和大学从商业市场吸收资金支持的能力，是非常能反映学校质量的指标

资料来源：*Times Higher Education*：*The World University Rankings 2013 – 2014.*

二　2013 ~2014 年度泰晤士世界大学排名解读

2013 年 10 月 2 日，《泰晤士报高等教育副刊》与雅思考试三大主办方之一的 IDP 教育集团携手推出了 2013 ~2014 年度泰晤士世界大学排名。这次排名展现了全球大学的最新实力格局，从侧面揭示了出全球高等教育的发展趋势，成为包括中国留学生在内的很多国家留学生择校甚至择业的参考依据。

2013～2014年度泰晤士世界大学排名与此前发布的世界大学排名相比，显示了四大特点：①欧美高校地位稳固；②亚洲高校潜力巨大；③大洋洲高校表现相对平稳；④欧洲高校需要提升（见表2）。

表2　2013～2014年度泰晤士高等教育世界大学前200名分布情况

单位：所

大洲	国家和地区	入围200强的学校数量	与2012～2013年度相比的数量变化
北美洲（84）	美　国	77	1
	加拿大	7	-1
欧洲（87）	英　国	31	0
	荷　兰	12	0
	德　国	10	-1
	法　国	8	-1
	瑞　士	7	0
	比利时	5	1
	瑞　典	5	0
	丹　麦	3	0
	爱尔兰	2	0
	奥地利	1	0
	芬　兰	1	0
	挪　威	1	1
	西班牙	1	1
亚洲（20）	日　本	5	0
	韩　国	4	0
	中国香港	3	-1
	中国内地	2	0
	以色列	2	-1
	新加坡	2	0
	中国台湾	1	0
	土耳其	1	1

续表

大洲	国家和地区	入围200强的学校数量	与2012～2013年度相比的数量变化
大洋洲（8）	澳大利亚	7	-1
	新西兰	1	0
非洲（1）	南　　非	1	0

资料来源：*Times Higher Education：The World University Rankings 2013 - 2014.*

（一）欧美高校地位稳固

在2013～2014年度泰晤士世界大学排名中，从总体上看，全球教育总体实力格局变动不大，欧美高校的地位依然坚挺。在排前200名的高校中，八成以上来自北美洲和欧洲，其中北美洲84所、欧洲87所。这显示了欧美国家在教育领域内占据了相当大的优势，其高校的教育水平也受到广泛认可。但仔细观察，北美洲和欧洲各国情况参差不齐，有喜有忧。

在2013～2014年度的榜单中，美国无疑是最大赢家。加州理工学院连续三年蝉联榜首，哈佛大学与牛津大学并列第二，斯坦福大学排名第四。在排前10位的大学中，美国大学占了7所，比上一年度增加了1所。而在排前200位的大学中，美国大学占了77所。毋庸置疑，目前美国依然是世界上教育水平最高、接收国际留学生最多的国家。

分析入选的前10位美国高校，我们可以发现它们有一个共同点——师生比较小。连续三年独占鳌头的加州理工学院，2013年12月的师生比是3∶1。师生比越小意味着学校在单个学生身上投入的关注与经费越多，越有利于学生的发展。在泰晤士世界大学排名中一向有不错表现的英国，在2013～2014年度的榜单中整体表现良好，入围榜单的高校数量与上一年度持平，而且包揽了世界大学前10位中其余的3席，以及前200位中的31席。虽然英国与美国的差距较大，但仍遥遥领先于其他国家。

（二）亚洲高校潜力巨大

亚洲高校在2013～2014年度泰晤士世界大学排名中的表现也是可圈可点的。共有6所亚洲高校入围前50位，比上一年度增加了1所，其中日本、韩国、新加坡、中国香港各有1所，中国内地有2所，分别为北京大学和清华大学。在这6所高校中，除香港大学之外，其余5所大学的排名都有所上升，其中上升最快的是韩国的首尔国立大学，从上一年度的第59位上升到了2013～2014年度的第44位。亚洲高校排名的上升，显示了亚洲高校蕴藏着巨大潜力。随着亚洲经济的快速发展，政府和私人奖学金项目也逐渐增多，亚洲的教育水平正在逐步得到提升，其发展潜力非常值得期待。

2013～2014年度泰晤士世界大学排名在一定程度上也反映了中国高校在近年来的快速发展。在亚洲各高校迅速发展的背景下，中国内地高校作为一股不可忽视的力量，也在积极寻求自己在世界舞台上的一席之地。从近几年来中国内地几所重要高校在泰晤士世界大学排名中的变化可以看出，中国内地高校的排名虽然在2011～2012年度的榜单中出现了大跌，但之后基本维持了上升的趋势，这种趋势中蕴含的是中国内地高校不断增强的实力和发展的潜力。

在2013～2014年度泰晤士亚洲大学排名中，中国内地有18所高校入围前100位，总数在亚洲各国和地区中居第二位，与第一位的日本仅差两席（见表3）。不仅如此，入围前10位的4所中国高校也都表现不俗，北京大学、清华大学分别排第五位和第六位。

表 3　2013～2014 年泰晤士亚洲大学前 100 位的分布情况

国家和地区	2013 年排前 100 位大学数量	2014 年排前 100 位大学数量	与上一年的变动
中国大陆	15	18	3
中国台湾	17	13	-4
中国香港	6	6	0
日　本	20	22	-2
韩　国	14	14	0
印　度	10	3	7
土耳其	5	5	0
以色列	3	4	-1
沙特阿拉伯	3	3	0
伊　朗	3	3	0
泰　国	2	3	-1
新加坡	2	2	0
黎巴嫩	1	1	0
马来西亚	0	1	-1
阿联酋	0	1	-1

资料来源：*Times Higher Education Asia University Rankings* 2014。

（三）大洋洲高校表现相对平稳

大洋洲有 8 所高校入围 2013～2014 年度泰晤士世界大学前 200 位，总体表现平稳，大部分入围高校排名下滑。澳大利亚共有 7 所大学入选前 200 位（见表 4），比上一年度减少 1 所，被挤出的阿德雷德大学上一年度排第 176 位，2013～2014 年下降了至少 25 位。不仅如此，在入选前 200 位的 7 所大学中，大部分高校排名下滑，仅有西澳大利亚大学排名明显提升，新南威尔士大学下滑幅度最大，下滑了 29 位（见表 4）。新西兰唯一入围的奥克兰大学的排名也从第 161 位下滑到第 164 位。

表4　2013～2014年度澳大利亚入围泰晤士世界大学排名前200位的高校排名变化

学校名称	2012～2013年度的排名	2013～2014年度的排名
墨尔本大学	28	34
澳大利亚国立大学	37	48
悉尼大学	62	72
昆士兰大学	65	63
新南威尔士大学	85	114
莫纳什大学	99	91
西澳大利亚大学	190	168

资料来源：CCG根据公开资料整理。

大洋洲大学排名下滑的原因很多，学费开支的增长和教育产业的资金削减都是其中的重要原因。有研究表明，澳大利亚大学的学费开支排世界第三，仅次于美国和英国。这无疑增加了外国人到澳大利亚学习的成本，不利于吸引留学生。

（四）欧洲高校需要提升

欧洲大学的教育水平普遍较高，入围前200位的欧洲高校也较多。2013～2014年度，荷兰共有12所大学入选世界大学200强，数量仅次于美国和英国，但是和2012～2013年度一样，12所大学均无缘入选前50位，且有半数排名下滑。德国和法国分别有10所和8所大学入选200强。中国有句古话，是“逆水行舟，不进则退”，在竞争激烈的教育领域，这句话同样适用。虽然欧洲其他国家在入围200强的学校数量上变化不大，但是在美国高校优势地位无法撼动、亚洲高校潜力上扬的趋势下，欧洲高校的处境将会变得更加窘迫。

三　世界大学排名的意义及对比

在留学渐成趋势的大背景下，各种各样的世界大学排名日渐兴盛。2013年，全球接受高等教育的留学生人数已经达450万人。IDP教育集团针对全球大学生择校需求做了调查，调查结果显示：世界大学排名是影响学生择校的首要因素。在这项针对全球留学生的问卷调查中，当学生被问及“在选择学校时，你认为以下哪个选项最为重要”时，有高达33%的学生选择了学校的国际声誉和排名（见图1）。

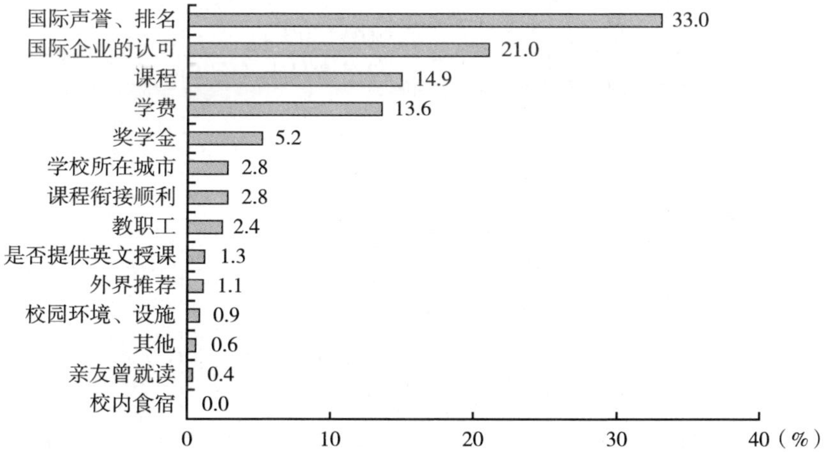

图1　影响学生择校的重要因素

资料来源：IDP教育集团，2012年10月。

在众多世界大学排名中，泰晤士世界大学排名、QS世界大学排名、上海交大世界大学排名、U. S. NEWS世界大学排名是其中信誉较高、颇受留学生信赖的世界大学排名。它们代表了四种不同的世界大学排名方式，其评估的侧重点也有所不同，具体差别见表5。

表 5　四种世界大学排名对比

指　标	泰晤士世界大学排名	QS 世界大学排名	上海交大世界大学排名	U. S. NEWS 世界大学排名
发布机构类型	媒体	教育咨询机构	教育及研究机构	媒体
所在地	英国	英国	中国	美国
排名范围	世界	世界	世界	美国
排名数量(所)	400	700	500	50~200
是否有专业排名	是	是	是	是
参考指标与权重	①教学(30%); ②科研(30%); ③论文引用数量(30%); ④国际视野(7.5%); ⑤产业收入(2.5%)	①学术领域的同行评价(40%); ②学生就业评价,基于雇用者的评价(10%); ③教师与学生比例(20%); ④单位教职的引用率(20%); ⑤国际教师和国际留学生占教师总数、学生总数的比例(10%)	①诺贝尔奖得主和菲尔兹奖得主的毕业生/学生数(10%); ②诺贝尔奖得主和菲尔兹奖得主的教师数(20%); ③各学科领域论文被引用次数最高的学者人数(20%); ④在国际权威学术刊物《自然》或《科学》上发表的论文数量(20%); ⑤被国际通用的科学引文索引和社会科学引文索引中收录的论文数量(20%); ⑥全职教师的人均学术表现(20%)	将美国大学分为五大类:全国性大学、文理学院、地区性硕士学位大学、学士学位学院、专业学院。 具体指标: ①同行评议(25%); ②新生留校率(20%~25%); ③教师资源(20%); ④学生选拔性(15%); ⑤财政资源(10%); ⑥毕业率(5%); ⑦校友捐赠率(5%)
特点	偏重教育环境及教学质量	注重同行评价及就业率	偏重定量指标,完全以科研实力及水准为依据	指标本土化,更具针对性;不完全一一按顺序排名
参考方面	本科及授课型硕士	大学声誉及就业率	研究型硕士及博士	留学美国

资料来源:CCG 根据公开资料整理。

比较这四种世界大学排名方式的指标与权重设计，可以看出它们都各有自己的侧重点。泰晤士世界大学排名更注重实用性，对学校的软硬件设施关注较多，对学生择校有很强的指导作用，比较像择校指南；QS 世界大学排名则对学校的学术贡献关注更多，同时还涉及毕业生就业的问题；上海交大世界大学排名则较为注重学校的学术能力，将重心完全转移到学术方面，注重学校在学术上的贡献；U. S. NEWS 世界大学排名的侧重点则在于学校自身的社会地位和影响力。

这四种世界大学排名方式表现出来的侧重点的不同或许与发布机构有很大关系。QS 世界大学排名与上海交大世界大学排名是教育相关机构发布的，因此，两者对学校的学术贡献都较为看重。QS 世界大学排名对就业与师生比例等实用信息的关注与 QS 公司教育咨询机构的性质是分不开的。而由媒体主导发布的泰晤士世界大学排名与 U. S. NEWS 世界大学排名虽然都注重对实用性信息的考量，但因其受众不同，关注的重点也有很大差异。U. S. NEWS 世界大学排名的受众更广泛，因此更注重大学自身的魅力，力求为普通大众提供一个看待大学的视角；而泰晤士世界大学排名的受众更集中，大部分为学生，因而该排名很大程度上从服务学生的角度切入，希望为学生择校提供一个重要的参考依据。

泰晤士世界大学排名是目前世界范围内较有影响力的排名之一，这与其注重考量实用性信息的指标体系关系密切。泰晤士世界大学排名的评估体系涵盖了学生想要了解的有关教学、研究、论文引用数量、国际视野等方方面面的信息，是全球唯一侧重于考评科研实力的大学排名，目前也是在全球运用最广泛的大学排名。汤森路透提供的强大数据支持保证了泰晤士世界大学排名在数据分析上的科学性、准确性与充足性。可以说，有针对性的指标体系设计与强大的数据支持，是泰晤士世界大学排名区别于其他排名并获得广泛认可的重要法宝。

通过对这四种世界大学排名方式的对比，可以看出：指标体系与发布机构的意向在很大程度上影响了最终的排名结果，但这种差异的存在并不涉及排名正确与否的判断，关键是看排名的出发点是什么。因此，很难笼统地断言哪一种排名方式更好，只是各有侧重而已。当然，对世界大学排名的读者来说，最重要的是要找到自己的需求与排名的侧重点之间的契合。

B.10

来华留学生学费定价与资助政策改革方向探析

卢晓东 *

摘　要：

中国高校向来华留学生提供的高等教育服务不同于其向中国本土学生提供的高等教育服务，而是具有较强的私人消费性质。因此，成本补偿并不适用于中国对来华留学生的学费定价政策，而应该在充分考虑供求关系、高校教育水平、专业培养难度、区域差异等因素的基础上，让中国各高校自主决定来华留学生的学费。高校自主定价可以使各高校分割为来华留学生提供外溢服务而产生的外溢性利益，并为自身提高教育质量、努力开拓留学生生源市场提供动力。

关键词：

留学生　学费　资助

来华留学生的学费定价对中国高等教育的发展有非常重要的意义。对这一问题的深入探讨有助于我国在来华留学生学费定价方面找到一条更加合理、有效的途径，提高中国高校提升教育质量的自主性。

---

* 卢晓东，博士，北京大学教务部副部长，三级研究员，研究领域为高等教育管理、教育财政、比较高等教育及院校研究。

一　成本补偿理论不是来华留学生学费定价的理论基础

高校收费的重大改革体现了中国高等教育领域的探索勇气。这项改革是以高等教育成本补偿（或成本分担）理论为依据的。该理论的主要观点是：高等教育是高投入而且投入成本递增的产业；高等教育产业的投入可视为一种投资，既然是投资就需要考虑收益，高等教育投资的收益有两种，即社会收益和私人收益；高等教育投资作为一种经济行为，由收益各方共同承担投资成本是符合市场经济运行规律的。根据萨缪尔森的公共产品理论，高等教育服务从本质上讲，不是纯公共产品和纯私人产品，而是准公共产品，因此政府与消费者（受教育者）应当共同负担教育成本。[①] 而且如果政府的教育政策很完善，受教育者本人承担一部分教育成本有助于公共教育资源、国家财政收入、非货币性收益在整个社会范围内实现结构性公平。

基于以上理论，我国针对高等教育学费制定了统一的收费政策。该政策由教育部拟定，之后由原国家计委、财政部审阅同意，最后上报国务院，获得批准后方能实施。不同地区的收费标准由该地区省级人民政府根据本地区的情况研究决定。确定学费的标准主要有以下三点：①学校培养学生的成本。②学费数额不固定，可适当按年提高。决定提高学费时，需要考虑该地区学校年生均培养成本、政府的教育投入、本地区的经济发展水平、居民的收入水平等。③杜绝“双轨”收费，但学费可以因校、因地、因专业灵活调整。以上论述都是针对本国公民而言的，并不适用于来华外国留

① 王善迈：《论高等教育的学费》，《北京师范大学学报》2000 年第 6 期。

学生，原因主要有两点，具体如下。

首先，考虑其中可度量的社会经济收益，这是指高校毕业生比未接受高等教育的人多贡献的社会财富。例如，对政府税收的贡献。外国留学生并不确定能为中国的财政税收做出贡献，如果其毕业后就离开中国，那么其实际上并没有对增加中国的财政收入做出直接贡献，在这种情况下，将财政资金投资在中国公民身上会更划算；如果该留学生毕业后留在中国工作，那么其对中国财政税收的贡献与直接来华工作的外国人相比，并没有明显差距。中国目前有13.5亿人，人口压力巨大，因此，中国政府并未针对外国人出台明确的、系统的移民政策，来华留学生通过留学移民中国的可能性非常小。不管中国政府是否对来华留学生予以投资，其对中国创造的实际财政收入基本没有差别。当然，对于毕业后确定能成为中国公民的来华留学生，中国政府还是可以投资的，因为他们会为中国的财政收入带来直接的贡献。

其次，考虑其中不可度量的外部非市场化收益。教育的外部非市场化收益指除受教育者个人及其亲属外，其他社会成员所获得的收益。伍尔夫（B. L. Wolfe）将教育的外部非市场化收益概括为以下几种：①传承民主自由；②避免社会阶层在未来过度分化，减少社会不平等；③有效预防犯罪，减少相关法治支出；④提高整个社会的凝聚力；⑤降低失业率；⑥推动技术变革与进步。按伍尔夫对教育外部非市场化收益的概括，来华留学生在这六个方面对中国的作用并不大。

综上所述，投资来华留学生产生的外部收益，与本国公民相比，具有模糊性和不确定性。这使为来华留学生提供的高等教育服务在性质上更接近私人产品而不是公共产品。因此，中国政府与来华留学生共同承担教育成本也就成了一个假命题，用成本补偿理论来确定来华留学生的学费问题也就不合适了。

我国在确定本国公民的学费时，有两个重要的依据：一是“由学生及其家庭收入水平决定的支付能力”；二是公平。但一方面，因为成本补偿理论不适用于确定来华留学生的学费标准，那么，中国高校在确定针对来华留学生的学费时，就不需要再考虑来华留学生的家庭经济承受能力，而应该考虑市场的供需关系；另一方面，因为针对来华留学生的高等教育服务从属性上看为私人产品，那么就不涉及我国教育资源的配置问题，因此，中国高校在确定针对留学生的学费时可以不考虑公平的问题，而且我国公民留学美国、澳大利亚和英国时，都会遇到国内学费和国际学费的双轨定价，其基于税收来源的相关解释已经获得了我国公民的理解。

二 高等教育国际化失衡与改革的紧迫性

WTO 的基础性协议之一——《服务贸易总协定》（*General Agreement on Trade in Services*，GATS）将服务贸易部门划分成了 12 个服务部门。教育服务（educational services）是 12 个服务部门中非常重要的一个部门，下属 5 个分部门：初等教育服务、中等教育服务、高等教育服务、成人教育服务以及其他教育服务。其中，对于高等教育服务，《服务贸易总协定》从性质上将其界定为私人产品，并认为高等教育服务可以通过市场定价在不同国家之间实现贸易。因此，中国对来华留学生享受高等教育服务这一私人性质的消费行为按照市场规则收取学费，也是合理的。

而且，就中国高等教育服务的现状来看，中国在该领域并不占优势，相反，还有巨大的贸易逆差。能够证明这一论点的依据有两个：一是在华留学生总数少于中国出国留学生总数，2012 年中国在海外学习和工作的留学生总数为 150.34 万人，是美国、英国、澳大利亚、加拿大、日本、新西兰等国家的第一大留学生来源国，而在华留学生仅有32.83万人。[①] 二是中国出国留学生的学费远远超过来华留学生的学费。来华留学生的学费上限为3万元/学年，而加州大学伯克利分校本科生的学费超过了23万元/学年，也就是说，来华留学生学费的最高额度只是加州大学伯克利分校本科留学生学费的“零头”。虽然目前中国还没有关于高等教育服务领域贸易逆差的具体数据，但对于其与国外高校存在的差距，大家已经达成了共识。如果任由这种状况发展下去，中国在高等教育服务领域的逆差将进一步扩大。

高等教育的国际化进程，简单说来就是一“出”一“进”，即中国学生去国外留学和国外留学生来华学习。比较这一“出”一“进”，就可以看出其中存在明显的失衡，“出”的方向远比“进”的方向更加繁荣。关于这一点，上文的数据已经进行了很好的说明。这里值得一提的是催生这一差异的动力，在帮助中国学生去国外留学方面，相关机构十分努力，动力十足。这表现在四个方面：①在中国招收学生的各类国际教育展十分繁荣，仅在2014年3月，就有多个国际教育展在北京举办，以帮助国外的高校到中国招生；与之相比，国家留学服务中心组织中国高校赴国外招收留学生的成果不显著，影响也很小。而在官方活动之外，国内高校独立主导的赴国外招生的现象更是罕见。②国外高校自身在中国积极拓展生源市场，北京市一所重点中学的校长曾经统计，他所在的中学一年会有几百所境外高校的招生官员到访，但鲜见中国高校招生官员积极到访国外中学。③国外各大学为广泛开拓综合教育服务市场，纷纷到中国开设各类办事处，比如美国芝加哥大学、日本早稻田大学等，但中国高校鲜有在国外开设办事处的。④中国存在很多帮助考

① 王辉耀、苗绿：《中国留学发展报告（2013）No.2》，社会科学文献出版社，2013，第21页。

生赴境外留学的中介机构，其广告遍布各媒体网站的教育频道，而国外少有帮助中国高校招生的中介机构。

一“出”一“进”的差异显露的是中国高校在招收来华留学生方面动力不足，而国外高校则在积极地开拓中国的生源市场。造成这一差异的原因就是国外高校“有利可图”，而超过成本的学费定价就是“利”之来源。要在中国高等教育国际化进程中实现一“出”一“进”的平衡，改革来华留学生学费定价政策就变得刻不容缓。来华留学生学费由各高校根据本校的实际供需情况、教学质量自主确定，将有助于高校通过提供高等教育服务获利，而获利将成为国内高校开拓海外市场的重要动力，同时也能提高国内高校提升教育水平的主动性。

三　市场定价

来华留学生高等教育服务产品的性质决定了来华留学生的学费不可能跟本国公民一样根据成本补偿政策来确定，而应该交由市场决定。但目前中国的情况不是这样的。

目前，我国在确定自费来华留学生的学费时仍沿用 1998 年下发的《关于调整自费来华留学生收费标准的通知》（简称《通知》）及其附件《自费来华留学生收费标准》。《通知》对调整来华留学生收费做了以下说明：“近年来，由于我国物价水平不断提高，来华留学生教学及管理费用普遍增大，继续按 1989 年制定的《自费外国来华留学生收费标准》收费，有些接受来华留学生的学校和专业将难以支付教学和管理中的各项正常费用。为此，根据现阶段我国高等学校接受来华留学生的实际情况，经国务院批准，决定自 1998 年 1 月 1 日起，调整自费来华留学生的收费标准。”从这一说明中可以看出，确定来华留学生的收费标准是“教学和管理中的各项正常费用”，这仍然是一种成本补偿政策。该次调整并没有在来华留学生的学费标准方面引入市场机制，而只是全成本补偿教学和管理费用。

对于来华留学生学费的调整幅度，《通知》是这样规定的："考虑到各接受学校的地理条件、教学水平和设备条件等的差异，并考虑国外大学接受留学生的收费办法，调整后的收费标准仍只规定各项收费的幅度。各接受学校可根据本校具体情况，在规定的幅度内，自行确定本校的实际收费标准，经上级主管部门同意，并报所在省、自治区、直辖市教育主管部门和物价主管部门备案后执行。”来华留学的文科类本科生的学费调整幅度为1.4万~2.6万元/年，理科类的可适当上调。

《通知》对学费调整幅度的限制目的很明确，即禁止高校通过向来华留学生提供高等教育服务获利。2014年，北京大学根据《通知》确定的2014年来华文理科留学生的学费达到了调整幅度的上限，即文科2.6万元/年，理科3万元/年。对中国的高校来说，即使其教学水平很高，报名的来华留学生数量远远超过其招生限额，其对来华留学生收取的学费也不能超过《通知》规定的上限。

1998年之后，中国高等教育有了巨大的发展和进步，在新的形势下，我们需要对现行的来华留学生学费定价政策再次予以反思。我国实行的“211”工程和“985”工程两个重要改革项目使得项目高校生均教育成本大幅度上升。例如，北京大学和清华大学都是“985”高校，每年有各类专项政府补贴，如果对全口径的生均教育成本进行核算，留学生的生均成本早已经超过了留学生的学费上限，这意味着这两所高校存在对留学生生均成本的暗补。

要调整来华留学生学费的定价政策，观念转变是先导。国家发改委和教育部应当认识到，为来华留学生提供的高等教育服务与为本国公民提供的高等教育服务的性质是不一样的。为来华留学生提供的高等教育服务属于私人产品，不能运用成本补偿理论来定价，而应该将其纳入市场化轨道，由实际的供需关系来确定其价格，这样也可以促使高等教育服务为我国的经济发展做出贡献。

在观念转变的基础上，国家发改委和教育部应着手调整已不适应现实发展需要的来华留学生学费定价政策，允许高等院校自主定价，而主管部门只是给出学费下限，避免各高校通过降低学费争夺生源，引起无序竞争。这也意味着国家发改委和教育部将来华留学生学费定价自主权下放给高校。当然，在政策的实际执行过程中，可以建议相关高校在对留学生市场进行认真分析的基础上，缓慢地根据市场情况对学费予以理性定价，当然包括上涨、维持和降价三种情况。

《通知》还指出，制定我国来华留学生学费定价政策应“考虑国外大学接受留学生的收费办法”，下面我们分别研究美国一所高校和英国一所高校在留学生收费方面的政策。

美国加州大学伯克利分校是一所州立研究型大学，表1～表3是其2013～2014学年的学费情况。表1是本科生学费表，从这个表中可以看出，该校将学生分为两类：一类是本州居民；另一类是非本州居民，其学费中包含了一个追加项目，即非本州居民追加学费，额度高达22878美元/学年。非本州居民追加学费确定的重要依据有两个：一是本州财政没有为这类学生拨款；二是其定价考虑了市场因素，其额度可能高于本州的生均拨款额度，这使得加利福尼亚州高校具有增加招收国际留学生的动力，这种动力太强以至于需要加利福尼亚州议会制定特别的名额限制以保证其本州学生的入学机会。表2是加州大学伯克利分校学术型研究生学费表，其学费项目与定价思路与本科生基本相同。表3是职业型研究生MBA的学费表，其学费项目中增加了一个新的项目——职业型研究生学位追加费，其定价更多地考虑在市场上毕业生的未来收益。从表2和

表3可以看出，非本州居民追加学费同样是研究生学费的重要组成部分。加州大学伯克利分校的学费定价逻辑在美国公立大学中具有一定的代表性，虽然其学费名目众多，但逻辑划分清晰，方便了本州居民以及非本州居民的理解。

表1　2013～2014学年加州大学伯克利分校本科学费

单位：美元/学年

费用英文名称	费用中文名称	本州居民新生	非本州居民新生	本州居民在校生	非本州居民在校生
Student Services Fee	学生服务费	972	972	972	972
Tuition	学费	11220	11220	11220	11220
Berkeley Campus Fee	伯克利校园费	531.5	531.5	531.5	531.5
Class Pass Fee Transit	课程成绩登录费	140	140	140	140
Health Insurance Fee	健康保险费	2014	2014	2014	2014
Non-resident Supplemental Tuition	非本州居民追加学费	—	22878	—	22878
Document Management Fee	档案保管费	344	344	—	—
合　计		15221.5	38099.5	14877.5	37755.5

资料来源：加州大学伯克利分校。

表2　2013～2014学年加州大学伯克利分校学术型研究生学费

单位：美元/学年

费用英文名称	费用中文名称	本州居民新生	非本州居民新生	本州居民在校生	非本州居民在校生
Student Services Fee	学生服务费	972	972	972	972
Tuition	学费	11220	11220	11220	11220
Berkeley Campus Fee	伯克利校园费	531.5	531.5	531.5	531.5
Class Pass Fee Transit	课程成绩登录费	140	140	140	140
Health Insurance Fee	健康保险费	2772	2772	2772	2772
Non-resident Supplemental Tuition	非本州居民追加学费	0	15102	0	15102
Document Management Fee	档案保管费	166	166	0	0
合　计		15801.5	30903.5	15635.5	30737.5

资料来源：加州大学伯克利分校。

表3　2013~2014学年加州大学伯克利分校全日制MBA学费

单位：美元/学年

费用英文名称	费用中文名称	本州居民新生	非本州居民新生	本州居民在校生	非本州居民在校生
Student Services Fee	学生服务费	972	972	972	972
Tuition	学费	11220	11220	11220	11220
Berkeley Campus Fee	伯克利校园费	531.5	531.5	531.5	531.5
Class Pass Fee Transit	课程成绩登录费	140	140	140	140
Health Insurance Fee	健康保险费	2772	2772	2772	2772
Non-resident Supplemental Tuition	非本州居民追加学费	0	12245	0	12245
Document Management Fee	档案保管费	166	166	0	0
Professional Degree Supplement	职业型研究生学位追加费	38548	28850	38548	28850
合　计		54349.5	56896.5	54183.5	56730.5

资料来源：加州大学伯克利分校。

表4为英国牛津大学2014年本科生学费，其定价也清晰地将英国居民和欧盟居民作为一类，在考虑这类学生的学费时，家庭收入成为重要参考，但9000英镑/学年为学费最高额度。来自其他海外国家的留学生被划分为一类，其学费定价极高，为14415~21220英镑/学年，另外，学生还需要额外缴纳一类被称为“学院费”的项目，额度为6724英镑/学年。两者相加，一名中国留学生最高学费就可能达27944英镑/学年，折合成人民币，超过了28万元/学年。

来华留学生对我国而言也不是纳税人，因此，我国在确定来华留学生学费时可以参考以上基于税收和市场低价的“国外大学接受留学生的收费办法”。

表 4 2014 年牛津大学本科生学费

单位：英镑/学年

英国居民与欧盟居民		
年度家庭收入	学费	
低于 16000 英镑	6000	
16001～20000 英镑	7000	
20001～25000 英镑	8000	
高于 25001 英镑	9000	
其他海外居民		
费　用	学　费	学院费
海外留学生	14415～21220	6724

资料来源：牛津大学。

四　外溢作用的分割与留学生资助政策

将来华留学生学费的定价权下放到各高校，有助于提高高校的自主性，但同时学费的提高也可能会对一部分来华留学生带来不小的压力，这时候就需要出台与学费调整相匹配的来华留学生资助政策。

目前，在实施以成本补偿理论为基础的来华留学生学费定价政策以及教育成本不断攀升的背景下，中国政府对来华留学生也是有资助的，但有很大一部分资助补在了暗处，也就是所谓的“暗补”。“暗补”实际上是笔糊涂账，因为它补在暗处，来华留学生根本感受不到，不知道享受了这样的利益。比如，一所高校的生均培养成本为 10 万元，来华留学生缴纳的学费如果最高为 2.6 万元的话，学校还需要补贴 7.4 万元，接近其学费的 3 倍。但学生对此毫不知情，因此也就不会对学校产生感激之情。但其实，中国政府完全可以利用针对外国留学生高等教育投资的外部收益将“暗补”变为“明补”，补在来华留学生看得见的地方。

虽然针对外国留学生高等教育投资可能创造的外部收益并不大，而且具有不确定性，但还是有一定外部收益的。这些外部收益包括：提高民族文化的传播水平、增进国与国之间的理解程度、增加科研人员数量、提高人口质量和增加高层次移民数量等。这其中有些被认为是“文化软实力”的核心部分，但是对不同的国家来讲，上述收益的重要性各不相同。

中国作为世界上最大的发展中国家，应特别重视高等教育投资的外溢作用。虽然针对中国公民的高等教育投资同样可以产生外部收益，但针对来华留学生的中国高等教育投资产生的外部收益具有可分割性，也就是说，一部分不能产生外部收益的人可以被排除在外。具体地说，如果我国想要促进对某国的文化传播，就可以增加针对该国来华留学生的奖学金种类或额度，以吸引更多的该国留学生来华留学。这样就可以将该国的来华留学生与其他国家的来华留学生区别开来。

主管部门可以利用外部收益可分割的特性，针对不同的外部收益需求设立奖学金或出台资助政策，来管理、评估来华留学生的外部收益。例如，如果我国有增进俄罗斯或非洲国家与中国相互了解的需求，那么留学基金委就可以设立针对俄罗斯或非洲国家来华留学生的奖学金，吸引这些国家的留学生；又或者，我国有促进中国文化传播和汉语普及的需求，文化部或留学基金委就可以设立针对喜爱中国文化和汉语的来华留学生的奖学金，吸引他们更多地了解中国文化，了解汉语。

在这种情况下，还以上面提到的高校为例，其生均培养成本还是10万元，但该高校可以根据市场定价，将学费定为14万元。同时，对于来自非洲或其他有外部收益需求的留学生，学校可以为其提供高于学费的奖学金。这就使政府的“暗补”就变成了“明补”，来华留学生也知道了奖学金和补助的来源，也会对给予其奖学金或补助的机构或对象心存感激。

将来华留学生学费定价权下放给各高校后，财政部需要增加给留学基金委的拨款，增加政府奖学金的种类或部分增加政府奖学金的总额和单项额度。同时，政府还可以鼓励地方政府、民间团体或个人积极参与，以外部收益为原则设立各种针对来华留学生的奖学金。高校同样可以根据自己的需求设立自己的奖学金以吸引留学生，来华留学生数量和水平的提升有助于提升学校的国际化水平和国际声誉，而国际化水平是大学排名的重要衡量因素之一。因此，高校可以根据自己的需求设立相应的奖学金，吸引不同国家的留学生，促进留学生与中国学生交流，提升学校的教育水平。

五　结论

留学生学费定价政策与合理的资助政策相配合，基本上是世界上其他国家高校的通用做法。一方面，留学生学费自主定价使高等学校可以在全球教育服务贸易中获利，这将成为高等学校扩大来华留学生份额的更大动力；另一方面，合理的资助政策可以吸引更多的留学生，将留学生学费自主定价引起的学费提高带来的负面影响减到最小。另外，政府可以通过外部收益的分割来根据自己的需求设立奖学金，提高资助政策的针对性。作为发展中国家，中国可以在不放弃国家整体利益和社会大众普通利益的前提下，主动应对和有条件地接受国际教育服务贸易规则，参与全球性合作和竞争，并从教育服务贸易中获利。为本国知识产业的发展提供内在动力，应当成为我国的国家战略。

但在这方面，我国做得还远远不够。2014 年 1 月，为提高教育的国际化水平和国际竞争力，规范来华留学生招收、培养、管理和服务工作，教育部在《中小学接受外国学生管理暂行办法》《高等学校接受外国留学生管理规定》的基础上，起草了《学校招收和培养国际学生规定》，并在网上征求意见。这一规定的第 14 条指出："高等学校根据本校具体情况，按照国家有关规定自行确定本校的实际收费标准，报所在省、自治区、直辖市教育行政部门和物价主管部门备案。""国家有关规定"指的当然还是《关于调整自费来华留学生收费标准的通知》。自《通知》发布的 1998 年以来，中国高等教育取得了快速发展，《通知》显然已经难以跟上高等教育发展的步伐，并且开始成为束缚高等教育发展的因素。这就要求主管部门与时俱进地修订和完善《通知》，为中国高等教育的快速发展提供政策支持。当然，下放来华留学生学费的定价自主权，调整来华留学生的资助政策，需要相关部门的协调合作、统一行动。

六　有关机构分工的简单建议

《国家留学基金管理委员会章程》第二章第 4 条规定，"根据国家的需要，按照公平公正的原则，用法制和经济手段管理出国留学和来华留学事务"，这确定了留学基金委的基本任务，就是既支持"出"，又支持"进"。但实际上，出国留学和来华留学是逻辑范畴和目标完全不同的两项工作，一个机构完成两项工作非常容易导致绩效目标模糊。

以政府奖学金支持中国相关人员出国留学的主要目标，是基于我国为知识追随国的事实，积极派出教师、学生参加国际学术会议、短期互访和长期留学，有利于直接吸收最先进的知识，最后回国效力。

以国家政府奖学金资助外国人来华留学，是为了促进民族文化传播、国家之间的相互理解，提高中国文化软实力。如果中国移民政策能够匹配，以国家政府奖学金资助外国人来华留学也有助于实现缓解科研人员短缺、增加高质量移民数量等目标。相关目标的实现与国家外交政策、文化传播政策等紧密联系。

因为“出”与“进”两项任务有根本性不同，所以在衡量留学基金委的工作绩效时将面临一些问题。比如，留学基金委最近在促进中国公民出国留学方面有很多工作，绩效明显，但在促进外国人来华留学方面工作的系统性有所欠缺，我们就很难判断其工作的成效。

按照管理学的基本原则，也许可以将促进外国人来华留学工作作为一个机构的主要目标，对相关部门的任务予以认真分析和重新梳理。

B.11

新加坡面向中国学生奖学金项目概况以及奖学金获得者留新经历之简要观察*

杨沛东**

摘　要：

海外中国留学生的数量近年来节节攀升，已经成为很多国家高等教育图景里的一道风景。本报告将视线投向众多中国海外学子中相对特殊的一个群体，即通过新加坡政府奖学金项目赴新留学的中学以及本科学生。基于笔者开展的为期 16 个月、跨越中新两国的民族志调查，本报告对新加坡政府面向中国学生的三个主要奖学金项目进行了简要介绍，并对奖学金获得者们留学南洋“狮城”过程中饱含的经历进行概括性描述。

关键词：

新加坡中国人才战略　教育移民　奖学金　奖学金得主

改革开放以来，中国出国留学人员数量逐年增加。中国的年出

---

* 本报告根据作者于英文期刊 *Frontiers of Education in China*（《中国教育前沿》）第 9 期第 3 卷发表的题为“Privilege，Prejudice，Predicament”的论文翻译修改而成。作者对《中国教育前沿》给予的支持与理解表示感谢。

** 杨沛东，新加坡南洋理工大学人文与社会学院博士后，中国与全球化智库兼职研究员。

国留学人员人数从1978年的几乎可以忽略不计，增长到了2008年的17.98万人，继而又在接下去的短短几年翻了一番多，分别达到2011年的33.97万人、①2012年的39.96万人、②2013年的41.39万人。③目前，中国已经是世界上最大的海外留学生来源国。1978～2013年，赴海外留学的中国公民累计达305.86万人。④截至2006年，多年来中国海外留学人员中只有约1/4长期归国定居，中国留学生移民海外的整体规模由此可见一斑。⑤

早年中国留学人员通常通过由中国政府或所在单位资助的培养、深造项目出国，学成之后通常有归国服务的义务；还有一种渠道是通过个人申请获得国外学术机构颁发的奖学金（通常是攻读博士学位）而出国。但是，众多学者指出，从20世纪90年代后期开始，自费留学人数激增，并且留学呈现低龄化的趋势——越来越多的学生到国外接受本科甚至中学阶段的教育。⑥研究分析指出，

① 王辉耀：《中国留学发展报告（2012）No. 1》，社会科学文献出版社，2012。

② 王辉耀、苗绿：《中国留学发展报告（2013）No. 2》，社会科学文献出版社，2013。

③ 资料来自教育部。

④ 资料来自教育部。

⑤ Welch, Anthony R., and Zhen, Zhang, "Higher Education and Global Talent Flows: Brain Drain, Overseas Chinese Intellectuals, and Diasporic Knowledge Networks," *Higher Education Policy* 21 (2008); X. Xiang, Biao, "A Ritual Economy of 'Talent': China and Overseas Chinese Professionals," *Journal of Ethnic and Migration Studies* 5 (2011).

⑥ Bodycott, Peter, "Choosing a Higher Education Study Abroad Destination: What Mainland Chinese Parents and Students Rate as Important," *Journal of Research in International Education* 3 (2009); Fong, Vanessa, *Paradise Redefined: Transnational Chinese Students and the Quest for Flexible Citizenship in the Developed World* (Stanford: Stanford University Press: 2011); Lai, Linda S. L., To, W. M., Lung, Jane W. Y., and Lai, T. M., "The Perceived Value of Higher Education: the Voice of Chinese Students," *Higher Education* 3 (2012); Tsang, Eileen Yuk-ha, "The Quest for Higher Education by the Chinese Middle Class: Retrenching Social Mobility?" *Higher Education* 6 (2013); Waters, Johanna, *Education, Migration, and Cultural Capital in the Chinese Diaspora: Transnational Students Between Hong Kong and Canada* (New York: Cambria Press, 2008); Xiang, Biao, and Shen, Wei, "International Student Migration and Social Stratification in China," *International Journal of Educational Development* 5 (2009).

促使越来越多中国家庭在子女海外留学上进行数额可观的投资的主要原因，是将经济资本转化为社会与文化资本（具体体现为子女获得的国外学历、外语能力，以及海外工作生活经历），从而对既得社会优势加以巩固、复制。尽管最近的研究打破了人们通常认为相对低龄留学生都来自富裕家庭这一刻板印象，[①] 但是在中国，人们普遍认为，赴海外进行本科或本科以前学习的学生与赴海外开展研究生阶段学习的学生在构成与性质上有较大差别——后者（尤其是博士生）仍然被认为是学术上的精英，而前者则被认为家庭条件优越。这其中一个很直接的原因是前者鲜有奖学金项目资助。

本报告关注的中国留学生群体恰介于两者。20 世纪 90 年代以来，新加坡政府积极地、有组织地、相对大规模地从中国遴选与招收初中生、高中生，以及大学刚入学的学生，为他们在新加坡学习颁发全额奖学金和生活补助，并通常要求奖学金获得者在毕业后留在新加坡服务若干年。与多数本科阶段或本科前出国留学的中国学生相比，被新加坡政府选中的中国学生明显在学术上可以称为同龄人中的精英。在新加坡，对这些学生的一个笼统叫法是“外国人才”（foreign talent），一个更具体的说法是“中国奖学金获得者”（PRC scholars）。本报告旨在对新加坡的三个主要的、持续时间较久的、面向中国学生的奖学金项目（SM 1、SM 2 和 SM 3）进行简要介绍，并对奖学金获得者留学南洋“狮城”过程中的经历进行概括性描述。

一　新加坡及其“外国人才”政策

近年来，在新加坡，国际留学生通常被放在“外国人才”这

① Fong，Vanessa，*Paradise Redefined：Transnational Chinese Students and the Quest for Flexible Citizenship in the Developed World*（Stanford：Stanford University Press，2011）.

个话语框架下理解。而“外国人才”则是一个可以具体追溯到20世纪80年代初的特定政策词汇。[①] 1965年独立后，新加坡这个一度危机四伏的南洋小岛国通过开放的经济政策和强有力的政府领导创造了经济上的奇迹，到20世纪80年代，新加坡已跻身“亚洲四小龙”之一。也就是从这时起，新加坡政府开始积极探索向知识经济、技术密集型经济转型升级。20世纪80年代后期，伴随着经济的高速发展，一些社会问题开始凸显，譬如国民生育率的锐减[②]以及移民造成的人才流失[③]。因此，积极引入外国高技术、高学历或有此类潜质的人才，不仅成为新加坡积极追求发展的一种策略，而且是应对威胁新加坡持续发展诸多现实问题的一种对策。[④]

“外国人才”政策相关的具体行动在20世纪90年代开始被大力实施，并强有力地持续到21世纪的第一个十年。多位学者（如D. Wong，Yeoh，Huang）已经指出，该政策最具标志性的一个做法就是对学历、技术水平不同的外国人予以区别对待：为“人才”铺红地毯，方便其到新加坡工作、定居；而对低技术劳工，如佣人和建筑工人，实施严格的监控，并使之无法实现移民。

教育是新加坡政府积极参与“全球人才战”的另一重要战场。[⑤] 不仅新加坡国内的教育政策与教育改革都以面对21世纪知

① Quah, Jon S. T., “Singapore in 1983: The Continuing Search for Talent,” *Asian Survey* 2 (1984).

② Sun, Shirley Hsiao-Li, *Population Policy and Reproduction in Singapore: Making Future Citizens* (London and New York: Routledge: 2011).

③ Tan, Ern Ser., “Globalization, Nation-Building and Emigration: The Singapore Case,” in B. P. Lorente, N. Piper, H. – H. Shen, and B. S. A. Yeoh (eds.), *Asian Migrations: Sojourning, Displacement, Homecoming and Other Travels* (Singapore: Asia Research Institute: 2005).

④ Low, L., “Globalisation and the Political Economy of Singapore's Policy on Foreign Talent and High Skills,” *Journal of Education and Work* 4 (2002).

⑤ Ng, Pak Tee., “Singapore's Response to the Global War for Talent: Politics and Education,” *International Journal of Educational Development* (2011).

识经济格局为目标,[①] 而且从周边地区大量吸引国际留学生也成为其“全球人才战”的重要一环。譬如,2002 年,新加坡政府大力推出名为“Global Schoolhouse”的政策项目,旨在吸引全球顶尖大学来新加坡设立分校,或与本地学术机构合作办学,并借此为知识经济的发展注入大量人才。项目的一个目标是要在 10 年内使在新加坡求学的各类外国留学生总数增加到 15 万人。又譬如,从 20 世纪 90 年代开始,新加坡政府积极地设立各种政府、半政府奖学金项目。据官方披露,近年来每年有超过 1000 名外国留学生获得本科阶段全额奖学金,另有 1000 名外国留学生获得本科前教育奖学金。[②] 这些奖学金通常是由新加坡教育部牵头组织,由新加坡政府控股企业或新加坡公立学校提供资金,由学校直接负责招生与管理等实施细节。奖学金获得者绝大多数来自与新加坡联系紧密的发展中国家,如东盟诸国、印度,但最大的生源国无疑是中国。虽然新加坡政府并未对中国的“偏好”做出官方解释,但通常认为,这是因为新加坡华人族群的生育率最低,为保持华人占总人口 3/4 的这一历史主导格局而采取的措施。本报告关注的 SM 1、SM 2、SM 3 中国学生奖学金项目可以说是标志性的。尽管笔者没能获得官方数据,但根据笔者的观察,几乎可以肯定,通过这三个项目到新加坡的中国奖学金获得者的人数超出其他各国奖学金获得者人数的总和。

但在具体介绍这三个项目之前,有必要提一下“外国人才”政策近年来在新加坡引发的一些社会争议。“外国人才”政策近年来对新加坡社会产生了非常明显、可感知的影响。1990 年,即一

① Gopinathan, S., “Globalisation, the Singapore Developmental State and Education Policy: A Thesis Revisited,” *Globalisation, Societies and Education* 1 (2001).

② Yeoh, Brenda S. A., and Lin, Weiqiang, “Chinese Migration to Singapore: Discourses and Discontents in a Globalizing Nation-state,” *Asian and Pacific Migration Journal* 1 (2013).

系列“外国人才”政策具体实施的前夕，新加坡总人口为300万人，其中90%为新加坡公民；在政策实施二十余年后的2013年，新加坡总人口升至540万人，而公民的比例降至62%。目前新加坡工作人口总数的1/3，即超过130万人，是外国人，其中又有大约1/4被按照工资、学历等标准划为“外国人才”。截至2010年底，在新加坡求学的各类外国留学生总数近10万人。[①] 在一个国土面积非常有限、人口密度极高的城市国家，如此多的外国人以及他们源源不断地涌入，引起了一定的社会紧张。外国人不仅被认为是造成公共交通、空间拥挤，劳动力、教育市场竞争过激，房价、房租飞涨等各种矛盾的主要原因，而且被认为削弱了新加坡本地居民的归属感与民族认同感。本地民众开始发出强烈反对新加坡政府“外国人才”政策的声音。[②] 更令人担忧的是，这些批判政策的声音常常与一些排外性话语甚至种族主义话语交织在一起。

作为对民众情绪的回应，近两年，新加坡政府在收紧移民政策上有了一些具体举措，但这应当被理解为微调，而不代表政策方向上的根本转变。新加坡政府对“外国人才”对本国经济发展所起的关键性作用坚信不疑。因此，有理由相信，围绕“外国人才”的争议还将在新加坡持续相当长一段时间。正是在这种背景下，我们才能更好地理解中国奖学金获得者们在新加坡的求学生活经历。

二　田野调查、研究方法、实证数据

本报告的基础是笔者于2011年4月~2012年7月在中国和

---

① Davie, “SandraSingapore Attracting Fewer Foreign Students,” *The Straits Times*, 11 Nov., 2010.

② Koh, Aaron, “Global Flows of Foreign Talent: Identity Anxieties in Singapore's Ethnoscape,” *Journal of Social Issues in Southeast Asia* 2 (2003); Yang, Peidong, “Authenticity and Foreign Talent in Singapore: The Relative and Negative Logic of National Identity,” *Journal of Social Issues in Southeast Asia* 2 (2014).

新加坡两地开展的民族志田野调研。中国阶段田野调查（2011年4~7月）在江西省南昌市展开，笔者对2011年新加坡SM 2奖学金项目第15届在江西的招生过程做了较为细致的跟踪观察，并访谈了该届24名面试入围学生中的绝大多数。在新加坡阶段田野调查（2011年8月~2012年7月）中，笔者主要使用民族志的方法对在新加坡的三类获得奖学金的中国留学生及其经历进行了考察。

针对大学在读奖学金学生，笔者选取的主要田野调查点是新加坡为数不多的主要大学中的一所，即新加坡国立大学（以下称“国大”）。选择国大主要是出于田野调查上的便利考虑。由于笔者本人系来自中国的原SM 2奖学金得主，能够较顺利地用既有社会关系“滚雪球”式地找到研究参与者。遵循人类学“参与观察”的研究原则，不少数据是在与新朋老友聚会聊天等非正式社交场合收集到的。笔者估计在新加坡阶段田野调查中共接触到约200名17~30岁的各类奖学金得主。除此之外，笔者也对其中49人进行了半结构式访谈。访谈以中文普通话进行，通常持续1~2小时，方式多数为一对一，偶尔是小组访谈。其中，29位本科在读（男=14人，女=15人；SM 1=5人，SM 2=13人，SM 3=11人），其余20位（男=13人，女=7人；SM 1=4人，SM 2=10人，SM 3=6人）本科已经毕业，或进入职场从事专业工作，或在大学修读研究生阶段的学位。

除了在“真实世界”开展民族志调研外，为了更好地将获得奖学金中国学生的经历与新加坡社会的大背景衔接起来，笔者同时也开展了在“虚拟世界”里的民族志调研，持续跟踪新加坡各类平面和网络媒体上关于“外国人才”和“奖学金得主”的话语。例如，笔者通过电子数据库对新加坡主要英文日报《海峡时报》（*The Straits Times*）1992~2011年的内容进行了检索、分析。另外，笔者也跟踪在线社交网络（如 Facebook 和 You Tube）等，因为近年来这些网络空间逐渐成为人们对社会问题发表看法——包括偏见性看法——的平台。

最后值得一提的是，笔者在开展课题研究的整个过程中，没有得到任何形式的来自官方的支持或积极配合，也因此没有能够获取一些可以说是很基本的数据，例如各奖学金项目的指标、确切起止时间、历年招收人数等。本报告中出现的所有数据和细节信息均来自笔者本人的田野调查以及其他公共资源，如互联网、平面媒体及学术出版物。

三　SM 1、SM 2、SM 3 奖学金得主的选拔与未来发展

20 世纪 90 年代，新加坡政府启动了三个针对中国中学生和本科生的奖学金项目，分别为 SM 1、SM 2 和 SM 3，其中，SM 为“高中”（senior middle）的英文首字母缩写。

（一）SM 1 奖学金得主的选拔与未来发展

SM 1 项目起始于 20 年代 90 年代中期（具体年份不详），针对的是中国国内初中刚毕业即将升读高中一年级、年龄在 15 岁左右的学生。目前，新加坡有 30 多家中学是 SM 1 项目的参与学校（有理由相信在项目初年参与学校数量较少），而每所学校每年从其中国对口合作学校选拔几人至十数人不等。通常来说，新方学校在中国有数个坐落在不同城市甚至不同省份的合作学校。新方学校通过中国地方教育主管部门与中方学校取得联系，进行沟通、协调。中方学校通常是本地区出类拔萃的名校，而奖学金得主候选人通常也是这些学校中成绩优异的学生。依各校不同政策，学生或自愿申请

获得候选人资格，或获得学校推荐、批准而取得资格。随后，新方学校老师与工作人员亲自到对口学校所在城市、省份，开展统考及面试以确定最后人选。由于缺乏可靠的官方数据，笔者估计每年有超过 200 名 SM 1 奖学金得主产生。根据笔者在田野调查中与多位 SM 1 学生的交流，多数 SM 1 学生来自中国大中城市中等或中等收入以上家庭。

SM 1 学生到新加坡后插班进入本地 4 年制中学的三年级学习。在通过本地初升高考试（在新加坡称“O”水准考试）后，奖学金得主通常升入学制为 2 年的“初级学院”（junior college，相当于高中），为“A”水准考试（相当于高考）做准备。在这四年中，SM 1 奖学金包含了学生的全部学费以及食宿费用；在本地中学有条件的情况下，住宿安排在本校，若无条件，则安排在教育部指定的宿舍。据笔者采访过的一位 2003 年到新加坡的获得 SM 1 奖学金的学生（简称“SM 1 学生”）透露，在 4 年身为奖学金得主期间，他每月还可领到 200 新元的零花钱。

SM 1 项目最“慷慨”的一点或许是它不附带“服务”义务，即学生在中学和初级学院期满结业后，可自由决定升学去向。因为“A”水准考试成绩在西方国家（特别是英联邦国家）普遍得到承认，来自富裕家庭的 SM 1 学生可以选择申请英美顶尖名校。

根据笔者个人观察，的确有一部分 SM 1 学生在新加坡完成学习后升入英国牛津、剑桥这类精英大学。据一位 SM 1 学生的看法，所有通过 SM 1 奖学金来到新加坡的学生都雄心勃勃，不以留在新加坡本地读书为目标；而且这些获得奖学金的学生的学习成绩通常也比较优秀，这使他们能够跨入欧美名校的门槛，因此，决定他们去向剩下的一个重要因素就是家庭经济实力。这位受访者告诉笔者，SM 1 学生没离开新加坡读大学的“都是走不了的”，因为在新加坡读大学的费用较欧美低不少，而且学生通常有机会申请各类奖学金以及新加坡政府拨给所有本科生的本科助学金（tuition grant），即便后者要求学生毕业后在新加坡工作3年。

SM 1奖学金的另一个特殊优待则是学生在完成中学和初级学院学习后，有机会申请新加坡永久居民权。据受访者透露，几乎没有男生选择申请，因为这意味着他们在读大学前必须在新加坡服两年兵役；与此相映成趣，因为女性没有服兵役义务，几乎所有女生都会申请永久居民权，即便她们不打算长期在新加坡生活。

（二）SM 2、SM 3奖学金得主的选拔与未来发展

SM 2和SM 3都是针对中国学生的本科阶段奖学金，并且两者之间有诸多类似之处。SM 2项目始于1997年，并据非官方消息，也将在第20届招满，即2016年终止。招生对象为在中国北至黑龙江、南至广东的十余个省份重点中学高中二年级就读的学生。参与SM 2项目的省份总体来说逐年增加，从2002年的9个增至2012年的18个。同样，项目参与高中通常是各省份名列前茅的重点学校，新加坡教育部与大学教师前往中国各省份主持招生。奖学金得主来新之后参加为期18个月的预科学习（从2012年第16届SM 2项目开始，预科时间统一缩短为12个月），目的也是让学生适应新加坡的英文教育环境。SM 3奖学金项目始于1992年，并于2011年在第20届招满后终止。SM 3的招生对象是在国内约20所与新加坡政府建立了合作关系的重点大学（如浙江大学、吉林大学、重庆大学、大连理工大学等）的大一新生。新加坡教育部官员与新加坡几所大学的教师每年会定期亲自赴中国对口高校主持招生工作，包括笔试与面试。奖学金得主通常在每年12月初来到新加坡，

之后参加为期半年的预科学习，目的是让他们集中提高英语水平，并适应新加坡高等教育环境。

SM 2 和 SM 3 奖学金在待遇方面的相似点很多。譬如，新加坡政府负责奖学金得主首次赴新旅费，免除一切（正常学制期间）学费和住宿费，并提供每月 500 新元的生活补助（从 2012 年开始，SM 2 生活补助标准提高到每月 800 新元）。奖学金得主自动升入新加坡国立大学或南洋理工大学就读（从 2011 年开始，新加坡科技设计大学成为第三所招收 SM 2 学生的学校）。二十多年间，SM 2 的招生规模从最初的每年 100 人左右，升至 2002 年的 200 多人，2009 年高峰时为 370 余人。最近几年，或许受新加坡政府的宏观政策调控，年招生指标又回落至 300 人以内。笔者未能掌握关于 SM 3 招生规模的确切数据，但相信大致与 SM 2 相仿。如此算来，20 世纪 90 年代以来，SM 2、SM 3 两个项目累计为新加坡的高等学府输送了 1 万 ~1.5 万名学生。

与 SM 1 项目无服务要求相对照，SM 2 和 SM 3 都有一些相对具体的条件和限制。首先，奖学金得主在本科学习阶段必须选择理工类专业。事实上，SM 2、SM 3 在中国招生阶段使用的笔试试题就着重考察学生的数理能力，所以绝大多数 SM 2、SM 3 学生有理科背景。其次，尽管奖学金得主理论上可以自由申请新加坡三所大学中的任意一所，但学生的实际去向基本由新加坡教育部联合这几所大学事先决定。最后，SM 2、SM 3 学生必须承诺本科毕业后在新加坡注册公司工作 6 年；毕业后若欲继续深造，须另外申请，且申请去新加坡以外的国家深造手续烦琐，困难重重。“服务期”6 年中的 3 年反映了前文提到的所有新加坡高校学生都享受的政府助学金，另外 3 年则反映了 SM2、SM3 额外的待遇。三种奖学金的对比见表 1。

表 1 新加坡政府面向中国学生的奖学金项目

奖学金名称	实施时间	生源	招生阶段	年招生人数(人)	奖学金期限	新方项目参与机构	服务要求
SM 1	20 世纪 90 年代中期至今	特定省份的优秀初中	国内初中毕业	约 200	中学三年级至初级学院毕业	约 30 所新加坡中学;初级学院取决于奖学金学生自身的申请和录取情况	无
SM 2	1997 ~ 2016 年(预计)	特定省份的优秀高中	国内高中二年级	200 ~ 400	为期 18 个月的预科和本科 4 年	新加坡国立大学;南洋理工大学;新加坡科技设计大学(自 2011 年起)	6 年
SM 3	1992 ~ 2011 年	约 20 所国内重点大学	国内大学一年级	200 ~ 400	为期 6 个月的预科和本科 4 年	新加坡国立大学;南洋理工大学;新加坡科技设计大学(自 2011 年起)	6 年

资料来源：新加坡 SM 1 项目参与学校名单，http：//hi. baidu. com/zhuliang123/item/9399818ad2924857e73d1964；中新奖学金项目维基百科词条，http：//zh. wikipedia. org/wiki/% E4% B8% AD% E6% 96% B0% E5% A5% 96% E5% AD% A6% E9% 87% 91% E9% A1% B9% E7% 9B% AE。

四 SM 1、SM 2、SM 3 奖学金得主遭遇的偏见

被新加坡政府花费可观的人力、物力从中国“招贤纳士”，来新之后又得到周到的照顾，奖学金得主应当说是很幸运的，多数人对项目的感受也非常正面。在整个新加坡社会对外来移民的焦虑感日渐加深的背景下，奖学金得主享受到的各种优待在一些本地人眼中成为不公平的“特权”，也成为一些不满情绪的矛头所指。一部分新加坡人对来自中国的奖学金得主产生了刻板的负面印象，而且在私下场合及公共空间（如网络媒体）时而可见。尽管本地人的偏见性印象和话语并不一定会对奖学金得主的日常生活和在新总体

经历产生明显的直接影响，但一些细微的影响恐怕是难以避免的。以下讨论偏见性声音中主要和比较常见的几个主题。

（一）忠诚度被质疑

尽管SM 1项目的情况略为暧昧，但SM 2、SM 3两个项目要求学生承诺为新加坡注册公司服务6年的做法可以理解为一种政府想把人才永久性地留在新加坡，使之成为新加坡公民的用意。因此，奖学金得主是否严格履行承诺备受世人关注。笔者的研究显示，绝大多数的奖学金得主（尤其是SM 2、SM 3奖学金得主）毕业后留在新加坡工作。毕竟在新加坡进行人生关键的本科阶段学习之后，这些学生的社会关系和资源主要在新加坡这个他们已经比较熟悉的地方，留新求职也成为理所当然的选择。

但是我们必须承认事情还有更复杂的一面。尽管绝大多数学生在毕业后的两三年内通常还在新加坡，但随着时间的推移，出于事业发展、个人情况等诸多方面的考量，选择离开新加坡的人数无疑是上升的，而且有不少是在未完成契约要求的6年服务期的情况下。对于视野开阔、雄心勃勃的人才，选择奔向比新加坡更高远的天地也仿佛是天经地义的，更何况处在20多岁这个尚有可塑性的年龄，其未来的确充满不定性。若遇到合适的机遇，很多奖学金得主会义无反顾地离开新加坡，但从长远来看，这并不代表他们将来一定不会回来。总而言之，毕业后三四年，离开新加坡的奖学金得主无疑在增多。

新加坡学者在一篇论文中指出，新加坡政府缺乏监控奖学金学生去向的有效机制。[①] 笔者不敢苟同，笔者认为一个更加合理的

---

① Yeoh, Brenda S. A., and Lin, Weiqiang, "Chinese Migration to Singapore: Discourses and Discontents in a Globalizing Nation-state," *Asian and Pacific Migration Journal* 1 (2013).

解释是，新加坡政府意识到死板地要求学生在毕业后连续在新加坡工作6年是不合情理的，所以采取了一种比较宽松的态度。因此，尽管新加坡面向中国学生的奖学金项目从表面上看是一种工具性的交易关系，但在具体实践时，它有更多的暧昧性与复杂性。

这些暧昧性与复杂性似乎通常不易被新加坡人所理解或同情，而且他们习惯于透过“忠诚”这个概念来看待这个问题。在新加坡，一个时常可以听到的说法是，（中国）奖学金得主不知“感恩戴德”，对新加坡没有感恩心、忠诚心，而只是将后者作为一块通往更高处（通常被具体理解为西方尤其是欧美）的“垫脚石”。这一类说法在新加坡的很多网络媒介（如论坛和社交网络）上可以大量找到，也偶尔出现在主流媒体上。① 举一个例子，《海峡时报》2004年的一篇文章②报道，一位新加坡的学生在一次讨论关于“外国人才”、奖学金得主问题时，发出了这样的感慨：“我无法不让自己觉得我们是被人给利用了。有没有什么办法让这些在新加坡受了教育的外国奖学金得主留在新加坡（做贡献）？”

加之不少奖学金得主在学术上雄心勃勃，梦想进入新加坡以外、国际声誉更高的西方顶尖学府攻读硕士及博士学位，这时，奖学金附带的服务条件就有可能被视为一种羁绊，一部分学生也在私下抱怨当初不该与新加坡签下一纸“卖身契”……当奖学金得主的这一类说法——不论是否完全严肃认真——传到新加坡人耳中时，自然又加深了后者对前者“无感恩心、无忠诚度、一心‘利用’新加坡”的印象。

---

① Koh, Kheng Wah, “Foreign Talent Must Have Right social Values, too,” *The Straits Times*, 4 Sep., 1997.

② Teo, Laurel, “It's Time Our Small City Grew a Bigger Heart,” *The Straits Times*, 22 Oct., 2004.

（二）道德品质被指责

奖学金契约的目的是从法律上要求奖学金得主的感恩与忠诚，但新加坡社会对拿奖学金的学生同时又有超出法律范畴的道德上的要求与期待。事实上，对奖学金得主表示质疑的声音通常带有很明显的道德价值判断意味，对学生的道德品质进行评价，判定奖学金“殊荣”及其“优遇”是否对这些人给得值当。那些服务期尚未满就离开新加坡的奖学金得主可能被无情地扣上“悔约者”的帽子；“悔约者”说得轻是不知感恩、饮水不思源的不信之人，说得重则是侵占新加坡纳税人财富的“小偷”。

虽然SM 1、SM 2、SM 3奖学金得主较低技术等中国移民可以称得上是“精英”，但是难保他们在新加坡人眼中不被偶尔与后者混为一谈。所以虽然是奖学金得主，他们感受到的道德上的怀疑或压力不一定更小，反而可能更大。使情况变得更糟的是，过去十年中发生了几件中国学生（既有奖学金得主又有一般自费生）在新加坡发表嘲讽或侮辱新加坡人言论的事件，闹得沸沸扬扬。[①] 对于那些已经不满新加坡政府优待中国奖学金得主的本地人，这些事件仿佛是“铁证”，说明了这些学生的不可取。当然，大多数人会更加理性地把这些事件当成个案来看待。

笔者在这里想补充指出，之所以一些中国学生（或更普遍来说是中国移民）会产生对新加坡或新加坡人的负面印象或发表带有攻击性的话语，不能排除这是他们自身受到歧视后的一种自卫或还击行为——这里有一个鸡和蛋谁先出现的问题。

---

① Yeoh, Brenda S. A., and Lin, Weiqiang, “Chinese Migration to Singapore: Discourses and Discontents in a Globalizing Nation-state,” *Asian and Pacific Migration Journal* 1 (2013).

（三）学术水平不被认可

近年来，在新加坡有一个有趣的现象，就是不少新加坡人开始把所有各类外来人员统称为“外国人才”。这实际上是以反讽来抗议政府对“外国人才”的青睐和“偏袒”。把“外国人才”意义泛化等于人为地制造出一个靶子来攻击：原本不是“人才”的外国人被纳入“外国人才”的框架，可以回过头来说“外国人才”水平太低，不是“人才”，继而指责新加坡政府看走眼，将门槛放得太低。

这一类的公众话语在论坛和社交网络上可以大量找到，也偶尔出现于主流媒体上。比如，一位《海峡时报》读者在2001年给该报来信说：“我们不要瞎以为外来人才就一定是更好的人才”，否则“我们最后可能拿到的都是些三流的外国人，那些在自己国家里都混得不好的人”。另一位读者在同年的一封信中以类似的口吻称这些“三流的外国人”对新加坡来说“不是财富，而是累赘”。2011年，《海峡时报》一位读者在一封题为《拒不太有才的外国学生于国之门外》的来信中指出：“在新加坡，人们的普遍感觉是政府给太多平庸的外国学生发了奖学金。”从这些例子中不难看出，奖学金得主在学术水平、才华等方面也受到质疑，有时甚至是先入为主的偏见。

关于来自中国的获得奖学金的学生，特别值得一提的是，因为这些学生绝大多数是理科生，选拔也侧重于数理成绩，而他们外语方面的能力，包括日常英语交际能力，通常较弱。在日常与本地人交往过程中，英语口语能力又是最先被观察到的，所以难免给人留下能力“平庸”的印象。这可能是造成新加坡人对外国奖学金得主学术水平产生怀疑的原因之一。

（四）语言文化被讥讽

除以上新加坡社会针对“外国人才”的焦虑感以及与此种焦

虑相关的歧视性、偏见性声音外，来自中国的奖学金得也面临一些国际留学生普遍要面对的问题，如文化上的差异及融入上的困难等。

尽管新加坡是一个以华人为主的国家，但是中新两国在语言和文化上的差异仍然构成了一个需要跨越的障碍。譬如，新加坡人日常生活中普遍使用的夹杂了大量马来语词汇和各种中国南方方言词汇的“新加坡式英语”（Singlish），成为阻碍中国学生了解、参与本地校园生活的一道屏障。

另外，虽然新加坡华人普遍会讲汉语普通话，但其流利程度、表达能力因人而异。而且语言上的共通并不是在任何时候都发挥积极的桥梁作用，有时也会适得其反。譬如，曾有身为中国奖学金得主的访谈者告诉笔者，他因为自己的普通话带有中国北方口音而被新加坡人讥笑为“土”“农”。更经常发生的一种围绕语言的摩擦则是反方向的，即中国学生讥讽新加坡人中文水平非常有限，而英文又带有浓重的新加坡口音，且语法混乱，是“两手半桶水”。

中国学生在大学里总体来说比较“宅”、比较看重书本学习的特征，是他们与本地人交往有限的另一个原因。中国学生“扎堆”“抱团”的现象比较普遍，一部分人没有深交的本地朋友。

尽管有上述种种问题，但必须强调的是，在新加坡，中国留学生的总体经历非常正面。其他研究国际留学生留学经历的学术文献提到的性质更加严重的歧视行为或种族主义暴力在新加坡几乎从未发生过。总体来说，新加坡对中国留学生来说是一个比较容易适应的环境。到新加坡留学的中国学生所要面临的困难相比于到西方国家甚至日、韩等亚洲国家的学生要少得多。但恰恰因为新加坡可以让中国留学生“软着陆”，反而降低了他们探索本地文化、了解当地国情、结识当地朋友的积极性。

五　SM 1、SM 2、SM 3奖学金得主的“纠结”

新加坡政府不惜人力、物力把中国“人才”招来，并给予其优厚待遇，这一事实反而可能在奖学金得主中造成一种理所当然的优越感。于是，当他们感到在新加坡并不总是受欢迎时，就可能产生一种“上当”的心态。还有，当来到发达异国求学最初的兴奋和新奇逐渐消退后，“委身”于这个“弹丸岛国”带来的一些负面东西就更加凸显。

来到新加坡之后，奖学金得主发现新加坡并非他们想象中的有如英美等国那样的“纯英语环境”，而英美等国对这些学生来说通常还代表了最令人向往的留学目的地，也代表了世界最高的学术水平。新加坡教育体制和教育机构与欧美教育体制和顶尖教育机构之间的差距——不管是想象中的还是切实存在的——使得一部分有学术志向的奖学金得主产生了一种对接受奖学金到新加坡的懊悔，因为他们认为如果不来新加坡而留在国内参加高考，本科之后他们仍可以通过自身实力进入欧美最顶尖大学攻读硕士、博士学位，但因为来了新加坡，并签了一纸“卖身契”，他们本科毕业后前往欧美继续深造变得更加困难。越是有学术志向的奖学金得主，越容易随着时间的推移产生一种纠结懊悔的心情，有个别学生甚至用“陷到陷阱里了”这种说法来形容他们的处境。但是必须强调，明显有这种情绪的奖学金得主还是极少数的。

不无讽刺的是，笔者认为，某些奖学金得主之所以产生懊悔与纠结，原因正在于他们当初以“外国人才”的身份到了新加坡。对绝大多数奖学金得主而言，到新加坡拓宽了他们的视野，增长了他们的见识，增强了他们的雄心与成功欲望。比如，SM 1项目让这些中国初中毕业生有机会以英语为媒介在世界一流的教育体系里学习，取得世界多国认可的“A”水准考试成绩，这样一下子就把世界顶尖大学拉到他们眼前。如果没有 SM 1 这个项目的存在，这些学生将来也许只以进入中国国内名牌大学为目标，但是有了新加坡留学经历后，他们甚至觉得在新加坡的大学读本科都是退而求其次。类似的情况也在 SM 2、SM 3 学生身上发生：接受了这两个奖学金的学生承诺本科期间学习理工类专业，但是到新加坡之后的发展并不是没有拓展其兴趣、让其对其他学科产生兴趣的可能。笔者在调研中遇到不少抱怨专业被限制的奖学金得主。简而言之，奖学金的优遇给了学生成长的机会，而这种成长有可能反而让奖学金变成了一种“枷锁”。

在更加琐碎的层面，新加坡高压的生活方式和不免重复的生活节奏让这个城市变得“枯燥”“无趣”“没有人情味”，尤其对于那些没能很好地在本地建立广泛社交圈的中国学生。甚至气候、饮食文化、交通条件等构成日常生活质地的因素也容易成为一些奖学金得主怨声载道、生活没有快乐的原因。这些林林总总琐碎的因素叠加在一起，造成一些奖学金得主对来新表示后悔，甚至发表侮辱、攻击新加坡或新加坡人的言论。这也就难怪一部分新加坡人会产生“奖学金得主不知感恩”的印象。

纠结也体现在学生在校园生活的情境下与本地人的互动上。正如关于留学生在国外学习生活经历的既有文献中所指出的，笔者发现在新加坡的中国奖学金得主也有一种对与本地人相互了解、加深交流的渴望。但是语言、文化上的不同和个人背景、经历上的差异使得这种渴望常常落空，以致失望。

当然，我们也不能对这些纠结与摩擦中产生的“正能量”视而不见。回过头来看，笔者认为在调研中发现的中国留学生一些负面的、纠结的情绪，其实并不是真正针对新加坡或来新加坡这件事，而是他们从学生向社会人转型过程中不可避免的“生长痛”。

后者是他们不论在什么环境、什么国家、什么具体境遇下都要面对的。当奖学金得主跨出校门最终成为社会人时，他们自己也会渐渐发现当初纠结的经历正是其成长和成熟的过程。举一个简单的例子，笔者在别处曾发表文章[①]描述一些 SM 1、SM 2、SM 3 奖学金得主到新加坡读大学后关于自己作为中国人的自我认同经历的一番纠结的心路历程。在这个历程里，作为在新加坡的“中国人”，受歧视是难以避免的，具体表现为被评价为“很中国”，指代很“土”、很“抱团”，以及其他各种负面刻板形象。但是笔者在研究中发现，相较于歧视施加者的新加坡人，其实反而是被歧视者的中国学生更多地提到“很中国”这个说法。对笔者接触过的一部分中国（奖学金）学生来说，说自己“以前‘很中国’”代表的其实是一种自我意识觉醒、自我批判、自我提升的进步心态。这种自我转变必然要以一些纠结与痛苦为代价，就好像任何好事都是来之不易的。推而广之，我们也可以说，尽管新加坡从中国大量引入“人才”的战略并非没有争议，甚至连身为受益者的那些中国学生也不一定总是“领情”或“感恩戴德”，但是总体来看，应该说这一战略还是非常成功的。

六　结语

近年来，中国留学发展势头强劲，随着中国国力的持续提升，这一趋势应当还会继续。从留学海外人员的年龄、家庭背景、学习专业、出国动机、目的地等诸多方面来看，留学现象呈现了前所未有的复杂性与多样性。本报告所讨论的内容充其量不过是构成一幅

① Yang, Peidong, “A Phenomenology of Being ‘Very China’: An Ethnographic Report on the Self-formation Experiences of Mainland Chinese Undergraduate ‘Foreign Talents’ in Singapore,” *Asian Journal of Social Science* 3 – 4 (2014).

宏大图景的千百块马赛克中的一块，但又不失其特殊的启示意义。

首先，正因为新加坡是以华人为主的小国，汉语普通话被相对广泛地使用，反而容易让作为赴新中国人产生一种“想当然”的心态，忽视与当地社会深层次的交流与了解。新加坡社会近年来对移民，特别是来自中国内地的移民的一些负面情绪恰恰提醒了我们这一点。

其次，目前出国留学主要被理解为学生及学生家庭的一种个人、个体的理性投资行为，但当我们将这一行为放在稍长的时间框架和稍广的政治、政策框架来看，其与国家战略息息相关。美国之所以在今天占据世界经济、文化、学术等多领域的霸权地位，与其“聚天下贤才”的战略是密不可分的。时刻处于危机感中而屹立不倒、锐意进取的岛国新加坡是另一个例子。

本报告通过描述中国奖学金得主的切身经历，从更加人性的，或许不免主观的角度简要探讨了“大”战略下的某些“小”矛盾。相信这对我们更加深刻地认识中国人出国留学会有所帮助。

B.12 日本留学政策与留日学生创业模式考察

曹佳洁　王鹤霖*

摘　要：

经济全球化也带来了人才竞争的全球化，各国都把人才视为科学发展的第一资源。在无硝烟的“人才战争”中，日本政府不断更新留学生政策，吸引更多优秀留学生赴日深造。从最初单一的学术交流发展到高层次人才来日创新创业，从简单的吸引留学生转变为深层次的吸引留学生在日创业，这一系列多元化人才政策的变迁为赴日留学人员带来了更多的选择。本报告聚焦留日学生创业模式，在梳理日本留学政策发展、回顾华人在日创业史的基础上，分析了赴日留学人员的创业新趋势。

关键词：

日本留学政策　日本人才政策　留日创业　回国创业

相近的文化渊源和一水之隔的距离，使日本一直是中国留学生青睐的留学目的国家之一。日本数据统计显示，2010 年以来，中国

---

* 曹佳洁，博士，中国与全球化智库副研究员；王鹤霖，中国海外学子创业周“全球青年创业访谈录暨海归产业发展高峰论坛”秘书长。

留日学生数量每年都在8万人以上。近两年，随着日本留学政策的转变，留日学生毕业后创业成为一大趋势，无论是留日创业还是归国创业，人数都在不断增长，这也体现了目前日本留学政策的导向性。[①]

根据接收留学生的目的，2004年经济合作与发展组织（OECD）总结了留学政策的四种类型，即：①相互理解型（mutual understanding）；②技术移民型（skilled migration）；③经济收益型（revenue generating）；④能力培养型（capacity building）。四种留学政策的特点参见表1。

表1　留学政策的四大类型

类　型	特　点	备注
相互理解型	注重国与国之间政治、文化、学术交流	为国际留学生提供学费减免及奖学金等经济支援，并不是为了将留学生作为储备人才来利用。如日本早期的留学政策，以及墨西哥、西班牙、韩国等国的留学政策
技术移民型	为促进本国经济发展、提高本国研究水平，出台吸引海外优秀留学生政策	为吸引人才来本国学习研究，政府为留学生提供全额奖学金，留学生毕业后留在本国工作。美国吸引大量海外研究生水平的留学生赴美留学多为此模式。近年日本出台的留学生政策也渐渐向这种模式靠拢
经济收益型	将高等教育视为贸易的一种，通过收取高额学费获取利润	澳大利亚、新西兰、英国及其他一些欧洲国家被视为此模式的代表
能力培养型	将海外大学吸引入驻本国，开设分支学校，或是成立共同教育工程，以此学习海外的先进教育、研究方法	中国、马来西亚、新加坡等国是此模式的代表

资料来源：OECD，*Internationalisation of Higher Education*，Policy Brief，Sep.，2004。

① 日本学生支援机构，http：//www. jasso. go. jp/index. html。

当然，各国的留学政策一般不会只采用一种单一的模式，而是根据本国经济社会发展的需要，采用以一种模式为主、兼顾多种模式的复合模式。作为亚洲传统保守型国家，日本近年来深受人口老龄化不断加剧、少子化现象日益突出的困扰。鉴于此，吸引海外留学生在日创业成为日本留学政策和人才政策的主导方针，其留学政策也开始从早期的相互理解型模式向技术移民型模式转变。

一　日本留学政策和创业政策的变迁

（一）留学政策的变迁

梳理日本留学政策的发展历程不难发现，20 世纪 70 年代的日本留学政策多以文化、学术等交流为主，进入 80 年代后则开始向人才储备政策转变。1983 年，日本提出“10 万留学生计划”，在该计划的影响下，留学日本的国际留学生数量一路飙升，呈现良好的增长态势。虽然 1997 年的亚洲金融危机给这股留学热潮带来了影响，但持续的时间并不长，更没有浇灭外国学生赴日深造的热情，截至 2000 年，日本已成功实现了“10 万留学生计划”。

2008 年，为进一步深耕日本留学市场，日本福田内阁提出了“30 万留学生计划”，即到 2020 年，吸纳国际留学生数量增加到 30 万人。此外，日本政府还为各类留学生奖学金项目与学费减免项目拨出大量预算资金，以吸引更多国际留学生赴日留学。此外，为了实现“30 万留学生计划”，日本政府还配套实施了“30 所国际大学”（Global 30）项目（简称“G30 项目”）。该项目计划选择 30 所大学，通过加大政府财政投入，完善这些大学的软硬件设施，建设国际化大学基地，以大学为载体引进优秀科技人员和海外优秀留学生储备人才。截至 2014 年 4 月，这 13 所日本顶尖大学已开设

156门全英语课程（大学部33门，研究所123门），共招收28636名国际留学生，占日本各大学留学生总数的20.6%，聘用的外籍教师人数也从2008年的2000名提高至2014年的3097名，国际化程度有了显著提高。

2009年10月，中、日、韩三国教育部领导人在第二次会议时提出了关于加强三国大学交流合作的设想，随后，日本政府于2011年6月向“亚洲校园”（Campus Asia）计划投入了13亿日元。该计划的目的是：在中、日、韩三国的高端教育机构间构筑学费互认、学习成绩统一管理、学位统一授予的合作体系，促进三国学生的跨国流动。2011年11月，在经过中、日、韩三国间公开征集、严格遴选、联合评审后，有10个项目从51项申请中脱颖而出，成为首批试点项目。入选项目的合作院校有日本的东京大学、名古屋大学等10所大学，中国的清华大学、北京大学等8所大学，韩国的首尔国立大学、高丽大学等8所大学。[①]

日本政府采取的一系列措施收到了不小的成效。日本留学生数量虽然在2011年之后受“3·11”东日本大地震的影响出现了下滑，但下滑幅度并不大，而且整个留学市场基本呈上升走势，2010年还创造了国际留学生数量的历史纪录，达141774人（见图1）。

（二）创业政策的变迁

近年来，日本人才短缺的状况日益严重，产业升级后，此状况尤为明显。日本不像美国及欧洲国家那样拥有众多世界排名前列的大学，仅仅依靠本土人才和回流的日裔人才，难以满足产业升级的需要，以及日本发展对高层次人才的需求。基于此背景，

① 科技部：《2012国际科学技术发展报告》，科学技术文献出版社，2012，第66页。

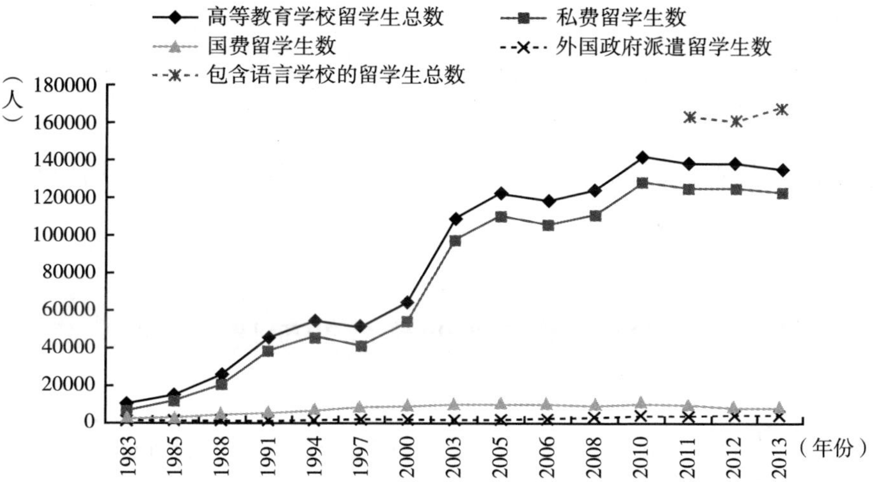

图 1　日本接收国际留学生人数走势

资料来源：日本学生支援机构，http：//www.jasso.go.jp。

2010 年 1 月，日本法务省借鉴发达国家的移民政策，出台了吸引外籍高层次人才的“高级人才优先制度”，实施“积分制”以引进人才。这一政策不仅包括对工作类人才的吸引，而且包括对创业类人才的吸引，为留日学生创业人才、具有创业精神的外国企业家等提供了更多政策便捷渠道，进一步推动了其在日创业的积极性和主动性。

“高级人才优先制度”的主要目标人群是科学技术、经营管理和医疗等方面的高级人才。高层次外国人活动内容特指“高层次学术研究活动”“高层次专门、技术活动”“高层次经营管理活动”三大领域，同时对高层次外国人学历、职业生涯、年收入等项目进行评分。由于中国留日学生一般具有较高的学历，具有较好的专业素质，这些政策对中国留日的学生具有很大的吸引力。

2014 年 6 月，日本政府在“国家战略特区”新设窗口，为外国创业者提供创业时所需行政和民间规定手续的统一办理渠道，已经先后在东京圈、关西圈、冲绳县、新潟市、兵库县及福冈市六地建设“国家战略特区”，在特区限定的地区内推行试点改革。日本实施这一政策后，外国创业者在日办理注册、税务、养老金等行政手续的时间被缩减到一周左右。该窗口还提供英语服务，构建有助于吸引海外企业的环境。

二　留日毕业生创业现状

随着中国近年来人才吸引战略的深入发展，回国创业成为留日学生毕业后的又一个重要选择。赴日留学生毕业后的发展路径也日趋多样化，从曾经的毕业后留日工作还是回国工作，发展到毕业后工作还是创业，进而发展到留日创业还是回国创业（见图2）。由此可见，中日两国的人才吸引政策形成了竞争势态。

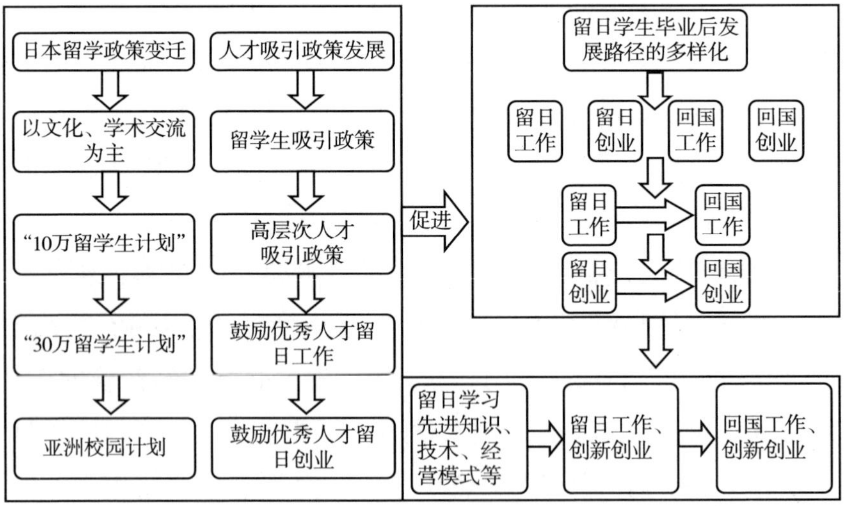

图2　留日学生毕业后的多样化发展路径

资料来源：根据公开资料整理。

（一）新时期留日毕业生在日本的创业状况

1. 投资与经营人数不断攀升

日本法务省公布的资料显示，2009～2013 年，日本法务省发放的在留资格中投资与经营签证数量呈逐年增长趋势，2013 年比 2009 年增长了约 37%（见图 3）。

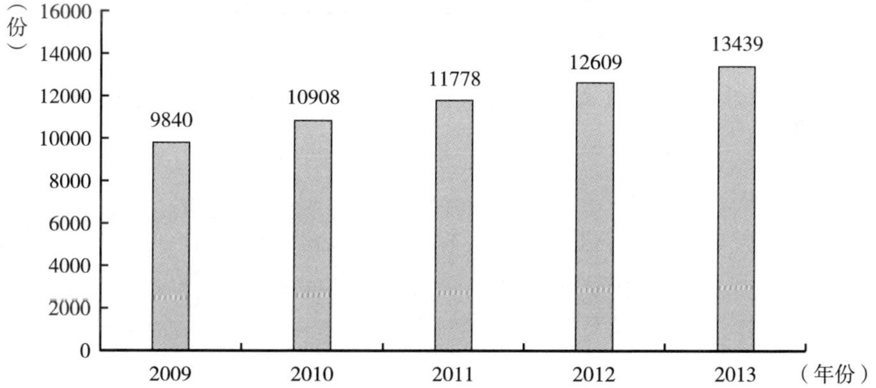

图 3　2009～2013 年日本法务省发放的在留资格中投资与经营签证数量

资料来源：日本法务省，http：//www. moj. go. jp/。

近年来，毕业后留日创业的外国人数量依然呈现平稳增长趋势。日本法务省的公开数据显示，在留日学生毕业后签证变更类别中，申请投资与经营签证的外国人呈增长势态，如图 4 所示，该类签证数量从 2008 年的 128 份增加到了 2012 年的 356 份，增加了约 1.8 倍。

2. 中国留学生在日创业特征

中国留学生毕业后在日创业已经有了相当长的历史，整个过程可分为特征鲜明的三个发展阶段（见表 2）。

第一阶段，满足在日华人“生活消费圈需求”型创业。20 世

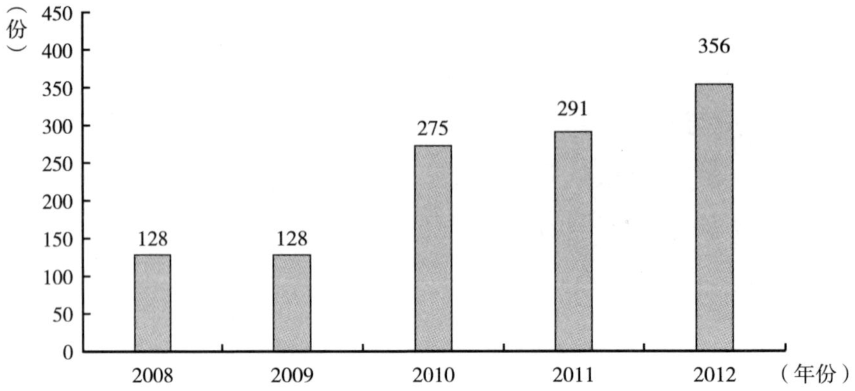

图 4　2008～2012 年从留学签证变更为投资与经营签证的数量

资料来源：日本法务省，http：//www. moj. go. jp/。

纪 80 年代，留学生毕业后在日本东京池袋区创办了零星的中国物产店，这些店逐渐开始引用有中国地方特色的元素作为饮食店或书店的主题，如：开设上海风味、东北风味、四川风味的中国料理店；创办“知音书店”等满足购买中国文化图书及音像制品的生活服务型商店；开设面向华人群体的国际通信电话卡业务。

表 2　中国留学生在日创业的阶段及特点

时间	创业类型	特点
20 世纪 80 年代	“生活消费圈需求”型	中国地方特色的元素作为饮食店或书店的主题，这是早期中国文化传播的据点
20 世纪 90 年代初	“差旅需求”型	以在日华人为服务对象，提供出国、回国、海外旅游及度假的机票代购服务
21 世纪	“信息需求”型	以报刊为载体，为海外华人提供及时、有效的信息传送

资料来源：根据公开资料整理。

第二阶段，满足在日华人“差旅需求”型创业。20 世纪 90 年代初，留学生毕业后在日本的东京、大阪、福冈等主要留学生聚集区域先后创立了华人旅行社。此类华人旅行社主要以在日华人为服务对象，提供出国、回国、海外旅游及度假的机票代购服务。

第三阶段，满足在日华人“信息需求”型创业。这成为21世纪以来留日中国学生在日创业的主要形式。这种形式以日本东京《留学生新闻》《中文导报》《东方时报》《唐人报》《关西华文时报》《日本侨报》《中国经济周刊》等的出现为标志。这些报纸是以中文或是中日双文为主的纸质媒体，充分满足了在日华人用中文了解时事的需求。华文媒体的发展与成长无疑是在日华人自主创业的又一有力实践。同时，中文媒体平台实现了企业、学生、中国驻日领事馆及华侨主管机构等多样资源的对接，为海外华人提供了及时、有效的信息传送平台。

（二）留日学生归国创业的特征

伴随着中国经济的崛起、产业结构的转型以及各种人才吸引战略的实施，广大留学生瞄准了中国经济发展的巨大潜力与创业契机，掀起了新一轮回国创业潮。与赴其他国家的归国留学生不同，赴日归国留学生的创业主要有以下几种类型。

1. 以引进、输出日本技术为主的技术型创业

20世纪80年代赴日留学人员多以学习技术为目的，其中学习计算机及软件开发技术的留学生较多。伴随着中国计算机产业的迅猛发展，第一批在日学习计算机软件及技术的中国留学生归国后成为打开“中国软件外包新产业”的领军型创业者。例如，以中国第一位计算机博士刘积仁为代表的中国本土计算机专业人士，结合引进的日本软件开发人才与技术，创造了中国外包日本90%软件开发市场的行业业绩，让中国的软件外包行业与亚洲的印度分庭抗礼。尽管目前中国的软件外包业在转型中更趋于着重开发欧美市场，但事实证明，中国赴日留学生以日本计算机技术为创业基盘，成为其在日创业，进而回国创业的“直通车”。

近年来，日本的汽车技术、服装设计、动漫技术、生命科学技术等也相继被引入中国市场，成为中国留日学子回国创业发展的利器。

2. 从事日本绿色环保及生活用品、高端消费品等的销售型创业

消费者对“日本制造”的信赖度居高不下，引进日本高品质、绿色环保产品满足中国消费者对安全高品质生活的需求，成为留日学子回国自主创业的新选择。以日本化妆品、婴幼儿用品为创业起点的海归创业，在北京、上海、广州、深圳、天津、大连等地较为普遍。利用互联网优势，将日本互联网销售平台嫁接到国内网购平台“淘宝”与“京东”等，开展新形式的虚拟跨国自主创业。

3. 日本技术的海外商品化创业

近年来，日本经济呈持续低迷的发展态势，陆续出现了日本技术、专利在海外产品化的现象。通过拥有多年中日两国贸易经验的留日学子引进日本技术、专利，在中国孵化变现，成为留日回国人员创业的新现象。例如，引进日本机动车停车场技术的高彦，创办了北京易泊安科技有限公司，其公司为北京商业委员会制定了北京市大型商业区域建设停车场评估标准与体系，同时也为中国一线、二线城市做现代化智能停车场的标准制定与技术引进工作；留日创业者联盟引进日本绿色农业及环保节能技术，嫁接到中国农业大学农业规划科学研究所，促进了中国新农业领域的新技术引进与洽谈。

4. 从事中日间人才交流、输出与引进的服务型创业

近年来，中日民间人才交流来往频繁。国际教育与人才海外派遣等诸多人才交流、输出与引进行业的介入，促进了中日两国在留学生派遣、劳务研修、日本海外培训就职等领域的人才循环。据统计，截至2014年中期，在日的华人规模达到了77万人。[①] 人才交流领域的创业人员构成了人文交流创业领域的生力军，为留日人员回国发展、日本人才来华发展、中国人才去日本发展提供了服务平台。人才交流的畅通，为更多优秀留日人才提供了回国发展的信息与机会。

5. 推动海外企业跨国并购

随着中国经济的发展，中国企业开始走向国际化，陆续向海外拓展市场。中国企业"走出去"，逆向开拓发达国家市场，开创新海外创业模式已不足为奇。与此同时，在日华人企业也开始在原有的创业基础上，收购日本电器店，以及汽车配件生产与销售、互联网技术等，拓展上下游产业链，实现业务全球化。而留日归国人员，尤其是一些精通中日法律的海归人士，也在通过合法的国际企业并购逐步摸索合作创业之路。

（三）中日创业政策对比

赴日留学生无论是留日创业还是回国创业，都势头正劲，中日两国在吸引留学生创业政策方面的努力也难分伯仲。近年来，中国不断加大对归国留学人员创新创业的政策支持，2008年启动"千人计划"项目，计划用5～10年在国家重点创新项目、重点学科和重点实验室、中央企业、国有商业金融机构、以高新技术产业开发区为主的各类园区等，引进并有重点地支持一批能够突破关键技术、发展高新产业、带动新兴学科发展的战略科学家和领军人才来中国创新创业。为贯彻此计划，全国各省份相继出台了地方引才政策，形成了"筑巢引凤"的景象。以北京市朝阳区2009年出台的"凤凰

① 此资料来源于2014年6月28日中国海外学子创业周留日创业者联盟成立大会会议资料。

计划”为例，此计划对留学人员回国创业团队提供优惠支持资助政策，其条件是留学人员创业团队的注册资本金不少于30万元，而且企业创办人为优秀海外人才，在国外学习时间在1年以上，每年在国内工作6个月以上。另外，留学生回国创业也面临一个问题，那就是需要丰富的人脉资源，这对新毕业的留学生来说是一个挑战。

在日本，人才政策逐渐鼓励留学生在日创业，吸引留学生在日开展投资经营活动。日本法务省出台的外国人投资与经营签证申请条件规定，外国创业者在日创业的初期注册资本金不得少于500万日元（约合31万元），这和北京市朝阳区“凤凰计划”中提出的资助对象的条件接近，且在日注册公司要雇用2名以上日本正式员工，即要求企业在日本盈利的同时，带动区域发展，同时注重解决地区就业。留学生在中日两国创业政策对比见表3。

表3　留学生在中日两国创业政策对比

项目	中国	日本
政策环境	鼓励海归创业	鼓励留学生在日创业
市场环境	市场在发展期,市场容量大,竞争较激烈	市场发展到成熟期,市场容量较小
必要条件	区域不同,条件也不同。如北京市朝阳区“凤凰计划”要求留学人员创业团队注册资本金不少于30万元	取得投资与经营签证、创业签证;初期投资金额为500万日元(约合31万元);雇用2名以上日本籍正式员工

资料来源：朝阳区“凤凰计划”，http：//www. tocbd. gov. cn/phoenix - plan/index. shtml；日本法务省，http：//www. moj. go. jp/。

三　留学生创业实例分析

从中日两国鼓励创业的政策来看，两国创业政策环境不分上下。但是受2011年“3·11”东日本大地震、核泄漏等灾难性事件的影响，部分留日学生开始选择放弃在日本生活、工作，转而归国谋求发展。这次创业潮以80后留日群体为主，其创业产业领域多集中在高新技术和环保应用、新农业转基因生物科技、绿色生态优质产品和新材料纳米技术等方面。以下是通过访谈得到的留日创业者案例。①

（一）实例1：环流中日型创业

小唐（化名），1982年出生，留学日本大阪，在日学习旅游观光。回国时计划在中国开设一家旅行社，由于注册门槛较高，放弃此想法转为代理销售日本产品。他选择了一款在日本流行的“冰枕”，这是一款夏季预防儿童感冒的专用产品，广泛地应用于日本家庭的生活中。小唐将这款产品的外包装技术引进，在中国生产，降低了产品成本。与此同时，他发现这款保健类消暑纳凉生活用品不仅适用于儿童，而且适用于成人，于是对此产品进行改良，将市场拓展到日本棒球队员的夏季训练场。新的技术改良、新市场的发现，让这款产品在日本形成了稳定的客源，保证了他回国创业获得“第一桶金”。小唐在创业中摸索了一套“小商品、大市场”的商业理念。

随后，小唐在创业路上又迈出了第二步——用他的“第一桶金”收购了一个临近海滨的小型庄园，开发度假村项目。凭借此次国内度假村的创业经验，小唐返回日本，利用自己在日本留学时积累的人脉和在国内积累的资金，在日本创立了自己的旅行社。

小唐的创业经历，也是日本政府在人才战略上从相对“保守”到“设限开放”转变的体现。小唐从中国创业到日本创业，形成

① 2014年7月初，笔者分别在大连、北京、东京先后采访了多位留日创业者。

了创业环流。同时，他往返于中、日两国，形成了“海鸥式创业模式”，成为很多赴日留学生认可与追求的新型国际化创业方式之一。

（二）实例2：回流日本型创业

小崔（化名），1981年出生，留学日本金泽，学习软件开发专业。毕业后回国，就职于国内的一家日本软件公司，负责项目市场对接与销售工作。他通过职场经验，结识了很多通晓中日软件领域的高端研发人员，也想通过短暂的国内工作经验积累，在软件服务业深入发展下去。但日本经济的低迷及中日之间软件外包合作领域的消减，打击了小崔深耕国内市场创业的想法。最终，他放弃了国内IT行业的高薪聘请，与自己同在日本学习工作的妻子回到日本开始了创业历程。到访谈为止，小崔已经在日本注册了自己的公司，顺利地与日本从事新农业技术转移的高科技企业对接，计划在2014年将此技术引入中国。小崔的案例是海归搭载日本政府创业新政策回流的创业实例。他的创业路径也是当代赴日留学毕业生所选择的模式之一。

（三）实例3：中日合作型创业

小张（化名），1981年出生，日本留学硕士，在日留学期间喜欢日本文化，尤其关注日本的图书出版业。毕业后，小张与一位喜欢中国文化的日本年轻人一拍即合，共同回中国创办了一家销售日本原文书籍的书店。当时，利用互联网销售日本图书是国内一大空缺，小张在获得中国国内图书经营许可的同时，渐渐满足了其所在城市的日本人生活圈的需求。甚至日本领事馆的官员在任期满后，也将手中所收藏的日本图书卖给小张。在渐渐开拓国内图书销售渠道后，小张与他的日本合伙人开始尝试更多领域的日本原文图书销售，包括企业管理、人物传记、日本动漫、日语学习教材、考试类图书等。

综上所述，中国赴日群体催生出80后的留日创业者，形成了中国海外留学生毕业后“创业群现象”。新时期的创业模式逐渐形成了三种类型，即环流中日型创业、回流日本型创业和中日合作型创业。这三种创业类型印证了中国留学生在全球化经济环境中所呈现的“人才流动性”与“创业流动性”两大特点与动向，并渐渐在年轻留学人员中得到凸显。日本人才政策的发展也为中国留学生在亚太区域的创业活动提供了全球化的竞技平台。

B.13
国际学校在中国的发展

摘　要：

近年来，国际学校[①]在国内发展不断升温，国际学校的发展已成为众多学生、家长和教育界及相关人士关注的话题。如何在“中”“外”之间寻求平衡，实现中外教育的更好融合，更成为人们关注的焦点。本报告首先对国际学校在中国的发展历程进行梳理，然后就国际学校发展的受关注问题进行分析，最终通过案例分析和解读，对国际学校在中国的发展进行简要论述。

关键词：

国际学校　教育国际化　国际班

20 世纪 80 年代，改革开放的总设计师邓小平提出教育要面向世界，不能闭门造车。历经三十多年的改革开放，“如何让教育面向世界”一直在争论中前行，如“教育国际化是什么”“如何实现教育国际化”“是不是向英美、西欧教育看齐”“是不是合作办学、办国际班、引入国外教师就是国际化”等。细观这些争论，其实都是围绕一个中心——“中”与“外”如何结合，如何在“中”与“外”寻找平衡点。简单说来，就是既保留中

① 这里的国际学校（international school）主要是指在中国提供中等或以下程度外国教育课程的学校。

国教育的优点，又借鉴吸收其他国家教育好的方面，培养具有的全球理念的“中国人才”。要培养国际化的“中国人才”，需要我们重视高等教育的国际化，但是基础教育国际化的作用也不能忽视，目前我国低龄留学的趋势加强正说明了这一点。

在我国，目前实现低龄群体国际化教育的途径主要有两个：一是低龄留学；二是读国内的国际学校。对于低龄留学，目前在国内研究的文章已经很多，也是一个热门话题。相对而言，读国内国际学校更多地处于探索和实践阶段。虽然目前有一定的争议，但是，总体是受到社会和家长认可的，而所谓的争议基本是关于如何实践的问题。

一　国际学校在我国的发展变迁

（一）国际学校——面向“外籍人”的学校

我国《教育法》中并没有给“国际学校”下定义。20 世纪中期，我国早期出现的国际学校主要是为了解决外国使馆工作人员子女的上学问题。如瑞典学校、德国国际学校、大韩学校、巴基斯坦使馆学校、北京法国学校等。20 世纪 90 年代，随着中国改革开放的深入，外资机构和外籍人士来中国工作、定居的人数增多。1995 年，国务院开始出台文件，允许在外资机构和外籍人员聚居的地区办学，这一时期外籍人员子女学校大量出现，主要有北京顺义国际学校、京西国际学校、哈罗国际学校、耀中国际学校等，这些国际学校原则上只能接收居住在中国内地的外籍人员及港澳台人员的子女。2008 年，为了顺应港澳籍人士在国内的发展需求，教育部出台文件，允许广东针对港澳人员子女设立学校先行先试（见表 1）。

表1　面向外籍人员和中国港澳台人员子女的国际学校的相关法规

类型	法律(政策)依据	备注
外交人员子女学校	《关于外国驻中国使馆开办使馆人员子女学校的暂行规定》	驻华大使馆和驻华领事馆开办使馆人员子女学校
外籍人员子女学校	《关于开办外籍人员子女学校的暂行管理办法》	招收在中国境内持有居留证件的外籍学生,不招收中国内地的公民入学
中国台湾同胞子女学校	《中华人民共和国台湾同胞投资保护法实施细则》	允许在台湾同胞投资集中的地区设立台湾同胞子女学校,集中于台商聚居的珠三角和长三角
中国港澳人员子女学校	2008年,教育部委托广东省审批在广东设立港澳人员子女学校;2009年2月,广东省将审批权下放给深圳市	主要面向珠三角

资料来源：CCG根据公开资料整理。

（二）国际学校——“国际化”的学校

有些国际学校在发展过程中，从最初要求学生必须是外籍或者持外国绿卡，渐渐扩大到招收中国籍的学生。随后，提供国际课程的中国学校开始增多，如北京私立汇佳学校、世青国际学校、乐成国际学校等。截至2013年，北京王府学校、中加学校、拔萃双语学校等学校中的中国籍学生占比在90%以上。同时，一些中学开始出现国际部，招收的绝大多数为中国籍学生，如清华附中国际部、北京四中国际校区、首师大附中国际部等。相关数据显示，截至2012年初，全球英文教学国际学校总数有6000多所，全球国际学校学生总数已超过30万人。而在国内，据不完全统计，中国国际学校总数为300多所，学生总数为20多万人。目前，国内提供低龄国际课程的学校，主要有：外籍人员子女学校，主要招收外籍和港澳台学生；教委批准的全日制学校，中外学生兼招；中国学校的国际部，主要面向中国学生（见表2）。

表 2　国际学校的几种类型

类型	备注
在中国境内合法设立的外国机构、外资企业、国际组织的驻华机构和合法居留的外国人开办的国际学校	如上海美国学校、广州美国人学校、北京日本人学校等
既招收中国学生，又具有接收外国留学生资格的学校	这类学校提供国际课程体系（IB、AP、A - level），有独立的校园，其课程体系、教育理念、硬件设施和学生构成都较国际化
本地学校开设的国际部	开设的 AP 和 A - level 只是针对中国学生，其课程是外国课程，但上课模式、教育理念和学生构成，都是中国（式）的
外国机构或个人开办的补习中心	—

资料来源：CCG 根据公开资料整理。

二　国际学校的争论与探索

进入 21 世纪以来，中国经济的快速发展催生了一批富裕家庭，具备了送子女出国留学或修国际课程的经济能力。同时，随着人们对教育认知的不断深入，现有教育体制的僵化越来越引起更多学生和家长的不满，一批早期出国留学的归国家长希望子女能够接受更国际化的学校教育。经济实力的增强和人们国际化视野的拓展，为国际学校的生存提供了空间和发展的可能。然而，国际学校的发展模式一直存在争论。2014 年，北京市取消了在公办学校设立国际班的申请，又进一步把这个问题推向了前沿。

（一）国际学校与“贵族学校”

目前，在社会上有一种观点，就是国际学校等同于贵族学校。而部分办学机构也通常将家长分为三类：第一类是社会名人；第二类是外企高管；第三类为高知识水平和新富人士。据相关人员介绍，国际学校的学费最低为每年8万~9万元，最高为20多万元。2014年初，在上海市教委发布的首批认定的21所高中“国际课程班”名单中，学费最低每学期只需要1500元，学费最高则可达10.5万元，后者是前者的70倍。同时，读完国际学校后，后期的留学费用也是一大笔开支，以留学美国为例，根据网上公开数据整理分析，挑选最便宜的学校每年学费加生活费的开销为4万美元，如果上纽约大学、波士顿大学等都市名校，全部开销则需要6万美元。

（二）国际学校教育“中”与“外”的融合

许多家长希望孩子成为“国际化的中国人才”，希望子女在接受国际化教育的同时能很好地接受中国优良传统文化的熏陶，因此，选择送子女入读国内的国际学校是不错的选择。而国际学校能否满足其愿望，一直是人们关注的焦点。

目前，国内的国际学校在课程本土化方面做了一定努力，既兼顾了国际课程的深度和广度，又增添了一些中国元素，重视“中”“外”课程的平衡和教学方法的改进（见表3），如上海的世界外

表3　国际学校的部分课程

类别	主要课程	备注
A - level 课程(英国高中课程)	数学、进阶数学、物理、经济学和计算机等	共70多门课程可供选择
AP课程(美国大学先修课程、美国大学预修课程)	微积分AB、微积分BC、物理1 & 2、统计学、宏观经济学和微观经济学等	6个学科，已在美国15000多所学校普遍开设
IB课程(国际预科课程)	语言A与世界文学、语言B(母语以外的现代语)、数学、艺术与选修、实验科学、个人与社会学等	每门课程7分、拓展论文与知识论文3分，共45分

资料来源：CCG根据公开资料整理。

国语中学一直在做国际融合课程尝试，将 IBMYP（初中）课程和 IBDP（高中）课程进行本土化，力争做成让课程既具有高学术水平、国际化特征，又具有中国课程的人文精髓。

但目前国内的国际学校办学质量参差不齐，劣者既没有很好地继承中国教育的优势，又不能让学生适应国外生活学习环境。更有甚者，一些学校把国际教育当成了圈钱的工具，办了国际班，最后跟烂尾楼一样根本做不下去。也有很多优秀的公立学校与国外教育资源开展合作，最后发现根本不是优质的教育资源，使学生上了当。还有些国际学校宣传留学和高考“两手抓”，结果一个都没有抓好。有些家长把“起跑线”当成“抢跑线”，心里焦躁到不能理性思考。

三　国际学校的实践——以北京王府学校为例

下面以北京王府学校为例进行个案研究，深入了解国际学校在国内的运营与发展状况。2003 年，北京王府学校成为由北京市教委批准成立的首家中外合作办学的私立学校。迄今王府学校已建立了从幼儿园、小学、初中到高中齐备的K－12 教育格局。目前，该校的高中毕业生实现了 100% 被国外大学录取（见表 4、表 5），并且每年有大批学生获得高额奖学金。

表 4　北京王府学校高中毕业生历年来被海外高校录取的情况

整体录取率	100%
录取学校	世界排前 100 位的大学
录取国家和地区	以美国、英国、加拿大为主，其余包括澳大利亚、新加坡、中国香港、新西兰、瑞士、德国和荷兰等

资料来源：北京王府学校。

表5　2014 年北京王府学校高中毕业生被海外高校录取状况

总人数	271 人
美国排前 50 位的大学	73 人
世界排前 100 位的大学	6 ~7 所/人
美国各专业排前 30 位的大学	理工科:60 人;商科:92 人;艺术、设计类:30 人
世界各专业排前 30 位的大学	酒店管理前 5 位大学:8 人;英国前 30 位大学:10 人;加拿大前 10 位大学:12 人;澳大利亚前 8 位大学:8 人

资料来源：北京王府学校。

北京王府学校作为国际学校的范例，其办学理念和宗旨依托于三个方面：一是一流的教学资源和设备；二是中外一体的课程体系；三是国际化的教育理念。在教学上，该校致力于将“中”“外”融为一体，实现传统中国教育和国际教育的融合。

（一）教学资源和教师队伍的建设

北京王府学校自建校以来，秉承与国际接轨的办学理念，和世界各地教育机构、国际知名学府、国际顶尖名校建立广泛联系，开展全方位、多层次的交流与合作，配备了国际化学校的顶尖设施，并培养出了一批优质的师资。

目前，学校拥有现代化教学楼，卫星录播教室，移动教学（iPad）教室，计算机教室，听力口语专用教室，A - level 标准数字化物理、生物、化学实验室，藏书 30 万册的图书馆，以及设置 400 个考位的新托福考点，同时还配备了国际标准餐厅、高标准的学生公寓和全校视频监控系统，为学生提供一流的学习和生活环境。每间教室里还配有视频多媒体展示平台和电子触摸白板设备，此外，校内的现代远程视频教学系统可与世界名校进行视频会谈、远程视频教学、远程面试。

在教师队伍建设方面，2011 年该校与哈佛大学教育学院联合推出了“名师塑造”项目，哈佛方为北京王府学校的100名外教、海归教师和双语教师进行为期1年多的“理解教学”（teaching for understanding）培训，并从中选出20名优秀骨干教师赴哈佛大学深造。此外，北京王府学校每年会对在校教师提供中长短期教育培训，如选赴美国的哈佛大学、杜克大学、北卡罗来纳大学教堂山分校、北卡罗来纳州立大学等知名教育机构进行短期、中期培训和交流，并不定期选派教师赴美带薪学习一年，攻读美国教育学硕士学位，以全面提高教师素质。与此同时，北京王府学校会定期开展教研和示范课活动，邀请美国大学理事会、美国教育考试服务中心的课程专家到学校“推门听课”，并采用国际标准对老师进行全方位评估，加速教师成长。

目前，北京王府学校的师资结构达到“404020”国际教育优质师资配置，即40%外教、40%海归教师、20%双语中教。在教师招聘上，该校在美国多个城市设有招聘网点，所聘外教至少需要2年教学经验，大部分外籍教师具有TFA（teacher for America）教师资质。

（二）“中外一体”的国际化课程体系与创新

在教学上，北京王府学校引进西方先进教学理念，结合本国教育长处，实现国际课程体系与中国课程体系优势互补，着力培养学生独立自主的能力和勇于创新的品质。学校实行分级教学、走班上课，充分挖掘学生的特长和潜力。校方将课程、考试、升学指导相结合，三位一体，为学生量身打造最合适的学习和升学方式，以提升其申请大学的成功率。

目前，该校在小学、初中和高中阶段均形成了独特的现代教学体系。小学课程体系有四个维度，分别是素质奠基课程、语言特色课程、兴趣特长课程、活动体验课程。初中课程体系也分为四个维度，分别是义务教育课程、特色课程、兴趣特长课程、活动体验课程，与小学阶段相对应。高中课程体系重视综合能力的培养，并为申请国外大学做准备（见表6）。

表6　北京王府学校高中部主要课程

年级	基本课程内容	目标
一年级	基础课程、英语课程、国际预备课程	文化素质教育和英语应用能力的提升，实现从双语教学快速向全英文教学过渡
二年级	基础课程、英语课程、国际课程	主攻 AP、A - level 课程，准备托福、雅思、SAT 的备考工作
三年级	基础课程、英语课程、综合课程	继续学习 AP、A - level 课程，并着重培养学生信息沟通、演讲技巧等方面的综合能力

资料来源：北京王府学校。

1. 国际课程考试替代部分中国高中会考

作为中外合作制学校，经北京市教委和昌平区教委批准，北京王府学校学生取得国内高中毕业证书的必考科目缩减为思想政治、语文、历史三个，其他学科由国际课程替代。这一政策保障了学校进行灵活的课时安排和高质量的国际课程教学，以便学生高效学习国际高中课程和申请海外大学。

2. 多元化的考试中心——学生在本校参加国际考试

北京王府学校建立了 AP、剑桥、托福等多元化的国际考试中心，根据国外大学招生的要求、国际课程考试的特点以及国际考试时间的安排，合理设置高中课程，高中生在本校即可参加英美国际考试（见图1）。

3. 分层教学、走班上课

北京王府学校采用“分层教学、走班上课”的模式。高一学生进校后会按照英语水平分成 14 个班级，即相当于 14 个层级，学生的英语课在自己班级上，其他课走班上，如 1 班的学生可能去 2 班上物理课，去 5 班上数学课。分层较细的目的是把学生匹配到与其

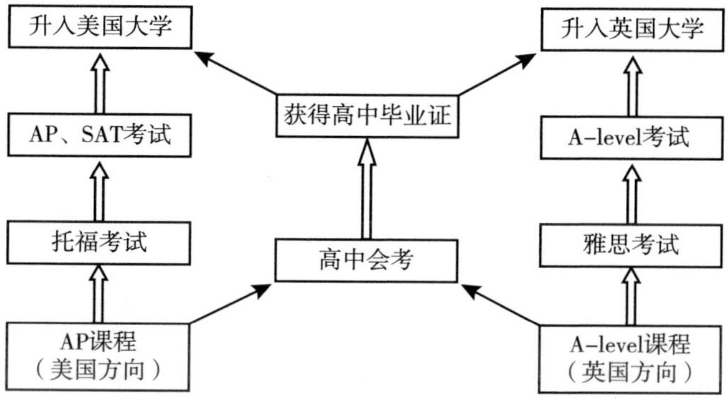

图1　北京王府学校双课程体系（高中部）

资料来源：北京王府学校。

学习水平相适应的班级，便于老师对每个层次学生的关照更加到位。

在英语分级教学的基础上，分层教学、走班上课已经推广到微积分、物理、统计学等多门学科。教师在自己的专业教室等候学生上课，随时接受学生咨询。学生根据自身特点自主选择课程、专业和老师，实现因材施教。在此基础上，北京王府学校还采用“滚动式分班”，每个月的月考后，学生被根据考试排名调整班级，这样既可让学生按照自己的水平上课，又可引进竞争和激励机制（见表7）。

表7　北京王府学校的特色教学模式

特色	备注
分层教学	所有英语课安排在同一时间，按照学生的英语程度分成初级、中级、高级三个级别
精品小班	小班授课，提供良好的语言学习环境。初级、中级和考试类的课程，根据不同阶段的不同水平循环分流
单项突破	在初级和中级班开设语音语调、词汇、语法、其他听说读写课程等，模块式教学，单项训练提高，打好英语基础
创新模式	学校突破常规，将SAT、托福和雅思的课程根植于常规基础教育课程体系，此为国内的创新

资料来源：北京王府学校。

（三）独具一格的国际教育体制

1. 积极开展国际交流与合作

北京王府学校与国际知名院校和教育机构开展全方位、多层次的交流，先后与美国的哈佛大学、耶鲁大学、杜克大学、北卡罗来纳大学教堂山分校、加州大学戴维斯分校、北卡罗来纳州立大学、明尼苏达大学等国际知名高校，北卡罗来纳数理高中、米尔布鲁克高中、艾佩斯高中、自由钟高中、南部高中等知名高中，以及美国大学理事会（The College Board）、美国教育考试服务中心（ETS）、美国国际教育委员会（ACIE）、剑桥大学考试委员会（UCLES）等进行深入交流与合作。

北京王府学校亦是美国大学理事会的中国会员单位，学生入学即全面实施学籍、档案、专业、必修课、选修课、学分管理的电子信息注册，与美国大学理事会各会员单位的网络连接，便于其全面准确地了解北京王府学校学生的情况。在对外文化交流方面，北京王府学校利用假期组织学生游学海外，邀请海外学生访问学校，通过交流使学生开阔眼界，学习地道的英语，体验国外生活，了解当地文化，促进建立国际友谊。此外，北京王府学校还向美国北卡罗来纳数理高中推出两门卫星课程，分别是“中国文化和历史”与“对外汉语”。此举是把对外汉语课程延伸到更多美国学校的有益尝试。

2. 提供留学规划、申请咨询服务

（1）北京王府学校国际语言中心

国际语言中心根据学生们的英语程度实行分层教学、走班上课，根据学生的个性及特长进行教学，充分挖掘学生的潜质。该中心每学期还会举办英语演讲、辩论赛等，并指导学生申报、参加国际性质比赛。

（2）北京王府学校国际考试测评中心

国际考试测评中心拥有托福及 AP、A - level、GRE、PSAT、TPO、U - excel、Compass、HSK 和 AMC 等国际考试项目，并与多个国际机构签署战略合作伙伴关系，形成了完整的国际考试系统，会根据学生的个体差异帮助其完成国际考试相关的咨询、准备、时间、考点等安排。

（3）北京王府学校国际项目中心

国际项目中心负责以下项目：国际交换生项目、美国名校夏季课堂、国际冬/夏令营、国际青少年教育文化交流论坛、对外汉语课堂等。其中，国际交换生项目常年与美国优秀高中合作，互换优秀学生，入读对方中学，取得中美双方相互认可的 AP 学分，在申请美国大学时具备优势。

（4）北京王府学校国际升学指导中心

国际升学指导中心采用美国高中普遍采用、美国大学认可的 Naviance 在线管理系统，帮助学生了解美国大学，完成申请单、推荐信等升学材料的递送工作。在招生季，国际名校招生人员会受邀莅临学校，为学生讲座、答疑解惑，搭建了与海外大学沟通的桥梁。

3. 全面素质教育，指导海外学习就业

北京王府学校重视素质教育，会指导学生策划、组织、领导社会实践活动，以促进其未来发展和职业规划。学生入读国外大学后，北京王府学校仍会根据其需要，指导其在海外转学校、转专业，以便找到适合自身发展的最佳平台。

4. 远程卫星视频及移动教学项目

北京王府学校运用集实时交互式教学、在线作业批改及讨论、在线复习及自测系统于一体的全智能系统，利用卫星、光纤、移动设备等信息化手段，与国际优秀学校进行优质教育资源互换，实现全球教育资源共享。

5. 迈向国际——学生社团活动

北京王府学校致力于培养具备国际竞争力的复合型精英人才，注重培养学生的综合能力，鼓励学生发挥主观能动性，在实践中领会科学发展观。在校方的支持下，学生可组织开展多种校内活动，参加多种校外论坛，并自主创办报纸、杂志等，开阔视野，提升综合素质，为走向国际奠定基础。

6. 企业社会责任的践行者

北京王府学校利用卫星教学给井冈山中学开设外教英语课，深受山区学生欢迎。目前，学校准备把卫星教学辐射到遵义、延安等革命老区，让革命根据地和教育资源相对贫乏地区的孩子接触到外教英语课程，这在国内中外合作学校中起了很好的带头示范作用。

简而言之，国际学校的出现，有助于突破国内单一的教育模式，建立更适应时代需求的现代教学模式，注重个体培养，让学生的兴趣与潜能得到充分发挥。目前，中国的应试教育体系很成熟，对学生的基本技能和基础教育有良好的积淀，但容易导致高分低能。引入国际教育理念，让学生在基础教育阶段既掌握学习知识，又培养综合素质，如独立学习能力、独立思考能力、人际交往能力、自我规划能力、独立生存能力等，更有利于其未来进入国外大学深造、拓宽国际视野，以及更好地把握人生规划。

B.14
当今留学背后的思考

桑 澎*

摘 要：

近年来，留学渐成潮流。有实力的家庭也热衷于送孩子出国留学，以期能增加其在未来竞争中的筹码。但随着社会形势的发展，留学的形势、优势也在发生改变，这一改变对留学生、家长、社会和留学服务机构都带来了不小的影响。本报告在分析留学形势变化的基础上，对留学大潮背后牵涉的各方面问题进行了深刻反思，希望能帮助广大家长和留学生弄清留学的实质，不要盲目地为留学而留学。

关键词：

留学生 反思留学

一 出国

2000年以来，我国自费出国留学人数不断攀升，2013年自费留学生数量已经达到38.43万人，[①] 根据我们的判断，未来出国留学的学生人数依然会维持在较高水平上。随着留学人数的增加，留

* 桑澎，北京留学服务行业协会会长。

① 资料来自教育部。

学出现了几个显著的变化，这可能会对今后的留学市场形成比较大的影响，并引起留学服务产业的改变。

（一）我国出国留学生的结构发生变化

在过去十几年里，研究生一直是出国留学人员中占比最多的，原因并不复杂，一是时间短、成本低，有些国家的硕士研究生学制只有一年；二是学生已经成年，世界观和价值观相对稳定，家长比较放心，支持学生在这个阶段出国留学；三是相比于其他层次，硕士研究生申请相对容易，国外录取人数也比较多，例如，美国大多数常青藤学校每校本科每年只招收 10 多名中国学生，而招收的研究生可达数百人。

随着国内教育状况的下滑，以研究生为主的留学局面正在发生变化，本科生所占比例正在接近研究生，高中生人数在短短几年中迅速上升，按照北京各个留学服务机构的统计，高中生已经成为继研究生、本科生之后出国留学的第三大人群，出国人员呈现明显的低龄化。

留学低龄化的原因是多方面的，首要原因是人们对国内高等教育状况的不满越来越强烈，而且这种不满正在从高等教育阶段向基础教育阶段渗透，导致了出国留学的高中生人数也在增加。第二个原因是名校情结。中国的家长对海外大学排名情有独钟，都希望孩子能够进入排名靠前的大学学习，却忽视了进入这些学校的竞争日趋激烈。人们发现，与在国内就读高中的学生相比，具有海外高中经历的学生更容易进入知名大学，这就激发了高中生出国学习的热情。第三个原因是中国家庭的收入逐年增加，这使低龄留学带来的成本已经不是家长考虑的首要因素了。另外，国内教育成本的增长，特别是隐性成本的增加，已经足以填平本土教育支出和留学支出之间的沟壑了，低龄留学不再是有钱人的专利。第四个原因是为了吸引中国学生，一些主要留学目的国在政策上做出了调整，使得留学手续更加便利，更多的学生可以顺利地出国。第五个原因是本科生和高中生的基数大大高于研究生人数，给出国留学人数的增长提供了支持。

（二）消费者对留学服务的要求更高、更广、更个性化

1999 年留学服务作为一个行业出现以来，留学生家庭多为有权、有钱的家庭，他们对留学目的和留学结果并不十分明确，多数只满足于把孩子送出去这一简单的要求，对国外学校、专业以及未来就业都没有更多的要求。所以当时的留学服务是围绕保证录取率和签证率展开的，并不过多地考虑学生的特点和其他需求。而最近几年，随着留学生家庭发生变化，留学不再是社会精英阶层的“奢侈品”，留学人员及其家庭对留学有比较明确的理解和追求，对留学服务的要求越来越高、越来越具体，所以服务内容、服务品质、服务成本就成为选择留学服务时必须考虑的因素。

（三）留学服务领域得到扩展

早年的留学服务仅仅是留学中介咨询，帮助学生顺利地申请到入学许可。现在，这种简单服务早已不能适应留学生的要求，他们需要更广泛的服务，包括外语培训、出国考试、金融服务、保险服务、海外服务、就业服务等。所以，当今的留学服务已经不再是简单的留学中介咨询，而是一个覆盖全部留学过程的服务体系。

（四）留学渠道多样化

面对留学生需求的变化，反应最快、最活跃的就是市场，进入市场的机构也不再仅限于那些具有合法资质的留学服务企业，还包括国内举办的各类所谓中外合作教育和国际教育学校，不具有合法

留学服务资质的机构和个人，国外教育机构、招生代理机构及其在华设立的代表处，以及与国外学校有联系的其他组织和个人。林林总总，有数以千计的机构和个人沉浸在出国留学的大潮之中，无论是营利性机构还是非营利性机构，无论初衷如何，目的只有一个，就是对利益的追求。

具有正规资质的留学服务机构依然是提供出国服务的主要渠道，但随着消费需求的变化，各个机构都对自身业务做出了相应的调整和拓展。首先，增加了服务内容，从北京留学服务行业 2014 年结束的行业评估结果来看，64 家合格机构中有 62 家在提供传统留学服务（留学咨询、院校申请、文书写作辅导、签证辅导等）业务以外，还提供离境服务，包括接机、住宿、学业指导、生活指导、法律支持等。其次，延长了服务时限，过去是以学生取得签证为服务终止的时限，现在已延长到学生留学的全过程，在北京的机构中，有超过半数已经在提供学成后回国的就业咨询服务。最后，更加侧重学生个性化的服务，不再沿用千人一面的服务模式，而是针对学生不同的性格特点、学术能力、家庭背景、心理素质、价值取向、未来目标等因素，进行综合分析、评价，经过和学生及其家长的反复讨论，制定极具个性化的留学方案，并加以实施。

目前，国内除了几百家具有正规留学资质的服务机构外，还有数以千计的其他机构和个人也在从事留学服务业务。如国内大学和部分高中举办的所谓国际课程班、出国预科班、中外合作办学项目等，也在输送学生出国，这些课程、项目有些获得了审批，有些未获审批，有些则无须审批。

从出国留学服务衍生出的社会保障服务越来越受到消费者的关注，国内各类社会保障服务渐成规模，包括：针对境外考试的各类培训，从中学到大学，再到各类培训学校，普遍在举办各种出国考试培训；金融机构围绕出国留学陆续推出购汇换汇、境外汇款、信用卡服务、留学贷款、创业贷款等业务；保险业推出各种针对留学生的无缝保险产品、境外保险产品和紧急医疗救助等服务；境外落地服务除了传统的接机和安置服务外，又出现了生活指导、学业指导、法律指导等更加专业的服务；物流、通信等行业也被卷入这股浪潮。可以说，今天的留学服务已经涵盖了留学生活的方方面面，只要有需求，就可以找到相应的服务提供商。

二　国外

纵观中国近现代史，留学生中确实涌现出了一些优秀代表，对他们的持久宣传逐渐使其成为留学生的代表和缩影，久而久之，留学生在人们心中被戴上了耀眼的光环，以至于多数人认为出国留学是一条无限光明的坦途，留学生活轻松、美好、浪漫。但实际情况并非如此，任何时代的留学生都要付出比国内学生还要多的努力才可能取得成功。有相当一部分人的留学生活并不那么乐观，他们当中出现的问题集中到一定程度便会爆发，让人们正视现实。

（一）相当多的留学生不能按时完成学业

根据某主要留学目的国提供的数字，有超过半数的中国学生无法按时完成学业，这种情况在一些非英语国家更加严重。其中的原因很多，最主要的就是语言障碍。国内外语教学的现状众所周知，典型的应试教育无法满足其国外学习和生活的需要。

和语言问题密切相关的是一些中国学生无法适应国外的教学形式。国外大部分课程采取课堂讨论、口头报告、小组辩论的形式，对学生的语言表达能力要求很高。外国学生从小在这种环境中长大，有极强的表现欲，自可轻松应对。中国学生则很难融入课堂气氛，听不懂、说不出，无法参加课堂讨论，不愿意提问，常常被誉为课堂上最安静的学生。由于不能与其他学生交流，外国学生渐渐就会疏远他们，这时中国学生会感到被忽视、歧视。这是初到国外的中国学生普遍遇到的问题。

另外，中国学生习惯了解题，对所学知识的运用能力不足，不具备批判性思维。中国学生崇拜权威，习惯把教师的话作为标准答案，强调记忆和重复，忽视思考和辩论，这和西方教育的精髓大相径庭。此外，中国学生写作能力差几乎是普遍问题，大家更习惯抄书、总结，而写不出独特的见解。归根到底，这些问题暴露了中国教育与国外教育存在巨大的差距，难以仅靠学生自身的毅力、能力去填平这道鸿沟。

针对上述学习上的问题，笔者提醒那些提供虚假成绩的学生，即使侥幸入学，也需要加倍努力。同时，中国家长也应该了解国外的大学不同于中国大学，正规院校淘汰率很高。

（二）中国学生难以融入当地社会

中国学生喜欢扎堆，这个问题反映了中国学生的跨文化社交能力差。读书并非留学生活的全部，留学更重要的是感受与认知不同的文化，这种感受与认知产生的影响远比专业知识持续得更加久远。因不能融入当地社会、文化、社团，没有正常的社交活动和丰富的文化生活，中国学生会感觉寂寞、孤独和苦闷，留学生活变得枯燥、难熬。对此，中国学生应有提前认识，家长和相关部门也应该加以引导。

值得一提的是，极少数学生的炫富行为引人关注，他们初到国外便购置豪宅，在高速公路上狂飙豪车，在高档场所一掷千金，不仅普通中国人无法接受，外国人也无法理解。这些人损害了中国留学生的形象。

（三）缺少法律意识，缺少对文明的了解和尊重

不遵守交通规则、高声喧哗、不排队、做饭后不做清洁、乱扔垃圾、虐待小动物等行为，在国外可能会触犯法律，至少会惹人反感。留学国外，一举一动都关乎所在国的法律，留学生对此应有充分认识，学会在真正的法制社会中约束自我，并利用法律来维护自身权益，遇到问题时应求助律师和其他法律人士，而非求助国内家长或留学服务机构。中国家长习惯托关系、走后门，或者用钱来解决问题，这在国外不但行不通，恐怕还要惹上官司。

上述种种问题，已经得到国内业界的重视，很多相关机构也采取行动，寻找解决问题的办法。通过 2013 年对北京留学服务机构的评估，我们发现绝大部分机构新增加了相应的服务，除了外语培训，增加了国外法律知识、生活常识、学习方法、社交能力、国外文化习俗等方面的培训和讲座，并加大了与国外教育机构之间的沟通力度，还有一部分机构在海外设立了办事处，尽量保证在第一时间给学生提供帮助。

此外，国外为学生提供服务的资质和机构早已存在，可以帮助中国学生解决遇到的问题和困难。中国学生应学会寻求和获得帮助。学校也设有学生服务中心，提供大量有用的信息。另外，希望中国教育能加快改革，缩短中外教育之间的距离。

三　回国

最近几年，出国留学人数不断增长，回国人数也不断攀升。根据教育部公布的数字，2013 年留学回国人数达 35.35 万人，比 2012 年的 27.29 万人增加 8.06 万人，增长率为 29.53%；而 2013 年出国留学人数为 41.39 万人，较 2012 年的 39.96 万人增长

3.58%。可见，留学回国人数的增长速度已经超过出国留学人数的增长速度，预计今后几年回国人数还将持续增加。面对留学回国人数迅速增长的趋势，我国社会各界应当做好以下几方面准备。

（一）为留学生提供周到的就业服务

留学生的就业问题在时间和空间上遇到的困难都大于本土学生，因为国内大学生在大四期间就开始求职，参加一个又一个招聘会，直接面对招聘人员展示自身才华。留学生此时远在万里之外，既得不到国内职场的信息，又不能直面招聘人员。从这点看，留学生居于劣势，但他们海外学习的背景和国际视野又使其具备优势，如何扬长避短？建议建立一个特殊的服务平台，解决留学生的就业问题。

在具体操作中，可建立一个针对海外人才的远程招聘网络。运用互联网来解决海外人才求职问题较为可行。譬如，可以通过互联网将用人单位和留学生联系起来，在互联网上完成信息发布、远程面试、应聘签约、岗前培训等各项内容，以弥补留学生在时间和空间上的不足，并降低招聘成本。这需要动员社会有关方面共同参与，包括人才管理机构、用人机构、留学行业组织、留学服务机构、互联网机构、驻外使领馆、留学生会和学生会、学生家长等。动员这些力量离不开政府支持，由政府相关部门立项并牵头启动将事半功倍。

另外，根据以往经验，组织用人单位出国举办专场招聘会也是行之有效的形式，留学生对此非常重视。然而，以往招聘会后缺少项目跟进，导致招聘会上的各项承诺不能落实，花了钱而无实效，以至于企业不满意，学生也不满意。究其原因，在于缺少专门的服务环节在用人单位和学生之间架起桥梁。事实上，这个服务环节可以由专业的社会组织来承担。

（二）留学人员需要调整求职心态

随着留学人员人数的迅速增加，对用人单位来讲，海归已不再是稀缺资源；对留学生来讲，应抛弃不切实际的幻想，做些调整来适应彼此。用人单位通常更看重能力和经历，若能力不容易判定，则留学生的经历就是十分重要的参考因素。与外国学生相比，许多中国留学生在留学期间往往忽视参加各种社会实践的重要性，这是一个缺憾。

外语能力往往是人事主管在录用留学生时的基础要求。在一般情况下，在海外生活学习几年的留学生能说流利的外语，但海归中有许多学生的外语水平达不到人们的期望，特别是一年制的研究生，使用外语进行专业交流时往往还存在问题。企业在招聘员工时具有极强的目的性，往往要求求职者对招聘岗位有相应的知识和能力。

另外，据统计，有80%的留学生回国后选择留在北、上、广、深等一线城市。但随着国内城市规划和功能定位的调整，一线城市的容量与发展空间将越来越有限，竞争也会越来越激烈。相反，一些二三线城市对留学回国人员来说也是不错的选择，那里生活成本和竞争压力都小于一线城市，且海归数量相对少，受重视的机会相对多，有利于个人的发展。

目前，留学回国人员与本土学生的薪酬标准趋于一致，留学生回国就业应当放平心态，和本土学生同等竞争，早日找到职业方向，以利于今后的发展。

四　家庭

家庭为留学生提供经济来源支持，对留学生的心理、学习、生活等诸多方面都会产生影响。与此同时，留学生也会对家庭产生影响，下面是笔者的一些观点。

首先，很多留学生家长拥有留学梦，便把“圆梦”的任务压在子女身上，希望他们有朝一日学有所成。留学生既要完成学业，又要面对陌生的世界，已不堪重负，再替家长“圆梦”显然不易。希望家长们以平常心看待出国留学，让留学生抱着平常心走出国门，在努力学习的同时享受学习的过程，感受异国文化，促进个人成长。

其次，很多中国家长有名校情结，通过学校排名来选择国外的学校，并希望孩子进入顶级名校。有些家长对子女抱有盲目的自信，认为其进入名校就一定能够顺利完成学业。事实上，从名校毕业并拿到文凭非常不易。对此，家长要有清醒的认识，理性地辅助子女选择留学和选择学校，因为只有进入适合本人实际水平的学校才是最佳选择。

再次，许多家长希望孩子学成之后能留在国外发展。但这存在一些难度，譬如留下来如何取得合法身份，以及如何找到合适的职业。有时权衡比较后，回国是更优的选择，这时家长就要对子女多几分理解和信任，尊重其选择，不要施加压力或阻力。

最后，由于中外之间的社会制度不同、世界观和价值观不同，留学生的观念在国外会发生一定变化，回国后很可能与家长产生分歧。家长要理解这种变化，不要动辄拿“爱国”来压制子女，这会适得其反。留学本身是不同文化、不同信仰、不同观念的碰撞与融合，留学生有选择自己未来的权利，也会有自己的世界观、价值观，作为家长，要清醒、理性地对待和处理。

五　结语

随着出国留学人数的不断增加，出国留学已不再是少数人的特权，留学的光环也已褪去。留学生活有苦有甜，有喜有忧，有成功有失败，每个留学生都会有自己的感受。但有一点是共同的：在国外读书要比在国内困难得多，不付出更多的努力就无法完成学业。过去的一百多年间，留学生中出现过许多杰出人才，还有更多留学生不为人所知，但他们并不后悔选择了出国留学，因为留学经历是他们一生的财富。期望留学生及其家庭能对留学有正确的认识，做出理性的留学决定。

B.15

中国留学中介机构的现状、问题与挑战

摘　要：

目前，我国的正规留学中介机构共有324家，而从事留学中介服务的机构远不止这些。自费留学人数不断增长形成的利益空间刺激了很多企业和个人涌入这一行业。但因为市场规范不成熟、行政监督不到位等，整个行业乱象横生。本报告对我国留学中介机构的现状、问题和挑战进行了细致的梳理。

关键词：

留学中介机构　现状　问题　挑战

一　2012～2013年中国留学中介机构发展现状

留学自古有之，盛唐时期，各国的遣唐使大概是最早的具有现代留学意义的留学生。清末民初，政府组织选拔学生出国留学。这些大多属于政府行为，由政府组织实施，政府实际上承担了留学中介的角色。新中国成立之后，特别是改革开放之后，中国社会、经济得到了快速发展。与此同时，全球化的趋势越发明显，中国社会也更加开放，越来越多的人希望走出国门，接受国际化的教育，以便更好地适应时代的发展。留学中介机构就是在留学私人化的态势下，为满足人们日益增长的留学需求而发展起来的。

（一）概念与资质

留学中介机构是指经国家政府部门批准设立的教育服务性机构，其主要业务是为我国公民自费出国留学提供相关服务。一般来说，此类机构必须具备以下资格和条件：①具有相关资质。获得所在地省级教育行政部门颁发的自费出国留学中介机构资格认定书以及当地工商管理部门颁发的营业执照，取得“自费出国留学中介业务”的经营资格，而且还要到当地公安机关的出入境管理部门备案。②具有相关经验的从业人员。留学中介机构的从业人员需要了解我国以及有业务往来关系的国家的自费留学政策，并有教育服务性行业的工作经验。③具有开展业务的能力。与境外的教育机构、高等院校等有稳定的合作关系和交流渠道。④拥有一定的资金。在学生经济利益受损后，能按照协议保护其权益，并给予相应的经济赔偿。

（二）数量与分布

为了整顿乱象丛生的自费出国留学服务市场，维护自费出国留学人员的切身利益，推动我国自费出国留学服务市场和谐、有序发展，国家相关部门出台了一系列相关措施。为了让自费出国留学人员能方面地查询相关中介机构的资质、法人代表、业务范围等信息，教育部利用教育涉外监管信息网（http：//www. jsj. edu. cn/）对批准设立的自费留学中介机构的相关信息进行了公布。

从表 1 可以看出，目前中国的留学中介机构主要分布在北京、广东等东部沿海地区。北京作为首都，具有便捷的签证办理条件以及国际航运优势，聚集了中国最多数的留学中介机构。辽宁、吉林、黑龙江三省也有较多的留学中介机构，这在很大程度上是因为地缘因素，东北三省与韩国、日本在地理位置上比较近，这些地区到日、韩两国留学的学生较多，催生了三省留学中介机构的繁荣。

表 1　省级教育行政部门予以资格认定的自费出国留学中介机构数量及分布

单位：家

省　份	留学中介机构数量[①]	省　份	留学中介机构数量
北　京	66	山　东	1
天　津	7	河　南	14
上　海	15	湖　北	10
重　庆	4	湖　南	7
河　北	9	广　东	25
山　西	7	海　南	4
辽　宁	23	广　西	2
吉　林	11	四　川	11
黑龙江	17	贵　州	1
内蒙古	11	云　南	5
江　苏	25	陕　西	9
浙　江	18	甘　肃	3
安　徽	5	青　海	1
福　建	9	宁　夏	1
江　西	2	新　疆	1

注：资格证书有效期已过的自费出国留学中介机不纳入统计。

资料来源：教育部教育涉外监管信息网，http：//www. jsj. edu. cn/index. php/default/news/index/147。

（三）留学服务行业特点

目前，虽然我国的留学服务行业发展尚不成熟，还没有形成完备的体系，但表现出了一些鲜明的特点，其主要特点表现在以下五个方面。

1. 留学中介机构分布不均，东部地区明显多于西部地区

从表 1 可以很直观地看出，东部沿海各省份的正规留学中介机构数量明显多于西部地区，正规留学中介机构超过 20 家的省份基本分布在东部地区，而西部地区各省份的正规留学机构数量大多在 5 家以下。

2. 费用高，且中介机构之间差距大

教育行业与其他行业有很大的不同，那就是其预付费制，这使教育服务机构大多不用为现金流担心。即使如此，留学中介机构的收费还是要高于课程辅导、培训等的机构的收费，一般来说，北京地区留学中介机构的收费标准是人均3万元左右。而且同一地区的中介机构之间，收费也有很大差别，《内蒙古日报》2014年9月11日的报道显示，同样是出国留学中介费用，呼和浩特市不同的中介机构给出的费用从2万元到6万元不等，差别较大。

3. 晋升渠道有限，从业人员流动性大

在留学中介机构中，从业人数最多的是直接与客户面对面交流的咨询人员，这一群体的数量巨大，但薪酬较低。他们改善境况的渠道只有一条，那就是晋升为管理层。而管理层职位有限，咨询顾问的晋升面临相对激烈的竞争。因此，为了快速改善状况，选择跳槽加薪的人就会更多，这直接导致该行业领域的从业人员流动性大。

4. 留学中介市场分散，各家所占市场份额都不大

目前，我国具有资质的正规留学中介机构的数量为324家，市场份额最大的新东方前途出国的市场份额也只有10%。这也就意味着留学中介市场分散，没有一个实力强劲、市场份额占更大优势的企业来引导行业的发展。而且目前留学中介行业的进入门槛不一，有海归，有行业经验丰富者，还有单打独斗的个人创业者，整个行业的服务水平参差不齐。

5. 留学中介机构服务范围不一

自费出国留学服务的相关项目很多，入学手续办理、机票预定、保险办理、机场接送、语言培训都有涉及，但并不是所有的留学中介机构都有资格提供相关服务。从各地工商管理部门公布的信息可以看出，我国324家正规留学中介机构基本都提供出国留学中介服务，但提供入学手续办理、保险办理、机场接送服务的中介机构很少。

二　我国留学服务市场目前存在的问题

随着我国自费出国留学人数的逐年增长，留学服务市场这块蛋糕也逐年增大，看准机会想要从中分一杯羹的个人和企业也不计其数。大量留学中介机构的争相涌入导致留学服务市场鱼龙混杂，服务质量参差不齐，从而也暴露了我国留学服务市场存在的诸多问题。留学服务市场存在的问题主要表现在以下三个方面。

（一）行业自律

目前，我国留学服务市场行业自律机制尚未形成，各种乱象横生。留学中介机构为招揽生意，向明显不具备资格的学生承诺能申请到排名靠前的学校，签约后又以各种理由推脱，延误学生申请学校的时间，最终迫使学生在时间紧急的情况下接受其提供的学校；或帮助学生造假，在申请材料上动手脚，以求能申请到好的大学。留学中介机构的这些不诚信和造假行为，严重地损害了自费留学人员的利益，扰乱了行业的市场秩序。这些行为的出现很大程度上是因为留学服务市场尚不成熟，行业内的规范、标准尚处于摸索阶段，没有形成完善的体系和统一的标准。再加上违法操作的成本过低，惩罚力度不够，正规留学中介机构出借经营资质或允许不具资质的单位挂靠的现象屡见不鲜，屡禁不止，更有甚者敢于无照经营。

（二）市场规范

在我国，留学服务市场发展起来是近二十年的事，也就是说，我国的留学服务市场尚处于起步阶段，市场规范还不健全，对行业内的单位和个人约束力有限。就拿合同文本来说，虽然教育部早在2004年就发布了《自费出国留学中介服务委托合同（示范文本）》，但是承诺使用该合同文本的单位很少，到目前为止仅有20家。合同文本是广大自费留学人员维护自身经济利益和合法权益的凭证，在这方面都没有形成统一的行业标准，想要在整个行业内形成统一的市场规范就更难了，这也增加了社会大众监督留学中介机构的难度。

（三）行政监管

虽然自2000年以来，国家加大了整顿留学服务市场的力度，也收到了一些成效，但就目前留学服务市场的情况来看，政府的行政监管还有待进一步加强，这主要表现在跨区域监管和监管力度不够两个方面。

2014年3月，《法制晚报》爆出新航道留学服务中心不具有在北京从事自费出国留学中介服务的资格。这些留学中介机构并非不具备自费出国留学中介服务的资格，它们的错误在于将具有地域限制的资格扩大到了地域限制之外。这说明我国在留学中介机构的跨区域监管方面尚存在一定的困难。

教育部教育涉外监管信息网上的信息显示，贵州、青海等省份的正规留学中介机构均只有1家，但在市场上提供留学服务的中介机构有几十家。2013年，《北京青年报》报道，当时北京正规的留学中介机构为78家，而市场上活跃着的留学中介机构有300多家。面对这样的“实力”对比，正规留学中介机构在构建信誉方面的努力很容易被抵消。这些非法留学中介机构的存在，非常不利于留学服务市场正规化，不利于留学服务市场体系的建立，亟待相关部门加强监管。

三　我国留学服务行业发展趋势及挑战

（一）市场对留学中介机构的需求在逐渐扩大

2013年，中国出国留学生人数达41.39万人，比2012年增长了3.58%。1978年以来，中国出国留学生人数增长迅速，截至2013年，出国留学生总数已经达到了305.86万人。中国经济的迅猛发展为出国留学提供了坚实的物质基础，而在出国留学的人员中，自费出国留学人员占了相当大的比例，这一群体人数的迅速增长激发了对留学中介机构的需求。据CCG与麦可思的联合调查，国内留学中介机构是2013届本科毕业生获取留学信息主要渠道之一，选择国内留学中介机构为获取留学信息主要渠道的本科毕业生为30%，高中生为32%，分占第二位和第一位。这说明随着留学市场的不断扩大，市场对留学中介机构的需求也有所增大，而且年龄越小的留学生对留学中介机构的依赖性越强。

（二）留学中介机构品牌建设渐受重视

1999年自费出国留学中介机构出现以来，留学服务市场初具规模，行业规范也得到了初步发展。政府下大力度整顿留学服务市场之后，越来越多的留学中介机构开始注重品牌建设，通过电视、纸媒等相关媒体宣传自己，并且效果也相当明显。就拿北京澳际教育咨询有限公司（简称“澳际留学”）来说，1999年成立以来，澳际留学已经在国内设立了30多个分支机构，还在悉尼、墨尔本、阿德莱德、洛杉矶等地设立了海外机构，累计为30万名自费出国留学人员提供留学相关服务，成功案例已达15万件。多年的积累，使澳际留学这一品牌成了其实力的最好证明，得到了广大留学人员的信赖。品牌建设并不能快速转化为经济利益，却是企业做大做强的基础。经历了群魔乱舞、乱象丛生的起步阶段之后，留学服务市场会逐渐规范，这时品牌的价值就会得到彰显。

（三）留学中介机构的服务范围渐趋宽泛

留学中介机构在出现初期，主要业务是帮助自费出国留学人员成功申请学校，拿到签证。目前，这项服务仍然是留学中介机构的核心业务，但在这项核心业务之外，又衍生出了更多的相关业务，如语言培训、接送机、住宿办理、入学办理、金融保险服务、就业服务等。这是因为在留学服务市场发展早期，自费出国留学人员较少，经济条件也相对有限，对衍生服务的需求较少。现在的情况不大相同，一是中国的经济飞速发展，人民生活水平有了质的飞跃；二是现在家庭孩子较少，很多家庭为独生子女家庭，家长希望孩子能少受苦，力求为孩子提供全面、周到的照顾。经济条件提供的物质基础、对孩子的关爱，共同促进了对留学衍生服务需求的快速增长。

留学衍生服务很可能会成为留学中介机构的下一个业务增长点。说到底，留学中介机构是通过学校与留学人员之间的信息不对称来赚取中介费用的，但随着网络通信技术的发展，获取信息的手段和途径更加多元和便捷，留学中介机构在这方面的优势可能会越来越小，而衍生服务则相对更加多样和复杂，给留学中介机构预留了足够的发展空间。

附　　录

Appendix

B.16

世界名校和热门专业（部分）*

一　美国

1. 加州理工学院

（1）概况

加州理工学院（California Institute of Technology）位于美国加利福尼亚州帕萨蒂纳，创建于1891年，是在全球范围内处于顶尖地位的理工类高等学府。加州理工学院的校训是“真理使人自由”（The truth shall make you free），宗旨是“为教育事业、政府及工业发展需要培养富有创造力的科学家和工程师”。2013年，加州理工学院共有教授、副教授、助理教授270人，其中

* 更多名校介绍可参见《中国留学发展报告（2013）No. 2》，社会科学文献出版社，2013。

美国国家科学院院士 66 人，国家工程院院士 33 人，国家艺术科学院院士 80 人。2013 年招收本科生 978 人、研究生 1253 人。在《泰晤士报高等教育副刊》公布的 2013～2014 年度世界大学排行榜中，加州理工学院排第 1 位，这已经是该校第三年蝉联榜单冠军了。

加州理工学院凝聚了一批全球顶尖的科学家，在其培养的学生以及在该校担任教职的人员中，已有 31 人 32 次获得诺贝尔奖，该校诺贝尔奖获得者与毕业生的比例为 1∶1000，在世界各高校当中独占鳌头。我国的许多著名科学家，如钱学森、郭永怀、罗沛霖等，都出自该校。

（2）国际留学生接收情况

2013 年加州理工学院共接收学生 2130 人，其中国际留学生 532 人，占学生总数的 25%；本科注册人数 951 人，其中国际留学生 111 人，占本科生总数的 12%；研究生注册人数 1179 人，其中国际留学生人数为 421 人，占研究生总数的 36%。[①]

（3）奖学金和资助情况

加州理工学院的学生有 52% 可以获得资助，平均资助金额为 38756 美元；在校生平均奖学金为 34831 美元。

（4）专业情况

加州理工学院下设工程与应用科学学院、地质学与行星科学学院、数学与天文学学院、化学与化学工程学院、物理学、生物科学学院、人文与社会科学学院。作为一所理工类全球顶尖的学校，加州理工学院在行星科学、物理学、地球科学等领域，被公认为全美第一，其地质学与行星科学学院为研究生开设的地球科学、地球化

① ARWU 世界大学排名，http：//www. shanghairanking. com/World – University – Rankings/California – Institute – of – Technology. html。

学、地球物理、地球地震学甚至在全世界范围内得到认可，被认为处于最尖端的位置。其部分专业的 ARWU 全球排名见表 1。

表 1　加州理工学院部分专业的 ARWU 全球排名

专业	2014 年	2013 年	2012 年	2011 年
计算机科学	13	13	11	11
数学	35	37	26	25
化学	7	6	6	6
物理	5	4	5	3

资料来源：ARWU 世界大学排名。

2. 斯坦福大学

（1）概况

斯坦福大学（Stanford University）始建于 1885 年，坐落于美国加利福尼亚州帕洛阿尔托市。作为美国最有名的私立大学，斯坦福大学拥有的资产在世界各高校中也是屈指可数的，其图书馆里的藏书量超过 670 万册，期刊超过 4 万册，而且学校还为学生配备了 7000 多台电脑。斯坦福大学的校训是“自由之风永远吹拂”（Die Luft der Freiheit Weht）。在《泰晤士报高等教育副刊》公布的 2013～2014 年度世界大学排行榜中，斯坦福大学排第 4 位。

2010 年，美国《福布斯》对美国大学培养出的亿万富翁数量进行了盘点，结果斯坦福大学以培养出 28 位亿万富翁的成绩名列第二。在该校任教的教授中，有近 30 人获得了诺贝尔奖。此外，斯坦福大学还培养出了一大批杰出人士，如美国前总统胡佛、以色列总理巴拉克、耐克创始人菲尔奈特等，为世界政治、经济的发展做出了贡献。

（2）国际留学生接收情况

2013 年，斯坦福大学共接收学生 15951 人，其中国际留学生 3581 人，占学生总数的 22%；本科注册人数 6654 人，其中国际留学生470人，占本科生人数的7%；研究生注册人数9297人，其中国际留学生人数3111人，占研究生总数的33%。[1]

（3）奖学金和资助情况

在斯坦福大学，超过70%的本科生以及85%左右的研究生会获得财政援助。[2]

（4）专业情况

斯坦福大学下设商学院、医学院、工程学院等15个学院，其商学院及MBA专业在全球范围内久负盛名，此外，其计算机领域、工业设计领域、生物医药领域在全美名列前茅。其部分专业的ARWU全球排名见表2。

表2　斯坦福大学部分专业的ARWU全球排名

专业	2014年	2013年	2012年	2011年
数学	5	6	5	4
物理	6	6	6	6
化学	3	3	3	3
计算机科学	1	1	1	1
经济学/商学	7	4	6	6

资料来源：ARWU世界大学排名。

3. 普林斯顿大学

（1）概况

普林斯顿大学（Princeton University）创立于1746年，校园坐落于美国新泽西州的普林斯顿。普林斯顿大学与斯坦福大学一样，也是美国一所非常知名的私立学校，而且该校是常春藤盟校的成员，美国历史第五悠久的高等学府（前四位依次为哈佛大学、威

① ARWU世界大学排名。

② http://www.stanford.edu/admission/.

廉玛丽学院、耶鲁大学、宾夕法尼亚大学）。普林斯顿大学的校训为“她因上帝的力量而繁荣”（Dei Sub Numine Viget），创立宗旨强调培养学生具备人文和科学的综合素养。2013 年，该校有在校生 7494 人。在《泰晤士报高等教育副刊》公布的 2013～2014 年度世界大学排行榜中，普林斯顿大学排第 6 位。

从普林斯顿大学走出的精英非常多，该校有 33 位诺贝尔奖获得者，而且，这里还被誉为美国政治家的摇篮，培养出了 2 位美国总统、44 位州长。

（2）国际留学生接收情况

普林斯顿大学 2013 年共接收国际留学生 1541 人，其中本科生 549 人，主要来源国为加拿大、韩国、英国、印度和中国；研究生 992 人，主要来自中国、加拿大、印度、韩国和德国。此外，2013～2014 学年共接收 982 名国际学者。[①]

（3）奖学金和资助情况

普林斯顿大学给学生提供充足的经济资助。约 60% 的学生可以获得基于需要的帮助，平均资助金额为 40000 美元。如果要盘点全球最富有的大学，普林斯顿大学必定会名列前茅，迄今为止它收到的来自校友会和外部的捐款已经达到了 100 亿美元。学校用收到的捐款支付了贫困学生难以支付的学费，使学生可以不必背上贷款的沉重负担。早在 2001 年，普林斯顿大学就已经成为美国第一所“无贷款”的高校。

（4）专业情况

普林斯顿大学有 4 个学院：建筑和城市建设学院、威尔逊公共和国际事务学院、工程和应用科学院，以及新泽西学院；有 32 个系，包括人类学系、哲学系、计算机科学系、数学系、经济学系

① 普林斯顿大学网站，http：//www. princeton. edu/international/community/facts/。

等。普林斯顿大学在经济学、计量经济学、数学、政治学、历史学等专业具有很强的优势和深厚的底蕴。其部分专业的 ARWU 全球排名见表 3。

表 3　普林斯顿大学部分专业的 ARWU 全球排名

专业	2014 年	2013 年	2012 年	2011 年
数学	1	1	1	1
物理	2	5	4	4
计算机科学	5	4	4	4
经济学/商学	5	7	7	7

资料来源：ARWU 世界大学排名。

二　英国

1. 伦敦大学学院

（1）概况

伦敦大学学院（University College London）创建于 1826 年，坐落于英国伦敦，誉满全球。该学院是伦敦大学联盟的创校学院，是伦敦创立时间最长且最大的学院，与牛津大学、剑桥大学、伦敦政治经济学院、帝国理工学院一起被称为“英国 G5 大学”。同时，该学院是一所全球顶尖的研究型院校，因此，它也是英国“金三角名校”之一，是罗素大学集团的成员之一。伦敦大学学院还被称为“英国教育平权的先锋”，是英国第一所在招生时不涉及种族、宗教和政治信仰的高等学府。目前，伦敦大学学院有教研人员 4000 多名，教授 648 人，其中英国皇家学会院士 10 人，英国皇家工程院院士 10 人，不列颠人文与社会科学学院院士 55 人，英国医学科学院院士 99 人；而学生的人数则达到了近 2 万人的规模。在《泰晤士报高等教育副刊》公布的 2013 ~ 2014 年度世界大学排行榜中，伦敦大学学院排第21位。

伦敦大学学院培养的学生以及在该校担任教职的人员中，获得诺贝尔奖的有28人，获得菲尔兹奖的有3人，政治、文化领域的名人数不胜数，大文豪泰戈尔、圣雄甘地都是其中的佼佼者。

（2）国际留学生接收情况

2013年，伦敦大学学院共接收学生19673人，其中国际留学生7203人，占学生总数的37%；本科注册人数12282人，其中国际留学生3795人，占本科生人数的31%；研究生注册人数7391人，其中国际留学生人数3408人，占研究生总数的46%。①

（3）奖学金和资助情况

伦敦大学学院为本国学生提供丰富的奖学金以及学校间的合作项目，针对国际留学生的奖学金项目较少，且多偏向来自欧洲其他地区和美国的学生，硕士和博士研究生的奖学金项目占多数。国际外展奖学金（International Outreach Bursaries）每年为两名优秀学生提供学费和交通费；英国志奋领奖学金（British Chevening Scholarships）为国际留学生来伦敦大学学院读硕士和博士提供资助；香港校友奖学金（Hong Kong Alumni Scholarship）为中国香港居民和中国内地公民在香港完成本科、研究生教育后在伦敦大学学院继续学习提供奖学金（见表4）。

表4　伦敦大学学院提供给中国留学生（和其他国际留学生）的部分奖学金项目

奖学金名称	对象
英国志奋领奖学金	主要授予攻读硕士、博士学位，并在某个与英国已经或可能发展重要经济联系的学科或职业领域表现杰出的学生

① ARWU世界大学排名。

续表

奖学金名称	对象
中国奖学金委员会－伦敦大学学院联合研究奖学金	候选人必须是毕业后返回中国的中国（永久）公民
香港校友奖学金	持有中国香港地区永久性居民身份证或中国内地公民证件，在赴伦敦大学学院学习之前在香港接受过5～8年教育的全日制本科学生
世界银行联合日本研究生奖学金	针对属于世界银行成员公民的硕士生
伦敦大学学院－中国奖学金委员会研究生访问奖学金	被中国奖学金委员会（CSC）奖励的学生
校友奖学金	在伦敦大学学院完成或正在进行本科学习的未来全日制硕士生
Amelia Zollner IPPR/UCL 实习奖	申请人必须是伦敦大学学院学生或应届毕业生，对政治、时事感兴趣
拜伦奖学金	申请人必须正在伦敦大学攻读本科或研究生项目
丹尼斯荷兰奖学金	全日制本科生
博士学院奖学金奖（Surina Narula 旅游奖）	伦敦大学学院学生（取得学位者）
教师优秀本科生奖学金	伦敦大学学院本科生
Frederick Bonnart-Braunthal 奖学金	伦敦大学学院的硕士、博士研究生，其研究项目与该项奖学金要求有关
研究生跨学科研究奖学金（GXD）	伦敦大学学院全日制在读硕士、博士学生
研究生研究奖学金（GRS）	伦敦大学学院研究生
杰克逊－刘易斯奖学金	伦敦大学的学生
海外研究奖学金（ORS）	国外学生
伦敦大学学院社区贡献奖	伦敦大学学院在读学生
伦敦大学学院全球优秀研究生奖学金	收到要约进入伦敦大学学院完成研究生学习的学生
人文与社会预科证书进步奖学金	获得伦敦大学学院人文与社会学科预科证书的全日制本科学生（UPCH）
科学与工程预科证书进步奖学金	获得伦敦大学学院大学预科证书的科学与工程（UPCSE）全日制本科生

资料来源：伦敦大学学院网站，http：//www. ucl. ac. uk/prospective－students/international/countries/east－asia/china。

（4）专业情况

伦敦大学学院共有67个系，提供200门学习课程，其主要优势专业为：物理学、语言学、医学、法学等。其部分专业的ARWU全球排名见表5。

表5 伦敦大学学院部分专业的ARWU全球排名

专业	2014年	2013年	2012年	2011年
物理	47	37	38	37
计算机科学	40	76~100	76~100	—
经济学/商学	51~75	51~75	51~75	51~75
数学	101~150	—	151~200	—

资料来源：ARWU世界大学排名。

伦敦大学学院英语语言与文学系是英国较重要的教学与研究机构之一，共有25位经验丰富的教学与研究人员，200多位本科生，其中留学生有20多人。该学院在现代英语语言学与英国文学的研究上一直保持优势地位，其研究成果和出版物受到了外界的好评，且一直与世界上著名的新闻业保持良好的合作关系。

2. 伦敦政治经济学院

（1）概况

伦敦政治经济学院（London School of Economics and Political Science）创立于1895年，坐落于伦敦市的法律中心Holborn，也是“英国G5大学”之一。同时，伦敦政治经济学院还是伦敦大学联盟、英国“金三角名校”以及罗素大学集团的成员。该学院的校训是“探知并了解事物发生的缘故”（Rerum Cognoscere Causas），目前有在校学生7500名。在《泰晤士报高等教育副刊》公布的2013~2014年度世界大学排行榜中，伦敦政治经济学院排第32位。

伦敦政治经济学院的经济学和政治学在世界范围内都是数一数二的，该校培养的学生以及在校担任教职的人员中，共有 17 人获得诺贝尔奖，42 人后来成为各国国家元首或政府首脑，其中不乏肯尼迪、李光耀等知名人士。目前英国上下两院议员中出自伦敦政治经济学院的有 73 人，其中上院 42 人，下院 31 人。

（2）国际留学生接收情况

2013 年，伦敦政治经济学院共接收学生 8896 人，其中国际留学生 5888 人，占学生总数的 66%；本科注册人数 3913 人，其中国际留学生 1774 人，占本科生总数的 45%；研究生注册人数 4983 人，其中国际留学生人数 4114 人，占研究生总数的 83%。[①]

（3）奖学金和资助情况

伦敦政治经济学院的奖学金政策是偏向英国和欧盟其他成员学生的，相对来说，为来自其他国家和地区的留学生提供的奖学金或经济补助并不多。到伦敦政治经济学院就读的其他国家和地区留学生拿到的奖学金多为各国为到该校就读的本国留学生提供的奖学金，如中国政府为就读该校的中国留学生提供的奖学金、澳大利亚莫纳什大学为到该校就读的本校研究生提供的奖学金等。

（4）专业情况

伦敦政治经济学院在政治、经济领域是一所全球顶级名校，许多对世界政治、经济有深远影响的思想和体系大多处于该校。此外，该校的法律、人类学、社会学、社会心理学、社会政策等方面的研究也处在全球领先水平。其部分专业的 ARWU 全球排名如表 6 所示。

---

① ARWU 世界大学排名。

表 6　伦敦政治经济学院部分专业的 ARWU 全球排名

专业	2014 年	2013 年	2012 年	2011 年
数学	—	151 ~ 200	101 ~ 150	—
经济学/商学	14	13	13	12

资料来源：ARWU 世界大学排名。

三　加拿大

多伦多大学

（1）概况

多伦多大学（University of Toronto）位于加拿大多伦多市，始建于 1827 年，是加拿大历史悠久的大学之一。多伦多大学在硬件条件、学术水平、教学质量方面都有无可比拟的优势，是加拿大综合实力出类拔萃的高等学府。多伦多大学的校训是“像大树一样成长”。该校有 3 个校区，其中，多伦多大学圣乔治主校区目前有 6000 多名的教研人员和 45009 名学生，其中国际留学生 3168 人，占学生总数的 7%。在《泰晤士报高等教育副刊》公布的 2013 ~ 2014 年度世界大学排行榜中，多伦多大学排第 20 位。多伦多大学的校友中不乏在政界、学界颇有威望者，这里诞生了 4 位总理、15 位最高法院大法官和 10 位诺贝尔奖获得者。

（2）国际留学生接收情况

多伦多大学接收国际留学生和中国留学生的总数均呈现逐年增加的趋势。2013 年，多伦多大学的国际留学生总数达到了 12604 人，其中中国留学生 6047 人，占总数的 47.98%（见图 1）。

（3）奖学金和资助情况

多伦多大学为学术成绩突出的国际留学生提供奖学金，优秀学

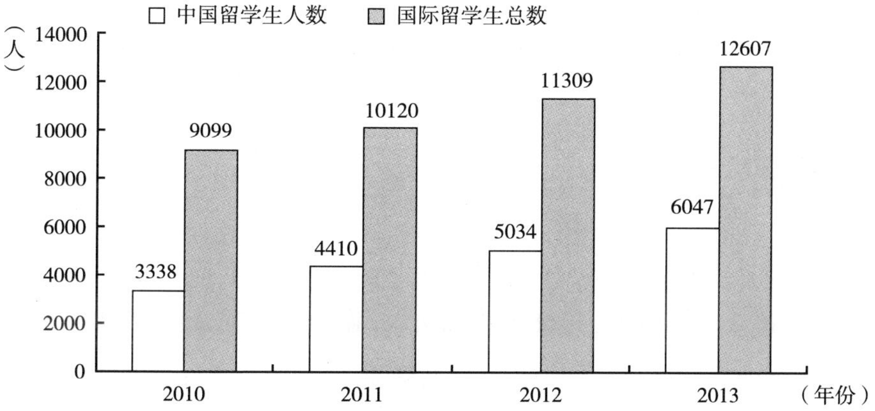

图 1　2010～2013 年多伦多大学中国留学生以及国际留学生总人数

资料来源：多伦多大学网站，http：//www. utoronto. ca/about－uoft/measuring－our－performance/facts－figures/multi－year－facts－figures－time－series。

生自动进入候选名单。有经济困难的学生可以申请无偿援助，金额在 400～1000 美元，但是不提供覆盖学费或生活费的补助。多伦多大学香港基金还为香港学生提供特别的奖学金项目。

（4）专业情况

多伦多大学是世界知名的研究型大学，也是加拿大名列前茅的高等学府，其在数学、物理、经济学/商科、化学与计算机科学等方面的优势尤为突出（见表 7）。

表 7　多伦多大学部分专业的 ARWU 全球排名

专业	2014 年	2013 年	2012 年	2011 年
数学	51～75	48	42	43
物理	42	46	42	41
化学	21	21	22	23
计算机科学	10	11	10	10
经济学/商学	24	48	49	47

资料来源：ARWU 世界大学排名。

四 澳大利亚

墨尔本大学

(1) 概况

墨尔本大学 (University of Melbourne) 位于澳大利亚墨尔本市，始建于1853年，是澳大利亚综合排名最高、顾主声誉最好的高等学府，连年获得联邦政府最高教育拨款。墨尔本大学十分注重学生的综合能力培养，着重塑造学生在学术造诣与人格修养方面的能力。墨尔本大学的校训是"Postera Crescam Laude"(拉丁文，意为我们将在后代的敬重中成长)。在2013~2014年度泰晤士高等教育世界大学排名中，墨尔本大学排第34位。

墨尔本大学为澳大利亚的政治、经济、文化等领域输送了一大批杰出人才，澳大利亚的2位前总理、3位诺贝尔奖获得者出自墨尔本大学。

(2) 国际留学生接收情况

澳大利亚国际教育中心 (Australian Education International, AEI) 的数据显示，2013年，墨尔本大学的国际留学生总数为14165人，占比27.1%，在澳大利亚公立大学中居第3位。2011年，墨尔本大学国际留学生比例的排名还处在第12位。

(3) 奖学金和资助情况

墨尔本大学为国际留学生提供的奖学金颇为丰富，主要有：以学术成就为标准的奖学金，如墨尔本国际本科奖学金，减免全部或一半的学费；针对农业专业国际留学生的奖学金，如农业奖学金；还有一些商业奖学金。

(4) 专业情况

墨尔本大学共有工程学院、经济商业学院、墨尔本工程学院、医学院等13个学院，设有11个本科专业，其医学、工程与科技、社会科学、艺术与人文等专业在澳大利亚享有盛誉，在全世界范围内也屈指可数。其部分专业的ARWU全球排名见表8。

表8　墨尔本大学部分专业的ARWU全球排名

专业	2014年	2013年
教育和培训	2	3
法律与法学研究	8	5
会计与金融	8	7
心理学	10	7
环境研究	12	18
语言学	12	6
医学	12	9

资料来源：ARWU世界大学排名。

五　瑞士

瑞士联邦理工学院－苏黎世

（1）概况

瑞士联邦理工学院－苏黎世（Swiss Fed Inst Tech-Zurich Switzerland）坐落于瑞士苏黎世洛桑。瑞士联邦理工学院－苏黎世最初只有工业与民用建筑、森林科学、机械工程和化学等理工学科，后来为了顺应时代发展的要求才引入了人文、社会和政治学。瑞士联邦理工学院－苏黎世被誉为“欧陆第一名校”，是全球顶尖的理工大学之一。该学院的校训是“真理和光明”，目前拥有教职工5000多名，学生约15000人。在《泰晤士报高等教育副刊》公布的2013~2014年度世界大学排行榜中，瑞士联邦理工学院－苏黎世排第14位。

瑞士联邦理工学院－苏黎世是一个英才辈出的地方，大科学家爱因斯坦就毕业于此，而且，到2006年，已经有30位诺贝尔奖得主诞生于该学院。

（2）国际留学生接收情况

瑞士联邦理工学院－苏黎世2013年共接收国际留学生4678人，其中本科生1317人，占本科生总数的19%；研究生3361人，占研究生总数的47%。[①]

（3）奖学金与资助情况

瑞士联邦理工学院－苏黎世一般只为博士后留学人员提供一年的奖学金。一般来说，本科生需通过第一学年的考试，研究生需完成第一学年的学习，方可申请奖学金，而且奖学金不可能全部满足其生活和学习的费用。

（4）专业情况

瑞士联邦理工学院－苏黎世是一所著名的科技理工学院，现有建筑系，土木、环境与地理信息工程系，生物系统科学与工程系，人文、社会与政治科学系，机械与过程工程系等16个系；还有80个研究所、实验室，每年的经费开支为10亿瑞士法郎。瑞士联邦理工学院－苏黎世的电力和电子、环境科学、计算机等专业都属于世界一流专业（见表9）。该校2012~2016年的战略明确将世界粮食系统、未来城市、气候变化、能源、健康、新材料和工业生产过程等确定为未来的主要研究方向。

---

① ARWU世界大学排名。

表 9 瑞士联邦理工学院－苏黎世部分专业的 ARWU 全球排名

专业	2014 年	2013 年
环境科学	3	5
电力和电子	5	5
化学	7	9
计算机科学与信息系统	8	9
数学	9	9
地球和海洋科学	9	10

资料来源：ARWU 世界大学排名。

六 瑞典

卡罗林斯卡学院

（1）概况

卡罗林斯卡学院（Karolinska Institute）坐落于瑞典斯德哥尔摩，该学院成立于 1810 年，是瑞典一所拥有 200 多年历史及全球知名度的医学院，也是欧洲研究性大学联盟的一员。卡罗林斯卡学院因评审颁发诺贝尔生理学或医学奖以及具备先进的科研水平而为世人所知。学院一直秉持“致力于通过研究、教育和信息共享来全面提高人类的健康水平”的核心任务而努力。目前，卡罗林斯卡学院共拥有 2300 名教员和 8000 名学生。在《泰晤士报高等教育副刊》公布的 2013～2014 年度世界大学排行榜中，卡罗林斯卡学院排第 36 位。

（2）国际留学生接收情况

卡罗林斯卡学院 2013 年共接收学生 7051 人，其中本科生 3412 人、研究生 3639 人。在研究生中，国际留学生的数量为 608 人，占研究生总数的 17%。[①]

① ARWU 世界大学排名。

（3）奖学金与资助情况

卡罗林斯卡学院的奖学金和学生贷款项目大多是为研究生提供的，如既提供学费又提供生活费的瑞典学院奖学金（Swedish Institute's scholarships），只提供学费的卡罗林斯卡学院奖学金（Karolinska Institutet's scholarships）。而对于博士研究生，卡罗林斯卡学院会为其每年提供12万克朗，以满足其生活及学习的费用，使其能毫无后顾之忧地将精力投到学习和研究中。

（3）专业情况

卡罗林斯卡学院在医学院中排世界第7位，研究覆盖了整个医学领域，从基础实验研究到临床研究，临床流行病、医学遗传学、生化、干细胞生物学、医学教学法、细胞治疗等，都是其重点学科（见表10）。

表10　卡罗林斯卡学院部分专业的ARWU全球排名

专业	2014年	2013年
药剂学	7	4
医学	16	10
生物科学	51～100	36

资料来源：ARWU世界大学排名。

七　荷兰

莱顿大学

（1）概况

莱顿大学（Leiden University）成立于1575年，坐落于荷兰莱顿市，是荷兰历史最为悠久的大学，同时也是欧洲颇具声望的大学之一。莱顿的校训是“自由之棱堡”，是荷兰最早践行宗教和信仰自由的高等学府。目前，莱顿大学的教员达 4000 人，学生达 17000 人。在《泰晤士报高等教育副刊》公布的 2013 ~ 2014 年度世界大学排行榜中，莱顿大学排第 67 位。莱顿大学培养出了众多的政治领袖和学术人才，从莱顿大学走出来的荷兰政治领袖共有 10 位，其中包括荷兰现任首相马克·吕特；国外政治元首 9 位，包括英国前首相丘吉尔和南非前总统曼德拉。在学术方面，莱顿大学培养出了包括洛伦兹、爱因斯坦、费米等在内的 16 位诺贝尔奖得主。

（2）国际留学生接收情况

莱顿大学 2013 年共接收国际留学生 1447 人，占学生总数的 8%。在接收的国际留学生中，本科生 447 人，占本科生总数的 4%；研究生 1000 人，占研究生总数的 15%。[①]

（3）奖学金与资助情况

莱顿大学设有多种类型的校内奖学金，奖学金在硕士生、博士生以及年轻教授和研究人员的短期交流资助方面会有所倾斜，中国留学生可以申请 Delta 和 NFP 等奖学金。一些特殊的研究生课程，如中东研究方向文学硕士、考古学硕士等可以申请学费减免。此外，莱顿大学还会为学生提供校内兼职的机会，学生可以根据自身情况进行申请。

（4）专业情况

莱顿大学下设哲学院、医学院、法学院、宗教学院、考古学院、人文学院、数学与自然科学院、社会学与行为科学院、创作及表演艺术学院 9 个大学院，包含 50 多个系所，教授 150 多门专业课程。而且莱顿大学拥有 40 多个国家级或国际级的研究机构，还有 11 个核心研究领域。在莱顿大学开设的 150 多个专业中，药剂

---

① ARWU 世界大学排名。

学、法律和法学研究、语言学、历史与考古学等专业是其突出的优势学科（见表11）。

表11 莱顿大学部分专业的ARWU全球排名

专业	2014年	2013年
药剂学	20	11
法律和法学研究	23	26
语言学	26	23
历史与考古学	28	28

资料来源：ARWU世界大学排名。

在莱顿大学的优势学科中，历史与考古学的排名相对稳定。莱顿大学历史学系主要有五大研究方向：地中海世界的统一、中世纪与近代早期欧洲的集体身份和跨国网络（1000～1800年）、政治文化与国家认同、殖民和世界历史、移民和全球相互依存。另外，其在古代史、中世纪史、近现代史，以及荷兰、美国、拉丁美洲、加勒比地区、东南亚和东亚历史等领域占有重要地位。

八 比利时

鲁汶大学

（1）概况

鲁汶大学（Catholic University of Louvain）位于比利时弗拉芒区，建校于1425年，是比利时规模最大的高等学府，被誉为比利时的国家大学，同时，它还是全世界现存历史最悠久的天主教大学，拥有近600年的历史。1968年，鲁汶大学一分为二，分成荷兰语天主教鲁汶大学和法语天主教鲁汶大学，其中，荷兰语天主教鲁汶大学在诸多领域成效卓著。目前，鲁汶大学的教员为6800人，学生为40000 人。在《泰晤士报高等教育副刊》公布的 2013～2014 年度世界大学排行榜中，鲁汶大学排第 61 位。

鲁汶大学的世界排名一直很靠前，在近百年来，它一直排在前 20 位，在近 50 年的时间里，其排名更上一层楼，到了前 17 位左右。在比利时，王位继承人在继承王位时的一个必要条件是拥有鲁汶大学的硕士学位。

（2）国际留学生接收情况

鲁汶大学 2013 年共接收国际留学生 3858 人，占学生总数的 11.6%。在接收的国际留学生中，本科生 1318 人，占本科生总数的 12.0%；研究生 2540 人，占研究生总数的 20.8%。[①]

（3）奖学金与资助情况

比利时的高等教育是免费的，对于符合条件的国际留学生，政府也一视同仁，为其提供同样的待遇。鲁汶大学还特别针对来自发展中国家的留学生设立了一些奖学金，如针对到鲁汶大学汉学研究中心交换的中国留学生设立的研究资助计划（Research Grant Program），为来自拉丁美洲、非洲国家的年轻教授和研究人员短期访学设立的科英布拉集团奖学金计划（Coimbra Group Scholarships Programme）等。

（4）专业情况

鲁汶大学开设了荷兰语和英语的双语教学项目，下设神学院、教会法规学院、法学院、商业与经济学院、社会科学院、心理科学与教育学学院、科学院、生物工程学院、医学院等 13 个学院，提供学士、硕士和博士教育。鲁汶大学在临床医学、医学影像、精算和计量经济学、欧盟法律等领域处于领先地位。鲁汶大学的神学、哲学、医学相关专业处于欧洲顶尖行列，而其法律硕士专业历史悠

① ARWU 世界大学排名。

久，是欧洲历史悠久的法律专业之一，更难能可贵的是，它能不断地与时俱进，到今天依然焕发勃勃生机（见表12）。

表12　鲁汶大学部分专业的ARWU全球排名

专业	2014年	2013年
药剂学	21	23
哲学	24	27
统计与运筹学	25	16
法律与法学研究	26	25
地理学	37	38

资料来源：ARWU世界大学排名。

B.17 后记

《中国留学发展报告（2014）No. 3》的编写得到了多方的支持、启发、帮助和指导。首先要感谢欧美同学会建言献策委员会和中国国际人才专业委员会对本报告研究、编撰的支持。其次要感谢中国与全球化智库（CCG）、南方国际人才研究院、北方国际人才研究院在本书编写工作中的具体参与和帮助。

在本书的成书过程中，我们得到了其他很多方面的支持。在这里，我们首先非常感谢麦可思公司和劳瑞德教育集团与CCG联合展开调查工作，同时要感谢中国与全球化智库蓝皮书编委会的成员对公益事业和智库研究的关注和支持。CCG和南方国际人才研究院、北方国际人才研究院的研究人员杨巍、李苗苗、董庆前、任月园、郑金连、徐磊、邓莹、陈亮、马林等也对本书做出了贡献。

借此机会，我们还要感谢社会科学文献出版社的谢寿光社长、邓泳红分社长、陈帅编辑对本书的顺利出版提供的积极支持。感谢海内外的中国留学生、留学归国人员、海外专家、高校教师以及有关机构对我们的调研、座谈等活动的积极参与。

由于本报告撰写和编辑时间匆促，加之能力水平有限，书中难免出现纰漏。我们欢迎社会各界批评指正，以便我们在未来的研究中改进。衷心希望本书能为公众、专家、学者和政府对中国留学发展状况的系统了解起到一定的帮助作用，对政府建言献策有所裨益，以促进我国对此领域进行深入研究，并推动中国留学行业健康发展和留学生群体学有所成、学有所用。

王辉耀　苗绿

2014 年 11 月于北京

Abstract

To reflect the latest situation and features of Chinese students studying abroad and analyze hotspot issues arising from the process, Center for China and Globalization (CCG) compiled this report, which consists of five parts, namely General Report, Investigation Report, Regional Report, Special Report and Appendix.

The General Report reviews the status quo of overseas study from a macro perspective, looks into its development trend, and gives particular attention to Chinese overseas students in 2013 and summarizes new features of Chinese students studying abroad as popularization, diversification and individualization. In addition, thee report focuses on the trends of Chinese students studying abroad and explore to turn the "dividend of overseas study" into "talent dividend" in order to contribute to China's economic and social development.

The Investigation Report is divided into three parts: a survey analysis on university graduates who are about to study abroad in 2013 through questionnaire investigation; a survey on 20876 students of Laureate International Universities from 21 countries and 37 universities, drawing conclusion on student's expectation for the ideal universities; and a questionnaire investigation on Chinese students studying in American universities and colleges to learn about their experience.

The Regional Report introduces the status quo of Chinese overseas students in North America, Europe, Oceania and Asia, including the number of students, choices of majors, reasons to study abroad and the latest policies on studying abroad to provide reference for students to study abroad.

The Special Report analyzes the *Times* released World University Ranking 2013 - 2014; discusses the tuition fee and the reform of aid policies for international students in China; reviews the experiences of Chinese students studying in Singapore with Singapore's government-sponsored scholarship schemes, examines entrepreneurial models of Chinese students in Japan; reviews the development course of international schools in China; reflects on problems arising from studying abroad and evaluates the status quo, issues and challenges of China's consulting agencies for studying abroad.

The Appendix introduces prestigious universities worldwide as well as their popular majors, and concludes with an assessment framework of consulting agencies for studying abroad to serve as indicators for reference.

Contents

B Ⅰ General Report

Abstract: Many factors influence the growing frequency of transnational mobility of students on a global scale. On the one hand, a burgeoning middle class in emerging economies and an increasing number of government scholarships provide momentum to the constant prosperity of global education. Studying abroad has transformed from an activity for the elite to an option for the more general public. On the other hand, many developed countries face the aftermath of economic deflation and therefore cut down education expenditure. So, they rely heavily on the tuition fees of overseas students. At the same time, as technology develops and globalization progresses, new methods for studying abroad emerge, becoming more diverse and individualized. China has exported the largest number of students studying abroad and university and high school students occupy a large portion. And more top students choose self-funding to study abroad.

Keywords: Development Trend of Overseas Study; Talent Studying Abroad; Dividends

B Ⅱ Investigative Reports

Abstract: According to the joint survey of CCG and MyCOS, in 2013, the ratio of China's university graduates going abroad in the total number of students has decreased, but basically keeps an uptrend. Most graduates choose to study abroad to promote their competitiveness in job markets, and aim to acquire a postgraduate degree. They are mainly financed by their parents and relatives. Websites of foreign universities serve as a main source of information. Chinese students studying in North America, Europe, Australia and Asia also show enormous differences in purpose of studying abroad, the choices of main information sources, social status of their family and educational background.

Keywords: University Graduates; Studying Abroad

Abstract: In recent years, higher education reform has been a hotly debated topic. However, few studies serve to understand what kind of education students expect from their perspective. This survey starts from students' viewpoint and tries to find out what transformation they want to experience in the future, in a bid to analyze the status quo, development trend, major contradictions of education as well as coping tactics.

Abstract: Against the background of fierce competition among global talent, studying overseas (including degree-seeking and academic exchange) has become a fashion. With a rapidly increasing number of students studying abroad, such a trend has occurred as a result of economic growth and wealth accumulation that enable people to either self-fund or win government sponsorship for studying abroad, as well as the strenuous efforts by destination states to accelerate the process of higher education internationalization and meanwhile to increase revenue of their education industry. The combination of "supply" and "demand" have resulted in constant changes in the models of overseas studies and the experiences of international students in the past two decades. Based on the individual case studies on Chinese students studying in the US state universities and colleges, this part mainly focuses on the experiences of Chinese students in the US. We will summarize the results in the conclusion part to propose suggestions for the government as well as students and parents with the intention to study abroad.

B III Regional Reports

Abstract: In the 21st century, knowledge economy has become an important driving force of economic globalization, and talent and innovation has become the focus of governments of all countries. The US and Canada, as developed countries, boast a strong competitive edge in traditional economic fields. In order to maintain their existing advantage and cope with the ageing effect, both governments have stepped up efforts to attract overseas students, not only to create a diversified educational environment, but also to attract students to become domestic residents through an open immigration system. Therefore, international students not only have brought considerable economic benefit to those countries, but also enhance their international competitiveness in research and development as well as human resources. This part mainly reviews the status quo of international students in the US and Canada, with a focus on Chinese students in these two countries.

Keywords: Studying in US; Studying in Canada; Economic Returns; Human Resources

Abstract: UK, France, Germany, Italy, Russia are the major European countries, and are also highly favored destinations for international students. Advanced educational systems, convenient and efficient visa policy, and favorable academic environment, attract many Chinese students to study there.

Keywords: Studying in Europe; Studying in UK; Studying in France; Studying in Germany; Studying in Italy; Studying in Russia

Abstract: Australia and New Zealand are the two major countries in Oceania, which attract many international students. The two countries have comprehensive and high-quality educational systems, efficient visa policies and a convenient living environment. All these elements attract many Chinese students to study there. Although in recent years the number of students going to these two countries has dropped, Chinese students still remain the largest group of international students there. The two countries attach great importance to China's market by publishing more preferential policies and hosting many information sessions in China every year.

Keywords: Studying Abroad; Studying in Australia; Studying in New Zealand

Abstract: In recent years, Japan and South Korea have been making corresponding policy adjustments in competition for talent to attract more international students. For instance, Japan has gradually facilitated international graduates in applying visas to encourage innovation and entrepreneurship. The South Korean government has adopted "Study Korea Project" and a series of policy reforms. All these constitute new attractions for Chinese students.

Keywords: Studying in Japan; Studying in South Korea

B IV Special Reports

Abstract: Currently, Times Higher Education World University

Rankings is one of the most widely acknowledged rankings. It provides international students with a scientific and accurate evaluating scheme to help them in selecting schools. This part analyzes the Times Higher Education World University Rankings to demonstrate its science and rationality. In the meanwhile, this article will also list three other university rankings and analyze their own focuses and the differences among them.

Keywords: Times; world university rankings; interpretations

Abstract: The higher education service Chinese universities provide to international students are different from that offered to local students. It is featured by private consumption. As a result, the cost-sharing policy in higher education does not suit the tuition pricing policy for international students in China. Instead, we should take into account the factors of the supply-demand relationship, the level of higher education and divergences across different regions and let different universities to decide on their own tuition fees for international students. Independent pricing will help higher education institutions improve their teaching quality and further explore the market for international students.

Keywords: International Students; Tuition Fees; Financial Aid

Abstract: The number of Chinese students studying abroad is on an increase every year, which has become a unique scenario in the higher education picture of many countries. This part will focus on a special group among the large number of Chinese students studying abroad, namely, high school and university students who enjoy the Singaporean Government scholarship. Based on the ethnographic survey the author conducted for 16 months, this section introduces three major scholarship programs for Chinese students in Singapore. The dramatic experiences of scholarship recipients in Singapore are also recorded in this section.

Keywords: Singapore – China Talent Strategy; Education Immigration; Scholarship; Scholarship Winners

Abstract: Economic globalization brings the globalization of talent competition, and all nations view talent as the primary resource to promote the development of science and technology. In the talent contest, the Japanese government continuously updates their foreign exchange policies to attract more top students to study in Japan. From the academic exchange programs to attracting students to come to Japan to start their business, the shift has created more choices for students expecting to study in Japan. The report focuses on business models of international students in Japan by stating the history of Japan's policies for foreign students and analyzing the new trend of students going to Japan to launch their own business.

Keywords: Policies of Studying in Japan; Talent Policies in Japan; Entrepreneurial Models in Japan and China

B. 13 Development of International Schools in China / 248

Abstract: In recent years, international schools have gained increasing popularity in China. The development of international schools has raised a wide range of concerns from students, parents, and educational authorities. Their discussion is focused on the balance of Chinese and Western culture, as well as a better integration between Chinese and Western education resources. This part reviews the development of international schools in China and analyzes the issues in their development process. In conclusion, it gives a brief statement on the development of international schools in China through case studies and interpretations.

Keywords: International Schools; The Internationalization of Education; International Classes

B. 14 Reflections on Chinese Students Studying Abroad / 261

Abstract: In recent years, studying overseas has become an increasing popular trend. Able families are keen on sending their children overseas to seek further education, with a view to increasing their advantages in the future competition. However, social development has brought about changes in the situation and advantages of studying abroad, which has exerted enormous influence on students, their parents, society and consulting agencies. Based on the analysis of changes in different aspects, this section reflects on the conundrums of studying abroad deeply, in a bid to help parents and students recognize both advantages and disadvantages of studying abroad.

Keywords: International Students; Reflections on Studying Abroad

Abstract: At present, China have 324 standard consulting agencies for studying abroad, but organizations engaged in such consulting services are far more than this figure. The growing number of self-funded students has stimulated many companies and individuals to move into the industry. Nevertheless, the whole industry is taking on chaos because of immature market norms and lack of administrative supervision. The part of the paper states the status quo, problems and challenges of consulting agencies and selects the top 40 agencies based on a relevant evaluation system.

Keywords: Consulting Agencies for Studying Abroad; Status Quo; Conundrums; Challenges

B V Appendix

“皮书”起源于十七、十八世纪的英国，主要指官方或社会组织正式发表的重要文件或报告，多以“白皮书”命名。在中国，“皮书”这一概念被社会广泛接受，并被成功运作、发展成为一种全新的出版形态，则源于中国社会科学院社会科学文献出版社。

皮书是对中国与世界发展状况和热点问题进行年度监测，以专业的角度、专家的视野和实证研究方法，针对某一领域或区域现状与发展态势展开分析和预测，具备权威性、前沿性、原创性、实证性、时效性等特点的连续性公开出版物，由一系列权威研究报告组成。皮书系列是社会科学文献出版社编辑出版的蓝皮书、绿皮书、黄皮书等的统称。

皮书系列的作者以中国社会科学院、著名高校、地方社会科学院的研究人员为主，多为国内一流研究机构的权威专家学者，他们的看法和观点代表了学界对中国与世界的现实和未来最高水平的解读与分析。

自20世纪90年代末推出以《经济蓝皮书》为开端的皮书系列以来，社会科学文献出版社至今已累计出版皮书千余部，内容涵盖经济、社会、政法、文化传媒、行业、地方发展、国际形势等领域。皮书系列已成为社会科学文献出版社的著名图书品牌和中国社会科学院的知名学术品牌。

皮书系列在数字出版和国际出版方面成就斐然。皮书数据库被评为“2008~2009年度数字出版知名品牌”；《经济蓝皮书》《社会蓝皮书》等十几种皮书每年还由国外知名学术出版机构出版英文版、俄文版、韩文版和日文版，面向全球发行。

2011年，皮书系列正式列入“十二五”国家重点出版规划项目；2012年，部分重点皮书列入中国社会科学院承担的国家哲学社会科学创新工程项目；2014年，35种院外皮书使用“中国社会科学院创新工程学术出版项目”标识。

法律声明

“皮书系列”（含蓝皮书、绿皮书、黄皮书）由社会科学文献出版社最早使用并对外推广，现已成为中国图书市场上流行的品牌，是社会科学文献出版社的品牌图书。社会科学文献出版社拥有该系列图书的专有出版权和网络传播权，其 LOGO（ ）与“经济蓝皮书”、“社会蓝皮书”等皮书名称已在中华人民共和国工商行政管理总局商标局登记注册，社会科学文献出版社合法拥有其商标专用权。

未经社会科学文献出版社的授权和许可，任何复制、模仿或以其他方式侵害“皮书系列”和 LOGO（ ）、“经济蓝皮书”、“社会蓝皮书”等皮书名称商标专用权的行为均属于侵权行为，社会科学文献出版社将采取法律手段追究其法律责任，维护合法权益。

欢迎社会各界人士对侵犯社会科学文献出版社上述权利的违法行为进行举报。电话：010－59367121，电子邮箱：fawubu@ssap.cn。

社会科学文献出版社